AtV

THEODOR FONTANE wurde am 30. Dezember 1819 im märkischen Neuruppin geboren. Er erlernte den Apothekerberuf, den er 1849 aufgab, um sich als Journalist und freier Schriftsteller zu etablieren. Ein Jahr später heiratete er Emilie Rouanet-Kummer. Nach seiner Rückkehr von einem mehrjährigen England-Aufenthalt galt sein Hauptinteresse den »Wanderungen durch die Mark Brandenburg«. Neben der umfangreichen Tätigkeit als Kriegsberichterstatter, Reiseschriftsteller und Theaterkritiker schuf er seine berühmt gewordenen Romane und Erzählungen sowie die beiden Erinnerungsbücher »Meine Kinderjahre« und »Von Zwanzig bis Dreißig«. Fontane starb am 20. September 1898 in Berlin.

Fontane empfand sich stets als »Nordlandsmensch«. Englisch-schottische un skandinavische Geschichte faszinierte ihn zeitlebens mehr als Kunst und Natur Italiens. Von seinen drei Jugendträumen Edinburgh, Stockholm und Kopenhagen lernte er das »Paris des Nordens« 1864 kennen. Seitdem ließ ihn das dänische Thema nicht mehr los. Er veröffentlichte Reisebriefe, verfaßte das Buch über den »Schleswig-Holsteinschen Krieg im Jahre 1864«, schrieb »nordische Gedichte« und läßt entscheidende Szenen seines großen Romans »Unwiederbringlich« in Kopenhagen und Frederiksborg spielen.

Die neuartige Zusammenstellung der zum Teil schwer zugänglichen Texte über Kopenhagen und Dänemark bietet unterhaltsame Lektüre für unterwegs und daheim.

Theodor Fontane

Im Paris des Nordens

Impressionen aus Dänemark

Herausgegeben
von Gotthard Erler

Aufbau Taschenbuch Verlag

ISBN 3-7466-5298-7

2. Auflage 2003

Einbandgestaltung Torsten Lemme
unter Verwendung des Gemäldes
»Sommeraften på Skagen Sønderstrand«, 1893,
von Michael Ancher, Anna og Michael Anchers Hus
Satz LVD GmbH, Berlin
Druck Druckhaus Köthen GmbH
Printed in Germany

www.aufbau-taschenbuch.de

Inhalt

Anhang

Reisebriefe aus Jütland

I

Aalborg, 16. September [1864]

Als ich heute früh von der Brücke aus, wo das Kopenhagener Dampfschiff anlegte, durch die Straßen Aalborgs nach dem soidisant Hotel fuhr, in dem ich diese Zeilen schreibe, kam mir eine verführerische »Aalborg-Korrespondenz« wieder in Erinnerung, die etwa um die Mitte Mai in der »Kreuzzeitung« veröffentlicht wurde und die damals den stillen Sehnsuchtsruf »nach Aalborg« in mir geweckt hatte. Jetzt summe ich halb trübselig vor mich hin: »Was der Mensch im Mai gewünscht hat, das hat er im September die Fülle.«

Das Hotel, in dem ich wohne, heißt der »Phönix«. Wann dieser alte Wundervogel zum letzten Male aus seiner Asche erstanden ist, kann ich nicht sagen; nur das steht fest, daß er dieses feurigen Reinigungsprozesses, oder irgendeines andern, wieder dringend bedürftig ist. Er teilt aber darin nur das Schicksal der ganzen Stadt.

Es ist ein eigen Ding mit diesen Städten an den Grenzen aller Kultur. Man rechnet es ihnen als ein besonderes Verdienst an, daß sie da sind, und an Hammerfest oder Reykjavik knüpft sich mehr Interesse und mehr Poesie als an Stockport oder Bradford, wo 100 000 Menschen leben und 10 Millionen Ellen Shirting alljährlich produziert werden. So ist auch Aalborg zu einem gewissen Ruhmes-Ansehn gelangt, das aber freilich in demselben Augenblick verschwindet, wo man sich vorzuhalten vergißt: »An der Grenze der Kultur«. Je nachdem man dies gegenwärtig hat oder nicht, stellt sich das Urteil.

Die *Lage* der Stadt ist aber wirklich schön. Selbst auf einem Hügel gelegen, wird es in Rücken und Flanke von dominierenden Hügeln eingeschlossen, während der Limfjord seine imposante Wassermasse ihm zu Füßen ausbreitet. Die jütländische Landschaft, wenigstens hier oben im Norden, weicht von der seeländischen sehr wesentlich ab, und gleich die Einfahrt in den Limfjord gab uns ein Bild davon. Während die seeländischen Ufer leichtgewellte Hügelzüge und Buchenwaldung zeigen, sind die Ufer des Limfjord teils völlig flach, teils da, wo Berge überhaupt vorkommen, von höheren Hügellinien eingefaßt. An die Stelle von Laubholz und frischem Rasen tritt Moorland, das abwechselnd mit Moos und Heidekraut oder auch mit jenem gelblichen, harten Gras bewachsen ist, das überall in Sumpfgegenden wächst, wo eine fast unfruchtbare Torfschicht zutage liegt. Manche Partien erinnerten mich an schlechtere Teile des Havelländischen Luches, und ein Landwirt aus der Nähe von Aalborg, der, auf dem Schiff, auf dem wir fuhren, den Mut hatte, deutsch mit mir zu sprechen (die meisten unterlassen es *aus Furcht* vor ihren Landsleuten), sagte mir, der Kürassier-Unteroffizier, der bei ihm wochenlang in Quartier gelegen, habe immer gesagt: »Sehen Sie, so sieht es bei *Brandenburg* aus.« Dies trifft nun wirklich zu, und in mancher Beziehung, zumal in allem, was die prächtige Wassermasse, die Hügellage und die einfassenden Bergzüge, namentlich auch das äußerst malerisch am andern Ufer des Limfjord gelegene Sundby angeht, kann sich Brandenburg, trotz seiner Kirchen und Dome, diesen Vergleich schon gefallen lassen. Aber andrerseits ist doch ein großer Unterschied. Überall bei uns, auch an den stillsten Stellen, weiß man sich inmitten der Zivilisation; man glaubt ihr Mühlenrauschen, ihren hämmernden Takt zu hören, und wenn das Ohr nichts mehr vernimmt, so glaubt es doch noch unser Auge der Luft und dem Lichte abzufühlen: sie sind über keine Einsamkeit hingegangen.

Anders hier. Alles trägt das Kleid, den Farbenton der Öde. Ich hatte vor Jahren genau denselben Eindruck in Inverness, an welche alte Macbeth-Stadt hier überhaupt vieles erinnert. Auch einzelne Häuser sind noch da, die wohl aussehen, als könnte ein König Duncan in ihnen ermordet sein.

Eine Beschreibung der baulichen Anlage Aalborgs ist leicht und, wie ich glaube, anschaulich zu geben. Das gegebene Terrain war der Limfjord, ein Höhenzug, der, ziemlich steil ansteigend, parallel mit der Wasserstraße lief, und zwei kleine Wässerchen, die, mit starkem Gefäll, vom Hügel her dem Limfjord zuflossen. Am Ufer hin, zwischen der Mündung der beiden Wässerchen (Wester-Aa und Oster-Aa), entstanden die ersten Niederlassungen. Die Art, wie sich die Stadt auszudehnen hatte, war durchaus vorgeschrieben: entweder senkrecht an den zwei Flüßchen hinauf oder (in die Quere damit) horizontal am Limfjord entlang. Und so geschah es auch.

Man kann bis diesen Tag sechs Hauptstraßen unterscheiden, drei senkrechte und drei horizontale. Die drei senkrechten, namentlich aber die Häuserreihen, die sich an den beiden Wässern entlangziehen, sind außerordentlich malerisch; Brücken von Haus zu Haus, wunderliche Treppen und vorspringende Giebel, dazwischen Gartenstücke und Haselnußsträucher – alles höchst pittoresk, aber doch weit überwiegend die malerische Romantik des zerfallenden Ziegenstalles. Von den drei Horizontalstraßen läuft eine am Hafen, die andere auf dem Rücken des Hügels hin, die dritte zwischen beiden. Diese dritte bildet auch eine Art Platz, an dem einige interessante alte Gebäude, die Hauptwache und – eine Konditorei gelegen sind. Die letztere, ein hinfälliger alter Bau mit einer noch hinfälligeren Veranda, der drei Blumentöpfe und eine rote Gardine nach Möglichkeit aufzuhelfen suchen, stimmte mich zu wehmütigen Betrachtungen. Ein Breslauer Regiment (die 50er) hatte erst vor zwei Tagen Aalborg verlassen, um weiter südlich Quartier zu beziehen, und nach meiner unmaßgeblichen Kenntnis der Aalborger Zustände mußte ich mir sagen: dieser Bretterbau war monatelang ihr ein und alles. Hier sahen sie immer wieder nach der gelben Hauptwache und dem dänisch-roten Schilderhaus hinüber; hier hörten sie immer wieder die Oster-Aa vorbeiplätschern, während die Fischerboote den gefangenen Dorsch zu Markte brachten und die berühmten jütischen Holzpantinen (die übrigens überall in der Stadt, hochaufgestapelt, als *Handelsartikel* daliegen) klapp klapp über den Platz lärmten. Ich war erst fünf Stunden in der Stadt und fand es schon so öde; wie viele Heimwehseufzer, wenn die Dominosteine zuletzt zurückgeschoben wurden (und am Ende hat doch auch Domino seine Grenzen), mögen hier auf dieser Klapper-Veranda von Hoyers Konditorei laut geworden sein! –

II

Aalborg, 17. September [1864]

Der heutige Tag sollte mich nach Frederikshavn führen, und morgen

– bis nach *Skagen*
Wollt ich es wagen
Den Fuß zu tragen; –
Aber Wind und Wolken jagen
Und haben beschlossen, »nein« zu sagen.

Da mich der Eigensinn nicht drückt, am wenigsten auf Reisen, so hab ich mich drin ergeben, meiner Nordlandsfahrt die Spitze abgebrochen zu sehen, und muß mich mit Kaiser Otto trösten, der seinen Speer auch nur in den Limfjord tauchen konnte. Die wider Willen gewonnene Zeit kommt nun meinem Aalborger Aufenthalt zugut, der inzwischen seinen peinlichen Charakter verloren hat. Die »Tydsker« sind keineswegs so schlecht angeschrieben, wie ich gestern nach einem tödlichen Schweige-Table-d'hôte glauben mußte.

Ich habe nun in weiteren 24 Stunden, trotz Sturm und Regen, Zeit vollauf gehabt, Aalborg von allen Seiten zu studieren, und ich bilde mir ein, mit Hilfe von zwei alten Küstern – die hier

»Graver« (Totengräber) heißen – über das *historische* Aalborg mehr zu wissen als neun Zehntel seiner Bewohner. Daß es dennoch sehr wenig ist, ändert nichts.

Die historischen Erinnerungen scheinen hier dünn gesäet, obgleich Aalborg doch so etwas wie eine »Kapitale« des Nordens ist. Vielleicht spielte es zur Zeit der »Seekönige« eine Rolle, in jenem dunklen halben Jahrtausend, das zwischen den Tagen von Hengist und Horsa und denen von König Alfred liegt. Damals waren die Jüten an der englischen Küste ungleich bedrückendere Gäste, als es jetzt die »Preußen« an der jütischen sind, und es ist möglich, daß die damaligen Aalborger in Essex und Northumberland Schlachten geschlagen und Siege erfochten haben, von denen sich das heutige Völkchen, dessen kriegerisches Bewußtsein nicht über den »tappren Landsoldaten« hinausgeht, schwerlich etwas träumen läßt. Die historischen Erinnerungen fangen hier erst mit »Konge Hans«, Vater des übelberüchtigten Christians II., an, der in einem alten Giebelhause, mit zwei wunderlichen Steintafeln in der Front, im Jahre 1513 verstarb. Er ist in Odense, auf Fünen, begraben. Auf meine Frage, was es mit diesem König Hans im übrigen auf sich habe, erwiderte mir der »Graver«, er wisse nur, daß gerade gegenüber das Küchenhaus gewesen sei. Das ist der »historische Sinn« des Volkes, wie man ihm überall begegnet. Das zweitälteste Haus der Stadt ist eine Art Schloß, das beinah unmittelbar am Limfjord gelegen ist und den schlichten Namen führt »Aalborg-Huus«. Über dem Torweg (von einem Portal kann man nicht gut sprechen) ist die Krone und der Namenszug C 4., d. h. Christian IV., angebracht. Unter der langen, ziemlich glorreichen Regierung dieses Fürsten sind viele Schlösser und öffentliche Gebäude errichtet worden, weshalb man diesem Namenszuge vielfach begegnet. »Aalborg-Huus«* mit seinem Torweg und seinen Stallfenstern hat etwas

* Noch vor zwei Jahren, wie ich nachträglich erfahre, hatte es Wall und Graben, jetzt ein Rasenplatz. Auf dem Hofe, der wie ein großer Wirtschaftshof aussieht, mit Stallgebäuden, Pfützen und Düngerhaufen,

von dem Charakter eines verfallenden Landarmenhauses; wer aber viele Schlösser gesehen hat, der erkennt trotz des Bettlerkleides, worin die alte Hoheit erscheinen mag, doch irgendwo die nicht ganz verwischten Züge ehemaliger Vornehmheit – etwa wie ein Bilderkenner auch unter der geschwärztesten Trödelware noch Rubens oder Rembrandt erkennt. Ich hatte »Aalborg-Huus« schon entdeckt, als ich noch an Bord des Schiffes stand; graue Häuser, die mit ihrem ersten Stockwerk über verschnittene Lindenbäume wegsehen, während alte Pappeln von rechts und links her über die Giebel hinauswachsen, sind fast immer Häuser, an denen es sich verlohnen wird, still zu stehen und Umschau zu halten. Kommt noch ein verlassenes Blumenbeet hinzu, drin nichts aufragt als hohe Malven, so kann man sicher sein.

Christian IV. scheint öfter hier residiert zu haben, wenigstens schließe ich das aus dem Vorhandensein einer alten Hofapotheke, die dasselbe C4. und darunter die Jahreszahl 1623 trägt. Zwei gekrönte Schwäne flankieren den Namenszug. Dies ist baulich weitaus das interessanteste Haus der Stadt. Es zeigt ganz den Stil der Kopenhagener »Börse« und ähnlicher hauptstädtischer Bauten jener Epoche, die alle in jenen eigentümlichen Schnörkelformen errichtet sind, die ich andernorts als »Rokoko-Gotik« bezeichnet habe. Es ist ein Baustil, der unter allen, die ich kenne, dem Tudor- oder Elisabeth-Stil am nächsten steht, der aber, von dem Verlangen erfüllt, die *geduckte* Gotik jenes englischen Stiles abzutun, nicht lediglich in die reinen Formen früher Gotik zurückgriff, sondern diese Formen (das Schlanke und Zugespitzte) durch Schnörkelzutat karikierte. So ist denn auch die Schwanen-Apotheke.

Daneben steht das Rathaus, das in der Front Magistrats-Ge-

befindet sich als einziges Überbleibsel aus glorreicher Zeit (wie so oft) – das *Gefängnis* mit seinen Ketten und Halsringen. Ein Stiftsamtmann wohnt noch immer im »Huus« (früher, vielleicht erblich, die Familie Scheel). Die Könige, wenn sie nach Aalborg kommen, residieren noch immer in Aalborg-Huus.

bäude, an der Rückseite aber zugleich Spritzenhaus ist. Vielleicht hängt damit die dänische Sitte zusammen, Emeuten mit Feuerspritzen zu bekämpfen. Das Rathaus trägt das Aalborger Wappen: drei Türme und drei Aale, die in der Luft schwimmen. Darunter die Inschrift: Prudentia et Constantia (Klugheit und Beständigkeit).

Diesem Spruche gemäß scheinen die Aalborger verfahren zu sein, solange die deutschen Truppen in der Stadt waren. Sie haben sich mit Prudentia in das Unvermeidliche geschickt und andererseits, in Bewahrung dänischer Treue und Gesinnung, ihre Constantia gezeigt. Das gute Einvernehmen mit den fremden Truppen scheint ein ganz ungewöhnliches gewesen zu sein. Überall dasselbe Urteil; Bootsleute, die »Gravers«, die Bedienung im Hotel und Kaffeehaus, Buch- und Papierhändler, bei denen ich allerhand Karten, Ansichten von Aalborg und 16 Stück dänische *Kriegslieder* (auf die ich G[eorge] H[esekiel] vorweg aufmerksam mache) zu 15 Pfennig das Stück erkaufte – alles war einig in Anerkennung der »Preußer«, ihrer Disziplin, ihrer Freundlichkeit und ihrer Flinkheit. Die beliebtesten scheinen die »gemütlichen Schlesier« vom 50. Regiment gewesen zu sein. Von den Jägern hieß es: »Sie waren schon mehr wie die Kopenhagener.« General v. Flies, Graf Münster, Prinz Friedrich Karl, General Vogel v. Falckenstein – all die Namen gingen so fließend über die Lippen wie Haushaltworte und mit Mienen, die nichts weniger als nationalen Haß verrieten. Eine kleine »Pige« (Mädchen), von deren Geplauder ich nur ein Vierteil verstand, hielt es, ohne allen Rangesunterschied, mit den blauen Husaren. Armes Kind, sie wird sie schwerlich wiedersehen! –

Von Sehenswürdigkeiten bleiben nur noch die beiden Kirchen: St. Bodolph und die Frauenkirche. *St. Bodolph* ist jetzt die Hauptkirche, wenn der Ausdruck gestattet wäre: die Honoratiorenkirche. Honoratioren haben aber nicht immer einen Sinn fürs Historische, und so ist die Kirche ziemlich öd und leer. Auch hier, wie schon früher in Schleswig, fand ich, im weitgespannten Halbzirkel, eine Art niedriges Kolonnadengitter vor, das sich, durch die ganze Breite des Mittelschiffes hin, um den Altar herumzieht. Eine große, halbkreisförmige Lederbank folgt genau der Windung dieses Gitters, und hier knien alle diejenigen, die zum heiligen Abendmahl gehen. Auch die Brautpaare, die eingesegnet werden, knien hier; da aber Brautpaare (es ist ihnen zu gönnen) auf arme 24 Stunden vor allen andern Menschen etwas voraushaben müssen, so wird ihnen zu Ehren noch ein rotes *Samtkissen* auf das rote Lederkissen gelegt, von dem das weiße Atlaskleid der Braut möglichst unbeschädigt wieder aufstehen kann. Über das rote Samtkissen läßt sich streiten; die Altarumfassung selbst aber hat viel für sich und empfiehlt sich malerisch und symbolisch.

Die *Frauenkirche* hat Sehenswürdigkeiten. Da sind große Marmorsarkophage der Familie v. Pentz; da stehen in reichgeschmückten Grabkammern die Särge der Familien v. Scheel und Güldenkrone. An Bildern ist kein Mangel (darunter als bestes: Jakobs Traum von der Himmelsleiter), und Erinnerungskränze hängen umher zum Andenken an die Gefallenen von 1848–50. Sehenswert ist ein riesiges Bronze-Taufbecken von sechs Fuß Höhe. Es hat (mit seinem Deckel) ohngefähr die Form, als sei eine tulpenförmige Glocke auf eine andere gestülpt; die vier Evangelisten, in voller Figur, sitzen umher, und Reliefbilder von Taufe und Auferstehung, nebst den Wappenschildern der Donatoren, sind eingelegt.

Noch sehenswerter sind die Kapitell-Ornamente am Eingangs-Portal und die beiden Sandstein-Basreliefs über demselben. Die Kapitelle sind dämonisch-grotesk; die Reliefs stellen die Anbetung der Hirten und die Flucht nach Ägypten dar. Ich halte beides für uralt, zurückgreifend in die allererste Zeit des Christentums in Jütland. Unsere Archäologen und Kunsthistoriker kümmern sich um diese Gegenden zu wenig; weil die Öde und Abgelegenheit hier konservierend gewirkt haben, so gibt es aber gewiß hier vieles, was den Schlüssel zum Verständnis anderer Erscheinungen bieten würde. Das Paradestück des Nordens ist der Drontheimer Dom; aber es gibt neben demselben eine Fülle von Kirchen und Kathedralen, die auch eine eingehendere Durchforschung verlohnen würden. Die Dänen, die auf rein archäologischem Gebiet so ausgezeichnet sind (sie stehen in bezug auf nordisches Altertum unbedingt an der Spitze), haben auf *kunsthistorischem* Gebiet desto weniger geleistet.

III

Aalborg, 18. September (früh) [1864]

Gestern war der Limfjord wie ein Meer; heute, wo sich der Wind gelegt, liegt er glau und spiegelglatt da wie die Havel am Wannen-See. Ich konnte gestern, obgleich die Boote wie Nußschalen auf dem Wasser tanzten, der Versuchung nicht widerstehen, auch meinen »Übergang über den Limfjord« zu bewerkstelligen, und in einem Segelboot, bei Sturm und Regen, schoß ich über das Element hin, das »keine Balken hat«. Es war eine Wonne; so breit der Meerbusen hier ist, so mocht es kaum länger dauern als eine Minute; und eine Viertelstunde später stand ich auf dem Höhenzuge im Rücken des Städtchens *Sundby,* das sich zu Aalborg verhält wie Deutz zu Köln. Das Panorama, das man hier vor sich hat, ist außerordentlich schön, und die schäumenden Wellen des Limfjord leisteten dem Bilde eher Vorschub, als daß sie ihm Abbruch getan hätten. Da ich Skagen nicht sehen sollte, so hatte ich doch, nach diesem Übergange, wenigstens die Genugtuung, auf dem Grund und Boden von *Wendsyssel,* der nördlichsten Landschaft von Jütland (der Form nach eine Art Helmkappe), gewesen zu sein.

Am 18. nachmittags. Soweit schrieb ich heute früh (nachdem ich meinen »Phönix« verlassen hatte) auf der großen Bollwerke-Brücke, den Limfjord vor mir, den blauen Himmel über mir. Ein kostbarer Reisetag. Aber es sollte kein Reisetag werden. Aller Augen am Kai richteten sich nach Osten, von wo die »Fylla« (von Kopenhagen her) erwartet wurde. Aber die »Fylla« kam nicht; es hieß, der Sturm der letzten Nacht habe ihre Fahrt verzögert. Nun ist aber die »Fylla« just das Schiff, das, ähnlich wie die Rheindampfer den Rhein, so seinerseits den Limfjord auf seiner ganzen, vielverzweigten Ausdehnung von Stadt zu Stadt, von Bucht zu Bucht zu befahren pflegt, und wer diese Wasserreise machen will, der muß auf die »Fylla« warten, und käme sie auch erst in 8 Tagen. Da ich mich nun

– mit Leib und Leben
Dem Limfjord und seiner Magie ergeben,

so ist mir nichts anders übriggeblieben, als meinen zwei Tagen in Aalborg noch einen dritten zuzulegen. Einen Augenblick schwankte ich, ob ich zu meinem alten »Phönix«, dessen Spezereien-Nest ich soeben verlassen hatte, wieder zurückkehren sollte; da ich dem Abschied aber ein ziemlich feierliches Gepräge gegeben und einige sonore Bemerkungen über Völkerfriede und alte und neue Freundschaft gemacht hatte, so schien es mir das beste, mich nach einem andern Unterkommen umzusehen, und ich wählte das »Limfjord-Hotel«. An diesem anderthalb Stock hohen Gasthaus, das sich unmittelbar am Wasser und neben der großen Landungs-Brücke erhebt, ist der »Limfjord« echt, aber nicht das »Hotel«. Es ist ein Aufenthalt für Robbenfänger und Walfischjäger, für alles, was eine Wachstaftmütze trägt und, unbeeinflußt durch die Ära des Sodawassers, an den ehrwürdigen Traditionen des »steifen Grog« unveräußerlich festhält. In solchen Gasthäusern ist es aber gelegentlich gar so übel nicht, vorausgesetzt, daß man an der kajütenartigen Einrichtung des Ganzen keinen Anstoß nimmt. Ich habe denn also eine solche Puppenstube bezogen, mit zwei Gardinen von der Größe eines Taschentuches, die mich aber durchaus nicht stören, da das eine Fensterchen die Aussicht auf den Parkgarten von Aalborg-Huus, das andere die Aussicht auf den Limfjord und das geschäftige Treiben an der Landungsbrücke hat. Wird es mir zu eng im Schloß, so geh ich am Quai spazieren, unterhalte mich radebrechend mit der lieben Straßenjugend und kaufe ihnen Äpfel, die schiffsladungsweise aus dem Süden hierhergeschafft und vom Schiff fort – wie auch bei uns auf den Obstkähnen – verkauft werden. Es ist ganz ersichtlich, Obst ist hier schon eine Delikatesse.

Eine angenehme Unterbrechung dieses langen Tages war das Mittagsessen. Der Mensch *ist,* wie er *ißt;* – so schreite ich denn zu einer Beschreibung meines Diners im Limfjord-Hotel, mit dem stillen Bewußtsein, dadurch einen kleinen kulturhistorischen Beitrag gegeben zu haben. In der kleinen Wohnstube unten im Erdgeschoß war angerichtet; der Wirt, ein freundlicher Mann, dessen Dienstwilligkeit in manchen Momenten an das »Sogleich, sogleich« in Shakespeares »Heinrich IV.« erinnert, führte mich selbst an meinen Platz. Ich aß allein; nur die große Wanduhr tickte und schlug und schnarrte hinter mir. Der erste Gang war *Aalsuppe,* was in Aalborg als selbstverständlich hinzunehmen ist. Schade, daß in Dänemark nicht die schwedische Sitte herrscht, nach der man die jedesmalige Mahlzeit mit der Suppe *beschließt;* ich würde dann imstande sein, meiner Darstellung den nötigen künstlerischen Klimax zu geben; so aber bin ich in der üblen Lage, meinen besten Trumpf zuerst ausspielen zu müssen. Aalsuppe – nie wieder. Sie wird folgendermaßen zubereitet. Man schneidet Aale, Kartoffeln und Äpfel in große Stücke, setzt mit Wasser auf und läßt kochen; vor dem Anrichten wird eine Prise Zucker zugetan. Ich kostete der Reihe nach, erst die Suppe, dann den Aal, dann die Kartoffeln, dann die Äpfel – es war aber nicht möglich. Der Aal schmeckte wie Apfel und der Apfel wie Aal.

Ich weise übrigens die Supposition kulinarischer Vorurteile strengstens zurück; sogenannte »schreckliche Zusammenstellungen« erschrecken mich längst nicht mehr. Ich lasse in jedem Einzelfall die Zunge entscheiden; ich darf sagen, sie ist milde, aber sie ist auch gerecht.

Über den Rest geh ich schnell hinweg. Es folgte ein vorzüglicher Plattfisch, den ich schon in Kopenhagen gegessen und der die Mitte hält zwischen Flunder und Steinbutte; er hat die Zartheit jener ohne ihre Weichlichkeit und die Schmackhaftigkeit dieser ohne ihre Härte. Die Kartoffeln hier sind gelb, schwer, hart – man versteht sich nicht auf ihre Zucht. Dann folgte Lamm, dieser herrliche patriarchalische Braten, der hier unterschätzt wird, weil er jahraus, jahrein der unvermeidliche ist. Er ist hier dasselbe, was in Bayern der gekochte Kalbsbraten ist, und doch ist Lamm eine besondere Gottesgabe. Das Geschirr ist ärmlich (man merkt an all dergleichen, daß man in einem manufakturlosen Lande lebt) und hat solchen Wert, daß man es mühsam wieder zusammenflickt. Der abgebrochene Kopf des einen Schüsseldeckels war höchst sinnreich durch eine Messingplatte an dem Deckel wieder befestigt; die Reparatur war mehr wert als das ganze Gerät. All die Zeit über sang eine junge Frau in der Küche nebenan dänische Volkslieder, und Boote und Segelschiffe fuhren auf dem Limfjord draußen scheinbar dicht an meinem Fenster vorüber.

IV

Skive, 20. September [1864]

Ich habe nun den Limfjord auf drei Viertel seiner ganzen Länge, bis über Nyköbing hinaus, befahren und finde, daß ich seine Pracht und Schönheit in meinen früheren Briefen nicht genugsam geschätzt, die Beschaffenheit seiner Ufer aber sehr unterschätzt habe. Zweierlei mag mich entschuldigen, einmal der graue Nebelmorgen, der bei unserer Einfahrt in den Limfjord über Land und Wasser lag, dann der Umstand, daß die Ufer bis Aalborg hinauf wohl wirklich öder und unfruchtbarer sind als von Aalborg aus westwärts.

Diese Fahrt westwärts habe ich nun gestern bei blauem Himmel und hellem Sonnenschein ausgeführt, und abgesehen davon, daß diese Wasserpartie, rein malerisch genommen, zu den allerschönsten zählt, die ich je gemacht habe, habe ich mich, wie schon angedeutet, auch davon überzeugt, daß von der »Öde dieser Ufer« doch nur sehr bedingungsweise gesprochen werden kann. Sie ist da und auch nicht da. Die *Landschaft* ist öde, *aber nicht das Land.* Ich nehme, im Niederschreiben dieses Satzes, »Land« als Ganzes und »Landschaft« als Teil. Die »reine Gegend« ist das, was ich Landschaft nenne; Land hingegen umfaßt Landschaft *samt Städten und Dörfern.* Ich habe dies vorausschicken müssen, um mich klarmachen zu können. Die *Landschaft* nun, wo sie, hier am Limfjord entlang, in ihrer vollen Natürlichkeit zu uns spricht, ist öde; kein Baum, kein Strauch, moosbewachsene Abhänge, Heidekraut, gelegentlich ein Haferfeld. Aber das ernährende Element, das der Boden hier nur spärlich bot, bot desto reichlicher das Wasser, und so entstand am Limfjord hin eine viele Meilen lange Häuserreihe. Fischer, Schiffer, Handelsleute gesellten sich zu den Ackerbauern, die wiederum ihrerseits, auf Meilenbreite hin, das Hinterland verlassen und sich, zu bequemerem Absatz ihrer Produkte, an die natürliche Verkehrsstraße gezogen hatten. Kein Zweifel, daß die einzelnen Gehöfte wieder durch unkultivierte Strecken, mal schmaler, mal breiter, unterbrochen sind; aber von der Mitte des Wasserspiegels aus gesehen, auf dem wir hingleiten, schwinden diese Strecken zu bloßen Streifen zusammen, und wir haben allerdings auf Meilen hin den Eindruck, durch eine weitläuftig gebaute Stadt zu fahren: weiße Häuser in Hof und Garten und von halber Meile zu halber Meile weiße Kirchtürme auf langgestreckten Höhenzügen, die nach Nord und Süd hin, nach Vendsyssel und Himmerland hinein, das Panorama schließen. Schiffe und Boote gleiten still über das Wasser hin oder tauschen Grüße aus; von Zeit zu Zeit legt das Dampfschiff bei, um Passagiere auszusetzen oder neue an Bord zu nehmen; überall die Zeichen von Leben und Verkehr – das Ganze eine baumlose *Landschaft*, aber kein menschenleeres *Land*.

So geht die Fahrt bis Lögstör, einem kleinen Örtchen mit natürlich auch einem Limfjord-Hotel, wo das Dampfschiff Station macht. Hier, wo die großen Buchtungen beginnen, entscheidet man sich, ob man westlich-geradeaus auf Nyköbing oder nördlich nach Thisted oder südlich nach Skive will. Alle drei Städte sind Hauptstädte ebenso vieler Landesteile, Inseln und Halbinseln, von denen die kleinste etwa 6, die größte 12 Quadratmeilen umfassen mag. Thisted ist Hauptstadt von Thyland, Skive von Sallingland, Nyköbing von der Insel Mors. Wir entscheiden uns für Nyköbing.

Bei Lögstör, das ziemlich genau am Mittellauf des Limfjord liegt, hat dieser seine schmalste Stelle; unmittelbar dahinter aber beginnt andererseits seine größte, mit bewohnten und unbewohnten Inseln geschmückte Ausbuchtung, die den Namen der Lögstörer Breite (Lögstör Bredning) führt. Das Befahren dieses schönen Sees, der eine Ausdehnung von mehr als 6 Quadratmeilen hat, ist eine Freude und bietet Bilder, wie sie das Auge nicht wieder vergißt. Das einzelne am Ufer verschwindet, und nur die Farben und Linien des *Ganzen* wirken noch. Es ist ein Panorama, halb Loch Lomond, halb Stettiner Haff. Die Luft- und Farbentöne, auch die großen landschaftlichen Linien erinnern mehr an den schottischen See; die Ausdehnung aber und – wenn ich mich des Ausdrucks bedienen darf – die geographische Situation entsprechen mehr dem Stettiner Haff. Fassen wir Aalborg als Stettin und die ersten 6 Meilen des Limfjord als Oder und Papenwasser (beide ja auch von Hügeln und Dörfern eingefaßt), so sind wir bei Lögstör in die volle Breite des Haffes eingetreten, aus dem, wie die Oder dort, so der Limfjord hier in drei Wasserstraßen seinen Abfluß nimmt. Zwei Inseln, die sich vor die Mündung legen, erzwingen diese Dreiteilung, und wie dort Usedom und Wollin die Odermündung in Peene, Swine und Divenow teilen, so teilen hier die Inseln Mors und Sallingland den Limfjord in einen Thisted-, einen Nyköbing- und einen Skive-Sund.* Überhaupt erinnern diese Landesteile, insonderheit die Inseln und Halbinseln am Limfjord hin – und zwar sowohl zurückgreifend in Sage und Geschichte wie auch gegenwärtig in Erscheinung und Lebensweise der kleinen Städte – außerordentlich an die drei pommerschen Inseln, an Rügen, Usedom und Wollin, vorzüglich an die letzteren beiden. Wären diese letzteren nicht bewaldet, hätte man es einfach der Natur überlassen, dort, wo kein einladendes Ackerland zutage liegt, Moos, Binsengras und Heidekraut über Sand und Torfmoor zu ziehen, so würde zu all der übrigen Verwandtschaft auch noch eine landschaftliche Übereinstimmung kommen.

Die geschichtliche Epoche des Limfjord, die »große Zeit« der Lande, die an ihn grenzen, liegt beinahe tausend Jahr zurück – so weit, daß alles wie Sage klingt, was von Eroberungen nach Ost und West hin, von Siegen und Niederlassungen am Finnischen Meerbusen und am Murray-Busen berichtet wird. Wären nicht die großen Dome und Kathedralen, die alten Kirchen in Viborg und Aalborg, in Nyköbing und Thisted – der langen Reihe gotisch-schöner Dorfkirchen zu geschweigen, die sich, wohl 40 oder 50 an der Zahl, zu beiden Seiten des Limfjord auf den Hügelkuppen hinziehen –, man würde nicht glauben, daß hier einst ein stürmischer Geist, ein großer Zug, eine expansive Kraft gewaltet hat. Ebenso ist es mit den Inseln unserer pommerschen Küste. Wo Swinemünde steht und davon zehrt, verwöhnte Residenzler in unverwöhnte Badegäste umzuwandeln, stand einst Jumme, von dessen Pracht und Herrlichkeit die Chronisten erzählen; Wollin umschließt auf seinem Weichbilde den vereinigten Zauber von Vineta und Julin, und das Badehütten-Terrain zwischen

* Sallingland, mit der Hauptstadt Skive, ist nur eine Halbinsel, und der Skive-Sund, statt frei durchzufließen wie die beiden andern Wasserstraßen, gerät in eine Sackgasse; dieser Halbinselcharakter aber, an Stelle einer vollständigen Inselformation, darf das Gesamtbild nicht stören.

Heringsdorf und dem Streckelberg war das Terrain von »Kloster Pudagla« und der »Bernstein-Hexe«. Aus des Meeres tiefem, tiefem Grunde – wie das Vineta-Lied Wilhelm Müllers anstimmt – klingen Abendglocken dumpf und matt. Es ist halbverschollene Kunde; aber das wenige, was klingt, reicht aus, uns fühlen zu lassen: »Hier *war* einst mehr, als da *ist*.«

So klingt es auch über den Limfjord hin.

V

Skive, 20. September [1864]

Wir fuhren also über die *Lögstör*-Breite. Das Wasser war so klar, daß wir das Binsengras am Grunde und an anderen Stellen das Kiesbett mit seinem Steingeröll deutlich erkennen konnten. Limfjord, wenn ich nicht irre, heißt »Kalk-Bucht«; alle Wasser aber, die über Kalkerde fließen, zeichnen sich aus durch ihre Klarheit. Eine besondere Freude machten mir die Möwen. Dies große Haff, gerade in der Mitte zwischen Kattegatt und Nordsee, schien der Rendezvous- und Tummelplatz dieser schönen Tiere zu sein. In weiter Entfernung sah es aus, als tanzten weiße Flocken wirr durcheinander; näher kommend erschien es, als blickten die Köpfe zahlloser weißer Pfähle aus dem Wasser, bis dann endlich das Lärmen des Raddampfers, der Miene machte, mitten hindurch zu steuern, das ganze Volk plötzlich aufjagte, das nun zu vierzigen und mehr davonflatterte, um sich in nächster Nähe, aber doch in geborgener Sicherheit wieder niederzulassen. Ich glaube, auf dieser Breitung an zwanzig bis dreißig solcher Völker vorübergefahren zu sein.

Nach zweistündiger Fahrt wird die Breite wieder zu einer schmaleren Wasserstraße, und das Ostufer der großen Insel *Mors* tritt in deutlichen Umrissen hervor; gleich darauf auch *Nyköbing*, die Hauptstadt dieser Insel.

Nyköbing liegt flach und unmittelbar am Strande. Die Insel selbst hat in ihrer Formation den Charakter einer ziemlich *steilen* Schanze, die mit ihren Erdwällen (teils kahl, teils wie mit Rasen belegt) aus dem Limfjord aufsteigt; an der Stelle aber, wo Nyköbing gelegen ist, flacht sich das steile Erdwerk allmählich ab, als habe die Natur hier eine Art schräg gelegter Gleitbahn schaffen wollen, um die Produkte der hoch gelegenen Insel ohne Mühe in die Schiffe, die am Quai entlang liegen, hinabrollen zu können.

Nyköbing hat zweitausend Einwohner und einen Gasthof »Trapps Hotel«. Dieser ist besser als »Phönix« und »Limfjord« (in Aalborg) zusammengenommen. Überhaupt zeichnen sich diese kleinen Städte des Westens durch gute Bewirtung aus. Die Wirte sind freundlich, fern von aller Prellerei, und während man doch verloren wäre, wenn sie *nicht* Barmherzigkeit üben wollten, zeigen sie nichts davon, daß man in ihrer Hand ist, verraten vielmehr durch ihre ganze Haltung, daß sie der *Gäste* wegen da sind, während man bekanntlich in unseren großen Städten beständig das Gefühl hat, nur der *Wirte* wegen dazusein. So die Residenzen. In unseren kleinen Städten aber herrscht ein anderer Übelstand – die leidige *Konkurrenz*. An einem Örtchen, das höchstens *einen* Wirt ernähren kann, tun sich *drei* Gasthöfe auf, und die Folge ist, daß alles viel schlechter geboten wird, als es sein sollte. Jeder einzelne eingefangene Reisende soll womöglich die Rettung bringen, und für die ergiebigsten Preise wird ihm das Unergiebigste geboten. Wer hätte nicht solche »fünf Gänge« in kleinen Städten durchgemacht; wahre Unglücksgänge. Hier im Westen Jütlands haben die kleinen Städte *einen* Gasthof; dieser eine hat sein Brot, der Wirt fühlt sich wohl und seine Gäste auch. Dazu sind es meist stattliche Höfe (Gaarde, das englische »Yard«) mit großen Sälen und langen Zimmerreihen; denn dieser eine Gasthof ist natürlich auch Konzert- und Theater-Lokal, Klubhaus, Kasino und Ressource, alles in einer Person. Die Nyköbinger haben eine »Concordia«.

Herr Trapp führte mich auch in die Kirche, die ein alter, einfach gotischer Feldsteinbau ist, wie alle Flecken- und Dorfkirchen hierlandes. Sie zeigen *alle* (unter etwa 100 Kirchen in Seeland und Jütland habe ich bis jetzt nur zwei Ausnahmen bemerkt) die einfachste Form: ein hohes Giebelhaus, an dessen Westgiebel sich ein sogenannter Schilderhausturm legt. Der einzige Schmuck dieser Kirchen besteht in der Auszackung der Giebel; Haus und Turm sind weiß getüncht und dadurch weit sichtbar. Mir ist – ich spreche immer nur von Dorfkirchen – unter allen typischen Formen diese immer die liebste gewesen und geblieben. Auch den hohen, schlank zugespitzten Schindelturm laß ich gelten; er hat einzelne Vorzüge, wenn er auch freilich unendlich viel unsolider ist. Alle andern Formen taugen nichts; schon vielfach mißglückt selbst da, wo in großen Städten Meister sich an ihnen versuchten, sind ihre dorfkirchlichen Nachahmungen fast immer zu Karikaturen geworden. Das künstlerische Unheil, was namentlich das vorige Jahrhundert mit seinen Butterglocken-, Zwiebel- und Laternentürmen und hundert andern daraus hervorgegangenen Mißformen angerichtet hat, wiegt noch schwer und wäre gar nicht wiedergutzumachen, wenn nicht alle diese geteerten oder mit Moos und Flechtenwerk bekleideten Holzbauten über kurz oder lang dem Feuertod geweiht wären. Was dann, bei der Mehrzahl unserer Dorfkirchen, als ausgebranntes Mauerwerk bestehen bleiben wird, bedarf nur der Aufsetzung gezackter Giebel auf Haus und Turm, um so dauerbar, so einfach und so würdig dazustehn wie die dänischen Steinkirchen, die sich durch alle Provinzen des Landes ziehen. Eine solche dänische Steinkirche ist nun also auch die Kirche von Nyköbing. Das einzig Neue daran ist ein Altarbild, das Friedrich VII. der Kirche geschenkt hat, und es taugt natürlich nichts. Friedrich VII. hatte ein Verständnis für Hünengräber und Arrak, aber nicht für Altarbilder. – Wir erkletterten nun, Herr Trapp immer vorauf, den Turm; ich wünschte es, um einen Blick über die Insel Mors zu haben. Dies glückte mir auch. So weit ich sehen konnte, stand auf dem ebenen, aber ein Plateau bildenden Lande halbe Meilen weit die Haferernte in Garben. Mein Begleiter gab mir einige Notizen über die Insel. Sie zählt gegen 40 Dörfer, und Nyköbing ist nichts anderes als der Export-Hafen, um *das* über Meer zu schaffen, was die Insel produziert. Alljährlich werden 100 000 Tonnen Getreide verschickt, alles Hafer. Das ganze Quantum geht nach England, und mit Ausnahme von Tönning (im Schleswigschen) ist Nyköbing vielleicht diejenige Stadt an der ganzen Westküste, die den lebhaftesten Verkehr mit England unterhält.

Wenn Nyköbing (wie geschildert) an dem mittleren Arm des Limfjord liegt, so liegt *Skive* an dem südlichen Sund desselben, dem Skive-Sund, der das Sallingland von zwei Seiten her umspannt. Die Wahrheit zu gestehen, hatte ich in Skive* selbst wenig zu suchen; aber die jütische Mittelbahn, soweit sie fahrbar ist, nimmt bei Skive ihren Anfang, und so mußte ich denn nach dieser Hauptstadt des Sallinglands, um von dort aus Viborg, Randers und Aarhuus bequem erreichen zu können. Daß Skive und seine Bahn nachher nicht Wort hielten, gehört zu den kleinen Reise-Enttäuschungen.

Post ging erst anderen Tages, also – Fuhrwerk. Ein offener gelber Wagen und ein roter Kutscher (die Postillone tragen noch das Rot der alten dänischen Armee) hielten vor Trapps Hotel. Fort ging es bei leis niederfallendem Regen. Eine unvergleichlich schöne Fahrt. Da Mors eine Insel ist, so muß man erst wieder über das Wasser, um festes Land unter den Füßen zu haben. Die Fährstelle liegt eine Meile südlich von Nyköbing, und dieser ging es jetzt zu, immer hart am Ufer hin, die Hügelwand der Insel unmittelbar zur Rechten, links die Wasserfläche des Limfjord,

* Skive, das sei gleich hier bemerkt, ist etwa ebenso groß wie Nyköbing, aber nicht so wohlhabend und nicht so sauber. Die unmittelbare Umgebung ist auch sehr fruchtbar, doch nicht mit der Insel Mors zu vergleichen. Die Stadt ist eine Hügelstadt, mit zum Teil ganz steilen Straßen. Die Kirche liegt am höchsten, und im Umschreiten der wallartigen Kirchhofsmauer hat man kostbare Blicke über den Sund und die Hügellandschaft.

auf der eben der Regen tanzte. Im Fährhause war Verzug; denn obgleich während der ganzen Fahrt am Strande hin ein prächtiger Doppel-Regenbogen zwischen beiden Ufern gestanden hatte, so zog doch noch ein Gewitter herauf und rollte so lange und mächtig über die Insel hin, daß der Fährmann meinte: »Jetzt nicht.« Ich kam übrigens dabei nicht zu kurz; die alte Teerjacke begann eine Unterhaltung, und als er meinen Namen hörte, fragte er, ob ich ein Sohn von dem Lafontaine sei, der die schönen Romane geschrieben habe. Die liebenden Fähnriche haben also auch am Limfjord Menschenherzen gerührt. Das nenne ich Popularität. Kotzebue (wie Chamisso erzählt) in einer Hütte auf Otahaiti und Lafontaines sämtliche Werke im Fährhaus auf der Insel Mors. Im übrigen hingen in der weißgetünchten Stube jene schnöden Berliner Lithographien – ich will keine Namen und Firmen nennen –, die mich nun schon seit Seeland auf Schritt und Tritt verfolgen. Können wir denn mit nichts anderem die bekannte Pionier-Rolle übernehmen als mit solchem Schund, womit wir, wie es scheint, die ganze Welt überschwemmen und den Geschmack verderben? –

Das Gewitter war vorüber, und wir wurden eingeschifft: 3 Wagen, 5 Pferde, 7 Passagiere und 6 Ruderer. Der Raum war so eng, daß wir uns auf die Wagenbänke setzten, wodurch das Landschaftsbild nur an Schönheit gewann. Grau der Himmel, grün der Limfjord, dann und wann noch ein paar Regentropfen fallend; die Pferde ängstlich um sich blickend und dann und wann unruhig gegen die Bootwandung schlagend, sonst alles still, nur der dumpfe Ruck hörbar, mit dem die 6 Männer in langsamem Takt die Ruder schlugen. Wind und Strömung waren ungünstig, und es dauerte lange; aber es war so schön, daß ich dem Limfjord die doppelte Breite gewünscht hätte. Dabei die Gestalten der Ruderer; ich mußte bei ihrem Anblick immer an das schöne Leutzesche Bild denken: »Übergang über den Delaware«.

Drüben wartete schon wieder ein anderer Wagen, denn der Fährmann hatte »signalisiert«; der Verehrer Lafontaines vertraute mir zur Weiterreise seinen großen Fußsack an, und so ging es denn in den Abend und in Sallingland hinein. Heidekraut, bewachsene Hügel, bergauf, bergab, kein Baum, kein Strauch, alle halbe Meile ein paar weißgestrichene Lehmhütten am Wege, dabei ein strömender Regen – mir war, als hätt ich diesen Weg schon mal gemacht, über den Kamm der Grampians hin, Abgrund und Gießbäche zur Linken.

Ich sehnte mich nach Skive wie nach meiner Heimat. Endlich schien ein helles Licht durch die Finsternis, dann verschwand es wieder, ganz wie die Leuchttürme tun, die ihr Licht mehr blitzen als andauernd scheinen lassen. Gottlob, Skive! so dachte ich. Aber das Tor, in das ich einzufahren vermeinte, erwies sich nur als ein Scheunentor, und der Leuchtturm schrumpfte zu einer großen Stallaterne zusammen, die an einem Deckenbalken hing und hin- und herschwankte. Allerdings sollte sie weit hinaus leuchten und Ankommenden den Weg zeigen; denn hier im »Krog«, halben Wegs zwischen dem Fährhaus und Skive, wurde heut *Erntefest* gefeiert. Es mußte also doch in diesen Gegenden geerntet worden sein. Oder hat man nur das Fest und nicht die Ernte? Alle Fenster waren erleuchtet, und in den verschiedenen Stuben, deren Türen und Fenster weit offen standen, wurde gesungen und gespielt, getanzt und getrunken. Die Musik war kaum hörbar – eine einzige Klarinette. Die Männer waren alle stattlich, blond, in blauen Röcken, die Mädchen hübsch. Heiterkeit herrschte, aber keine Ausgelassenheit – ich hätte glauben können, es sei eine Krug- und Bauernszene aus der Prignitz oder Uckermark, wenn ich nicht auf den weißen Pfeifenköpfen die alten Heldennamen gelesen hätte: Knut, Holger, Hakon, Harald. Nichts in diesen ruhigen Gesichtern verriet übrigens einen Gram darüber oder auch nur einen Gedanken daran, daß der Feind im Lande und die südliche Hälfte der Halbinsel verloren sei.

Der Regen hatte nachgelassen, aber es war bitterkalt; was wäre aus mir geworden ohne den Fährmanns-Fußsack, den mir der alte Lafontaine mittelbar erobert hatte! Die nächsten Lichter waren Skive; bergab ging es, über holpriges Pflaster, an kleinen Häuserchen vorbei, endlich in eine Torfahrt hinein. Es war nur ein »Gjästgivergaard«, kein Hotel; aber es war ein Zimmer und ein Bett, und wo hätte ich *nicht* geschlafen nach den Strapazen dieses Tages! –

VI

Aarhus, 21. September [1864]

Von Skive nach Viborg sind vier Meilen. Diese vier Meilen führen den Reisenden aus dem Westen Jütlands wiederum in das Zentrum zurück. Viborg ist in der Tat genau Mittelpunkt des Landes, und es mag im Zusammenhange damit stehen, daß sich die älteste und schönste Kathedrale Jütlands an dieser Stelle erhob. Das Land zwischen Skive und Viborg, das sehr charakteristische Verschiedenheiten zeigt und die Grenzscheide zwischen Nord und Süd bildet, beschreibe ich an anderer Stelle.

In Viborg fand ich die ersten Preußen wieder, 50. Regiment (Schlesier). Schon eine Meile vorher begegnete ich einem Offizierburschen zu Pferde, der mit aufgekrempelter Hose tief im Steigbügel saß und allerdings den möglichst infanteristenhaften Eindruck machte. Als ich ihn grüßte, sah er mich verdutzt an und spielte überhaupt eine Figur, daß ich froh war, den Mr. Gallenga nicht als Augenzeugen neben mir zu haben. In der Stadt selbst wimmelte es von gelben Achselklappen, quicke Leute, »flink Volk«, rührig und wegen ihrer anspruchslosen Freundlichkeit bei den Quartiergebern beliebt. Das Hotel war natürlich Tummelplatz der jungen Offiziere. Als ich das prononcierte »R« zum ersten Male wieder hörte (das die Schlesier natürlich nur in halber Vollendung sprechen), wurde mir zu Sinn wie einem Tiroler, wenn er wieder jodeln hört. Als ich schon schlief, weckten mich von der nahen Wache her die Abendsignale des preußischen Flügelhorns; nach allen vier Seiten hin klangen, zweimal wiederholt, die einfachen, langgezogenen Töne über die Stadt hin. Es ist bekannt, wie diese Klänge in der Fremde das Herz berühren.

Viborg hat in seiner Lage und Bauart nichts Besonderes; auf einer niedrigen und flachen Hügelkuppe gelegen, haben die Straßen abwechselnd eine mäßige Steigung oder Neigung; einzelne Partien, namentlich um die Kirchen her, sind malerisch – von Bedeutung ist nur die *Domkirche*. Über diesen interessanten Bau bringe ich, was ich gesehen und von dem Bauführer, der den jetzigen Neubau leitet, erfahren habe. Die Viborger Bischofskirche wurde 1169, also zur Regierungszeit Waldemars I. (von 1157 bis 82) erbaut. Vielleicht hing ihre Erbauung mit der Niederwerfung der Wenden auf Rügen und mit der Zerstörung des großen Swantowit-Tempels auf Arkona zusammen. Sie wurde selbstverständlich in dem damals herrschenden romanischen (Rundbogen-)Stile, und zwar in *Granit*, aufgeführt. Die Kryptkirche unter dem hohen Chor ist bis diese Stunde *vollständig* Granit: die Wände, die Pfeiler, die Kapitelle; nur die Gewölbe sind Tuffstein. So war die alte Kirche, vor deren Altar, in der Mitte des hohen Chors, König *Erich Glipping*, eine der volkstümlichen Gestalten der dänischen Geschichte, 1286 beigesetzt wurde. Diese alte Kirche wurde aber verschiedentlich durch Feuer zerstört und wandelte sich, bei den erfolgenden Neubauten, aus einer grauen Granitkirche allmählich in eine rote Ziegelkirche um. Es ging dabei auch alle ursprüngliche Schönheit und Originalität dieses seinerzeit berühmten Baues verloren, und nur die Kryptkirche, wie schon hervorgehoben, sowie die romanisch gebliebene Mittelreihe der geblendeten Fenster (die Fenster der Seitenschiffe und die Oberfenster des Hauptschiffs waren gotisch geworden) zeigten und zeigen noch jetzt, was diese alte Kirche einst war. Nach dem großen Brande 1726 scheint sie, wie der Kölner Dom, nur teilweis noch für den Gottesdienst benutzt worden zu sein, und als Deutschland daranging, diesen Kölner

Dom, als eine nationale Sache, seiner Vollendung entgegenzuführen, reifte in Kopenhagen – wo man ja eben damals anfing, das Dänentum par force in seiner alten Glorie wiederherstellen zu wollen – der Entschluß, es den Deutschen gleichzutun, und die Wiederherstellung des Viborger Doms in seiner ursprünglichen Pracht und Schönheit wurde National-Sache. Der alte Plan (ebenso wie beim Kölner Dom) existierte noch; Archäologen wurden, in allem, was die historischen Erinnerungen angeht, zu Rat gezogen, und vor etwa Jahresfrist begann der Neubau, zu dessen Ausführung in allen dänischen Kirchen gesammelt wird. Die Kosten sind auf 350 000 dänische Taler berechnet, und in sieben Jahren soll der Bau beendet sein. Er wird aber wohl mehr Zeit und mehr Geld erfordern. Die Stelle, wo Erich Glippings Gebeine ruhten, und diese Gebeine selbst hat man im hohen Chor gefunden; wahrscheinlich wird sich in Zukunft an dieser Stelle ein Denkmal erheben. Die Kirche selbst ist durch Gerüste halb verbaut und verstellt, das Querschiff niedergerissen, während Apsis und hoher Chor schon in neuer, d. h. also alter, ursprünglicher Gestalt aus der Erde wachsen. Die schönen Granitplatten, die, nach außen und innen zu, die Wandung bilden, kommen aus Schweden, die Profilierungssteine für Fenster und Portale aber werden in Kopenhagen selbst aus jütländischem Granit gearbeitet. Ob auch die Pfeiler des Hauptschiffs aus Granit werden aufgeführt werden, weiß ich nicht, doch spricht alles dafür. Man kann dem Unternehmen Großartigkeit nicht absprechen, und wenn die alte Kirche, nach 7 oder 10 Jahren, in neuer Gestalt dastehen wird, so weiß ich nicht, welchen Kirchenbau man imstande sein wird, in bezug auf Material mit diesem riesigen Granitbau (auch die zwei *Türme* erhalten die Granitbekleidung) zu vergleichen. Er wird dann wohl Dänemark selber überdauern. Alle berühmten Dome, die ich kenne, sind entweder in Ziegel oder Sandstein oder Portlandstein (die großen englischen Kirchen) oder Marmor aufgeführt; aber eine granitne Kirche, und zwar graniten in dieser Ausdehnung und konsequenten Durchführung, ist mir unbekannt. Die Feldsteinkirchen Norddeutschlands sind freilich auch Granitkirchen; aber sie verhalten sich zu der Viborger Kirche wie ein gußeiserner Böller zu einer Kruppschen Gußstahl-Kanone.

Von Viborg nach Aarhuus ist Eisenbahn, wenn man überhaupt 12 Meilen in fünf Stunden noch Eisenbahn-Verbindung nennen kann. Langaa, wo General v. Falckenstein die Eisenbahn-Brücke sprengen ließ, ist halber Weg zwischen den beiden genannten Städten. Man verläßt den einen Zug, wird, die Brückentrümmer unmittelbar zur Linken, in einer Art Prahm über den Fluß gesetzt und steigt am andern Ufer in einen schon wartenden Zug. Ich machte die Tour mit einem Manne, der, wenn es der Justizrat Blaunfeldt nicht war (ich glaube, *daß* er's war), jedenfalls verdient hätte, es zu sein.

Von Langaa aus wird die Landschaft immer anziehender – endlich Aarhuus selbst. Hier traf ich die ersten Brandenburger (52. Regiment); blaue westfälische Husaren, auffallend schöne Leute; Artillerie, Train und einzelne Repräsentanten aller möglichen Truppenteile, Brandenburger Kürassiere, 4. Garde-Regiment, Regiment Elisabeth u. a. m.

Aarhuus ist die erste Stadt des Landes. Aalborg mag nahezu ebensoviel Einwohner und in bezug auf seine Lage – wiewohl sich darüber rechten ließe – einzelne Vorzüge haben; aber als Stadt selbst sind beide gar nicht miteinander zu vergleichen. Aalborg setzt sich aus malerischem alten Gerümpel zusammen, Aarhuus aber hat in dem Stadtteil, der sich unmittelbar um die Domkirche gruppiert, den Charakter einer kleinen Residenz. Sein Verkehr mit Kopenhagen ist mindestens ebenso groß, wahrscheinlich größer als der Aalborgs; dabei aber hat es zugleich ein reicheres Hinterland und selbstverständlich eine raschere und lebhaftere Verbindung mit dem Süden. Was seine Haltung zur alliierten Armee angeht, so zählt es zu den guten Städten, die, wie ich von allen Seiten versichern höre, etwa so rangieren: Horsens (am besten), dann Aalborg und Aarhuus in gleicher Linie, dann

Viborg, am schlechtesten Randers. Von den kleineren Städten – Skanderborg wird gerühmt – habe ich es nicht mit Sicherheit in Erfahrung bringen können.

Auch an Aarhuus ist seine Domkirche das Interessanteste. Baulich – abgesehen davon, daß sie die *größte* in ganz Dänemark ist – kann sie mit Viborg gar nicht in Vergleich treten; der übliche gotische Ziegelbau mit unterschiedlichen Seitengiebeln, ziemlich grob profilierten Fenstern und verdorbener Turmspitze. Was dieser Kirche aber nach der baulichen Seite hin fehlt, das wiegt sie auf durch *Denkmäler* und historische Erinnerungen. Sie ist dem heiligen Clemens geweiht, dessen Bildnis, in vorzüglicher Holzschnitzarbeit, in dem großen Altarschreine aufgestellt ist. Eh ich von den Denkmälern spreche, sei gleich eingangs noch bemerkt, daß (wenn ich nicht irre, unter Anleitung des bekannten Prof. Worsaae in Kopenhagen) die weiße Tünche von Wänden und Pfeilern teilweis abgeklopft und dadurch die ehemalige Buntmalerei der Kirche wiederhergestellt worden ist. All diese Malereien sind schlecht, aber sie überraschen durch ihre Fülle und die Wohlerhaltenheit der Farben.

Das erste Monument, dem man begegnet, ist dem Andenken zweier Brüder *Rodsteen* errichtet, die zu ihrer Zeit, zunächst wohl unter dem bescheidenen Titel »Leibjude«, die Rothschilds von Dänemark gewesen zu sein scheinen. Es waren holländische Juden, die zu Ende des 17. Jahrhunderts nach Kopenhagen kamen, dann später für ihre dem Könige geleisteten Dienste in den Adelsstand erhoben und in der Nähe von Aarhuus reich begütert wurden. Sie haben nun hier in der Kirche ein reiches Marmor-Epitaphium von nah an 30 Fuß Höhe; zwei Brüder in Allonge-Perücken reichen einer zwischen ihnen stehenden freundlichen Dame die Hand. Diese ist die Witwe beider. Rechts und links Gerechtigkeit und Weisheit, wie immer. Die Familie ist ausgestorben, wie *alle* Familien, von denen noch die Rede sein wird.

Das zweite Grabdenkmal in bemaltem Stein ist das des *Jörgen Ebbesen*, eines reichen adligen Grundherrn. Wenn die beiden

Rodsteene nur *eine* Frau hatten, so hatte dafür Jörgen Ebbesen drei. Sie umstehen ihn auf dem Epitaphium wie die drei streitenden Göttinnen, jede begierig zu erfahren, welcher er den Apfel reichen werde. In der Mitte befindet sich eine große schwarze Marmortafel *ohne Inschrift*. Damit hat es folgenden Zusammenhang. Jörgen Ebbesen hatte an einer Konspiration gegen den König (wenn ich recht gehört habe, gegen Friedrich V.) teilgenommen; seine überlebende Familie ließ sich aber nicht abhalten, auf die schwarze Marmortafel schreiben zu lassen: »Hier ruht Jörgen Ebbesen, ein getreuer Untertan seines Königs.« Als Friedrich V. nach Aarhuus kam und diese Inschrift las, schüttelte er den Kopf und befahl, daß sie ausgelöscht werde. Der Küsterssohn, der mich umherführte, sagte: »Sehen Sie ihn an, sieht er nicht aus wie ein *Verräter*?« Ich konnte herausfühlen, daß er eigentlich sagen wollte: »Sieht er nicht aus wie ein Schleswig-Holsteiner?«

Das dritte Monument hat einen etwas trivialeren Charakter und zeigt, im Einklang damit, auch nur die Form eines viereckigen Kachelofens. »Hier ruht ein Apotheker von Aarhuus mit Frau und 7 Kindern. Sie verbrannten alle in einer Nacht. *Seitdem hat Aarhuus Nachtwächter.*«

Vor dem Altar liegen verschiedene schön gearbeitete Grabsteine ausgestorbener Familien. Der schönste (in Marmor) zur Erinnerung an Ritter Erich Podbusk. Ein anderer Podbusk war Bischof von Aarhuus und liegt im Seitenschiff. Ein anderer Stein, vor dem Altar, trägt Bild und Namen von Manderup Parsberg, der dem Tycho de Brahe im Duell die Nase abhieb. Tycho de Brahe scheint mit ähnlichen Unfällen in das Hofleben eingetreten zu sein, wie er aus demselben schied.

Im Hauptschiff der Kirche begegnen wir noch dem Grabstein von Jungfrau Hedwig Margaretha Lasson; – der Stein war mit Buchsbaum und Myrtenblättern bestreut. »Hedwig Margarethe Lasson starb am 14. Juni 1785. Sie hinterließ der Domkirche ihr Vermögen und forderte nur, daß ihr Grabstein immer grün bestreut würde.« Es erinnert das an den Grabstein Frauenlobs, auf dem, wenn ich nicht irre, bis diesen Tag Körner für die Vögel ausgestreut werden.

Über dem Taufbecken, in Front des hohen Chors, hängt von der gewölbten Decke herab ein *Modellschiff*, eine Fregatte von 74 Kanonen. Dies Modellschiff ist schon über 150 Jahre alt und war eigentlich für Peter den Großen bestimmt. Dieser hatte es in Saardam bauen lassen und ein russisches Schiff nach Holland geschickt, um die kleine Musterfregatte dort abholen zu lassen. Dies geschah. Das russische Schiff strandete aber bei Skagen, und nur das Fregattenmodell wurde unbeschädigt ans Land geworfen. Von Skagen kam es nach Aarhuus und hängt nun im Kirchenschiff. Versteht sich, trägt es auch einen kleinen *Danebrog*, denn was könnte hier bestehen ohne das »vom Himmel gefallene Kreuz«?

VII

Fridericia, 28. September [1864]

Veile, Kolding, Fridericia bilden die Endpunkte eines Dreiecks, innerhalb dessen, auf dem Raum weniger Quadratmeilen, sich das »malerische Jütland« zusammenfindet. Als schönster Punkt dieses Dreiecks ist mir die Gudsö-Bucht erschienen, die wieder ihrerseits eine nördliche Abzweigung der großen Koldinger Förde ist. Das über Meilen sich hin erstreckende Panorama, das sich dem Auge hier darbietet, ist ersten Ranges und übertrifft selbst die vielgenannten Hügelpartien von Veile, die sogenannte »Jütische Schweiz«. Etwa halben Wegs zwischen Fridericia und Kolding erreicht man das Dorf Gudsö, von wo aus man eine Viertelstunde lang bergan fährt, immer das Landschaftsbild zur Linken, dessen Ausdehnung und Schönheit von Minute zu Minute wachsen. Weithin dehnt sich die Bucht; Dörfer, Äcker, Weideland wechseln ab mit Buchenwaldung, die, auf halbinselartigen Vorsprüngen, bis mitten in die Bucht hineinragt. Etwa eine Meile abwärts steigt ein befestigtes, schanzartig abgeglättetes Inselchen auf, Fanö *Kalv*, wenn ich nicht irre, dessen rotbraune Wände mit dem tiefen Blau der Bucht harmonisch zusammenstimmen. Am Horizont schließen die Hügelufer von Fanö und Fünen das prächtige Bild.

An der landschaftlichen Schönheit dieses Dreiecks: Veile, Kolding, Fridericia, nehmen die Städte selber zu einem gewissen Grade teil; namentlich Kolding, dessen die Stadt überragende *Schloßruine* von großer malerischer Wirkung ist.

Fridericia ist weniger anziehend. Die Stadt selbst sieht aus, als wäre sie eigens nur gebaut, um bombardiert zu werden. Die Straßen sind breit, die Häuser klein, dabei von solcher Alltags-Beschaffenheit, daß es (eine gute Feuerversicherung vorausgesetzt) die Bürger selber kaum kümmern kann, ob sie fallen oder stehen. Die Kirche hat einen Glockenturm; aber er bescheidet sich, noch ein paar Handbreit niedriger zu sein als die Giebelwand, woran er sich lehnt, so daß der Turm, statt stolz sein Haupt zu erheben, sich wie ängstlich duckt und mit eingezogener Schulter dasteht.

Auf dem Marktplatze, nur durch ein Gitter von Kirche und Kirchhof getrennt, erhebt sich auf hohem Granitsockel das Bildnis Generals v. Bülow, des »Siegers von Fridericia« (Seierherren i Fridericia-Slaget d. 6. Juli 1849). Gegen diese Huldigung läßt sich nichts sagen. Der einzelne, der sich ausgezeichnet, kann seines Anrechts an die Dankbarkeit des Landes um deshalb nicht verlustig gehen, weil der Ausdruck dieses Dankes – welche Formen er auch annehmen möge – in andern unbequeme Empfindungen weckt. Man soll nicht Ärgernis geben, aber man soll auch dankbar sein. Kollidieren diese Pflichten, so erscheint es uns natürlich, den Anspruch des siegenden Freundes über den des besiegten Gegners zu stellen.

Anders verhält es sich mit der Statue des »tappren Landsoldaten«, die sich (überlebensgroß) ebenfalls in Fridericia erhebt und den Ankommenden gleich bei seiner Einfahrt in die Stadt von dem der Torwache gegenüber gelegenen Platze aus begrüßt. Die Bülow-Statue war eine gebotene Huldigung gegen den einzelnen Mann; der Dank gegen den »tappren Landsoldaten« aber mußte, wenn er nicht nutzlos verletzen sollte, *notwendig* andere Formen annehmen. Eine Denkmünze, für den Tag von Fridericia verliehen, ein Ordensband, an jeden einzelnen dänischen Soldaten erteilt, das alles hätte so gut ein Recht gehabt wie die Büste, die dem »Seierherren« errichtet wurde; aber diese Kolossal-Figur des als eine Gesamtheit gefaßten »tappren Landsoldaten«, die, den Lorbeer in der Hand, triumphierend auf das zerschossene Geschütz des Gegners tritt, war in erster Reihe eine Demonstration gegen die Besiegten, ein *Symbol des niedergeworfenen Schleswig-Holsteins.*

Hierin liegt das Verwerfliche. Jedes Volk darf sich seiner Siege rühmen. Erficht es diese Siege aber über aufständische Provinzen, die es nachher doch wieder regieren und zu Pflicht und Liebe zurückführen will, so darf es der Freude über diesen Sieg keinen Ausdruck geben, der die Besiegten notwendig verletzen und die Bitterkeit der Niederlage verdoppeln muß. Dies ist mindestens unklug. Um *einer* Hälfte zu schmeicheln, wird die andere Hälfte mehr und mehr entfremdet. Das kann nie der Weg sein, die erstorbene Loyalität neu zu beleben. Die Dänen haben auf diesem Punkt den besiegten Schleswig-Holsteinern das Unglaublichste zugemutet. Dieser »tappre Landsoldat« war freilich unter allen Demonstrationen der Art die mildeste, die am ehesten hinzunehmende; aber sie gewinnt ihre volle Bedeutung erst in der Ringkette ähnlicher Übergriffe, aus der heraus man das einzelne Glied nicht lösen darf. Man kann diese Landesteile (Jütland und Schleswig) nicht durchreisen, ohne den vollen Eindruck dänischen Übermuts und unglaublicher politischer Unklugheit zu haben.

Es verlohnt sich vielleicht, an dieser Stelle aufzuzählen, wie Dänemark, bloß auf *künstlerischem* Gebiet, nach dieser Richtung hin verfahren ist. Auf *Skamlingsbank* erhob sich eine Denksäule und sah weit in Land und See hinein, aller Welt den Sieg Dänemarks verkündend. Erst die Preußen haben diese Säule umgeworfen. Schlimmeres geschah, wie bekannt, in *Flensburg*. Diesen Fleck hatten sich die Dänen zu ihren Demonstrationen wie ausersehen. Und doch stand man hier nicht mehr auf dänischem Grund und Boden wie in Fridericia, sondern auf einem Boden, der mindestens »debatable land«, strittiges Land, zwischen Dänen und Deutschen war. Daß auf dem Flensburger Kirchhof, womit man sich anfänglich begnügen zu wollen schien, ein großer Steinhügel errichtet wurde, in dessen blumendurchranktes Gestein man die Marmor-Grabtafeln der im Schleswig-Holsteinischen Kriege gefallenen dänischen Offiziere stellte, mochte, wie die Huldigung gegen General v. Bülow, als eine Huldigung gegen das *Individuum* hingehen; aber der immer wachsende Fanatismus fand kein Genüge daran. Ein Weiteres sollte geschehen. So wurde denn am zehnjährigen Jahrestage der Idstedter Schlacht der politisch wie künstlerisch gleich berüchtigte »Idstedter Löwe« auf dem Flensburger Kirchhofe aufgerichtet, aufgerichtet auf den Grabstätten deutscher Schleswiger, deren Familien vergeblich protestierten gegen einen Eingriff, der ebensosehr Entweihung wie Eigentumsverletztung war. Man muß dies gegenwärtig haben, um mit Nachsicht zu beurteilen, was später in exzessiver Weise gegen dieses in Hohn und Spott errichtete Denkmal geschah.

Die Errichtung dieses Idstedter Löwen (General de Meza lehnte vornehmerweise jede Beteiligung daran ab) ging freilich nicht von der dänischen *Regierung* aus, sondern war das Werk fanatischer Dänen, besonders solcher, die in Flensburg selber ihren Sitz hatten. Aber es hieße eine Unterscheidung machen, die tatsächlich nie da war, wenn man bei Herzählung dieser und ähnlicher Herausforderungen zwischen dänischem Volk und dänischer Regierung unterscheiden wollte. Dänische Regierung und dänisches Volk teilten sich in die Rollen, wie man's für gut fand. Das Volk gab der Regierung und die Regierung dem Volk die Parole; das zieht sich – nicht zum Segen des Landes – durch die dänische

Geschichte der letzten 16 Jahre hindurch. Vieles ging auf Rechnung des Volkes oder privater Unternehmer, wohinter die stützende Hand der Regierung unschwer zu erkennen war.

Dahin zähle ich namentlich die bildliche Darstellung der 1849 und 1850 über die Schleswig-Holsteiner erfochtenen Siege. Große Ölbilder entstanden: der Sieg bei Fridericia am 6. Juli 1849; die Schlacht bei Idstedt am 25. Juli 1850; der Sieg bei Missunde im September 1850; die Verteidigung von Friedrichsstadt am 4. Oktober 1850. Es mochte hingehen, daß von Kopenhagener Künstlern solche Bilder *gemalt* wurden, die etwa, auf unsere Geschichte angewandt, Bildern entsprechen würden wie: »Das Grenadier-Regiment Kaiser Franz erstürmt das Köllnische Rathaus« etc.; aber es war über alles Zulässige oder auch nur Verzeihliche hinaus, daß diese Bilder in Pariser Kunst-Anstalten, in großem Format und mit Aufwand bedeutender Kosten, tausendfältig lithographiert und mit dänischer, französischer und englischer Unterschrift in alle Welt hinaus verbreitet wurden. Das Bitterste aber war und blieb, daß man den Schleswig-Holsteinern – man verzeihe den Ausdruck – diese Bilder beständig unter die Nase hängte, so daß überall im Lande, wo dänische Offiziere ihr Billard spielten oder zu Tische saßen, die Deutschen sicher sein durften, ihr Glas Wein angesichts der sämtlichen dänischen Siege von 1849 bis 1850 trinken zu müssen. Es war ihnen nicht zu verdenken, wenn sie solche Lokale mieden, *aber die Bilder kamen ihnen nach.* Schaufenster, Warte-Salons, Passagierstuben taten ein übriges.

Solche Dinge wiegen schwer. Ich weiß mich persönlich frei von aller so viele Jahre lang im Schwunge gewesenen Schleswig-Holstein-Heulerei und bin ohne besondere Sympathien für jenen nordalbingischen Volksstamm, der dadurch so bedrücklich in persönlichem Verkehr und Umgang wirkt, daß er beständig seine durchaus nicht über andere Menschenkinder hinausgehende *individuelle* Bedeutung mit seiner *territorialen* Bedeutung (die freilich nicht hoch genug veranschlagt werden kann) verwechselt. Ich weiß mich frei von allem Enthusiasmus diesen Leuten gegenüber, die ja selber in ihrer großen Mehrheit ohne allen Enthusiasmus sind; aber darin stehe ich auf ihrer Seite und davon habe ich mich in großen und kleinen Dingen immer wieder und wieder überzeugt, daß Dänemark, der Fälle schweren Unrechts und barer Gesetzlosigkeit ganz zu schweigen, sie *malträtiert* hat – ganz vorzüglich auch dadurch, daß man eine Freude daran hatte, feinere, aufs Geistige gestellte Naturen *mit Nadeln zu prickeln*. Man hatte nicht nur gesiegt, man wollte auch *triumphieren*, und der »tappre Landsoldat« am Tor von Fridericia war nur das *Symbol* dieses Triumphes.

Der Limfjord

Der »Limfjord«, d. h. die Kalkbucht (Lim oder Liim ist das englische lime, Kalk), ist ein auf beiden Seiten mit dem Meere in Verbindung stehendes Binnengewässer von 24 Meilen Durchschnittslänge, dessen östliche und zugleich nördliche Hälfte aus einem Wasserarme besteht, der – im allgemeinen kaum 1/6 Meile breit – in der Mitte sich zu einem Wasserbecken von wenigstens 1 Meile Breite erweitert. Das Städtchen *Lögstör*, 6 Meilen nordwestlich von Hobro, bezeichnet den Endpunkt der östlichen Hälfte des Limfjord; von Lögstör an westlich verändert der Limfjord seinen Charakter. Hier erweitert er sich zu zwei großen Seen von mehreren Meilen Breite und Länge, in deren Mitte die überaus fruchtbare Insel *Mors*, »die Kornkammer Nord-Jütlands«, liegt. Sie ist 4 Meilen lang und durchschnittlich 2 Meilen breit; ihre Hauptstadt ist das freundliche *Nyköbing*, ein wohlhabender, vom Kornhandel lebender Ort. Wir schalten hier folgende Schilderung dieser schönen Gegenden ein, die keineswegs öde und leblos, wohl aber voll jenes poetischen Zaubers sind, den die skandinavischen Landschaften zu haben pflegen. Einzelnes in der Schilderung berührt schon Erwähntes. »... Die Ufer des Limfjord sind eine baumlose *Landschaft*, aber kein menschenleeres Land; überall Dörfer, deren alt-gotische Kirchtürme weiß in der Sonne glänzen, überall Boote, die den Verkehr unterhalten, und vor allem – freilich kein Zeichen einer dichtgedrängten Bevölkerung – überall viele Tausende von Seemöwen, die wie Wasserlilien auf der Breite schwimmen oder in weißem Fluge den weißen Segeln folgen. So geht die Fahrt bis Lögstör. Bei Lögstör, das ziemlich genau am Mittellauf des Limfjord liegt, hat dieser seine schmalste Stelle; unmittelbar dahinter aber beginnt andererseits seine größte, mit bewohnten und unbewohnten Inseln geschmückte Ausbuchtung, die den Namen der Lögstörer Breite (Lögstör Bredning) führt. Das Befahren dieses schönen Sees, der eine Ausdehnung von mehr als 6 Quadratmeilen hat, ist eine Freude und bietet Bilder, wie sie das Auge nicht wieder vergißt. Das einzelne am Ufer verschwindet, und nur die Farben und Linien des Ganzen wirken noch. Es ist ein Panorama, das halb an die größeren schottischen Seen, halb an das Stettiner Haff erinnert. Die Luft- und Farbentöne, auch die großen landschaftlichen Linien erinnern mehr an jene; die Ausdehnung aber, die gesamte geographische Situation entsprechen mehr dem *Stettiner Haff*. Nimmt man Aalborg als Stettin, so ist man bei Lögstör in die volle Breite des Haffes eingetreten, aus dem, wie die Oder dort, so der Limfjord hier, in drei Wasserstraßen, nach Westen hin, seinen Abfluß nimmt. Zwei Inseln, die sich vor die Mündung legen, erzwingen diese Dreiteilung, und wie dort Usedom und Wollin die Odermündung in Peene, Swine und Divenow teilen, so teilen hier die Inseln Mors und Sallingland (letzteres eigentlich eine Halbinsel) den Limfjord in einen Thisted-, einen Nyköbing- und einen Skive-Sund. Überhaupt erinnern diese Landesteile, insonderheit die Inseln und Halbinseln am Limfjord hin – und zwar sowohl zurückgreifend in Sage und Geschichte wie auch gegenwärtig in Erscheinung und Lebensweise der kleinen Städte – außerordentlich an die drei pommerschen Inseln, an Rügen, Usedom und Wollin, vorzüglich an die letzteren beiden. Wären diese letzteren nicht bewaldet, hätte man es einfach der Natur überlassen, dort, wo kein einladendes Ackerland zutage liegt, Moos, Binsengras und Heidekraut über Sand und Torfmoor zu ziehen, so würde zu all der übrigen Verwandtschaft auch noch eine landschaftliche Übereinstimmung kommen.

Die geschichtliche Epoche des Limfjord, die ›große Zeit‹ der Lande, die an ihn grenzen, liegt beinahe tausend Jahr zurück – so weit, daß alles wie Sage klingt, was von Eroberungen nach Ost und West hin, von Siegen und Niederlassungen am Finnischen Meerbusen und am Murray-Busen berichtet wird. Wären nicht die großen Dome und Kathedralen, die alten Kirchen in Viborg und Aalborg, in Nyköbing und Thisted – der langen Reihe schon erwähnter, gotisch-schöner Dorfkirchen zu geschweigen, die sich, wohl 40 oder 50 an der Zahl, zu beiden Seiten des Limfjord auf den Hügelkuppen hinziehen –, man würde nicht glauben, daß hier einst ein stürmischer Geist, ein großer Zug, eine expansive Kraft gewaltet hat. Und doch war es so.

Wie Wollin auf seinem Weichbilde den vereinigten Zauber von Vineta und Julin umschließt, so sind auch am Limfjord hin die Zauber lebendig, die Sage und Geschichte, als breiteten sie einen Schleier aus, jeder Landschaft leihn.«

Aus dem Sundewitt

1. Von Flensburg bis Düppel

Die Düppel-Schanzen existieren nicht mehr; bis zum 24. Mai waren sie alle, mit Ausnahme von Schanze 10 und dem Sonderburger Brückenkopf, dem Erdboden gleichgemacht, und auch diese Werke sind seitdem wohl abgetragen worden. Die Düppel-*Schanzen* sind hin, aber die Düppel-*Stellung* ist geblieben, und ein jeder, der irgendwie ein Auge für »Lokalität« oder ein Interesse für militärische Dinge hat, wird auch jetzt noch seine Rechnung finden (vielleicht selbst über seine Erwartung hinaus), wenn er sich an den Schauplatz unseres letzten ruhmvollen Waffenganges begibt. Von Flensburg aus ermöglicht sich die Partie in einem einzigen Tage. Man fährt um 7 Uhr aus und ist um 11 Uhr abends zurück, vorausgesetzt, daß man sich mit Zentrum und rechtem Flügel begnügt; will man auch den linken Flügel (Sandberg, Lille-Mölle, Ravenkoppel etc.) in Augenschein nehmen, dazu das Gammelmark-Terrain inspizieren, so wird der Ausflug zu einer zweitägigen Partie, und empfiehlt es sich für diesen Fall, Nachtlager in dem großen und reichen Dorfe Broacker zu nehmen.

Von Flensburg bis Düppel sind 5 Meilen. Die Fahrt gliedert sich in vier Abschnitte, von denen jeder einen bestimmten Charakter trägt. Diese vier Abschnitte sind folgende: von Flensburg bis Bau (das links liegenbleibt), von Bau bis Rinkenis, von Rinkenis bis Krug Freudenthal und von Freudenthal bis zum Sonderburger Brückenkopf. Jeder Abschnitt ist eine gute Meile lang.

Von Flensburg bis Bau (wo am 9. April 1848 das Kieler Turner- und Studentenkorps nahezu vernichtet wurde) überrascht den von Süden Kommenden das Bild landschaftlicher Schönheit, das sich vor ihm auftut: Hügel und Hecken, hohe Buchen und zwischen den Stämmen hindurch das kostbare Blau der Flensburger Bucht.

Bei Bau biegt die Chaussee, die bis dahin gradlinig nach Norden führte, im rechten Winkel nach Osten ab, und sofort ändert sich das landschaftliche Bild. Eine absolute Plateau-Kahlheit, die aber nicht das Poetische einer wirklichen Öde, etwa eines Torf- oder Heidemoors, sondern nur das Triste eines Blachfeldes hat, tritt an die Stelle der Wechselspiele von Wald und See; kein Dorf unterbricht die Eintönigkeit des Weges, und erst bei *Rinkenis* treten wir wieder in ein bunteres und mehr abwechslungsreiches Leben ein. Der nun folgende, *dritte* Terrainabschnitt bleibt im wesentlichen, wenigstens zunächst noch, derselbe; aber bald wird der Boden fruchtbarer, der schöne Meerbusen buchtet sich tiefer landeinwärts, und rasch aufeinander folgende Dörfer beleben das Bild und geben der Landschaft eine frischere Farbe.

Diese Stecke von Rinkenis bis Freudenthal bildet das *Vorterrain* der Düppel-Stellung, und hier ist es, wo wir in kurzen Distanzen von 10 Minuten oder einer Viertelstunde der Mehrzahl jener Dorfnamen und sonstigen Lokal-Bezeichnungen begegnen, die seitdem in unseren eigenen Dörfern, in Barnim und Lebus, in Havelland und im Ruppinschen, Haushaltworte geworden sind. Wir werden sie in Kürze aufzuzählen haben, sooft uns der Weg durch sie hindurch oder an ihnen vorüberführt.

Rinkenis selbst war nicht Schauplatz eines Kampfes, wenigstens nicht während dieses letzten Krieges. Aber am 6. April 1848 hatte hier, drei Tage vor dem Gefecht bei Bau, ein erstes Rencontre zwischen den Dänen und Schleswig-Holsteinern statt. Die Dänen verloren einige Leute; unter diesen war der *erste*, der fiel, ein Soldat namens »*Seier*«. »Seier« heißt *Sieg*, und die Dänen, die überhaupt in erster Reihe eine *poetisch* angelegte Nation sind und in Denkmälern und Inschriften, wie ich mich vielfach überzeugt habe, diesen poetischen Grundzug ihrer Natur mit Geschick und Glück darzulegen wissen, haben diesem »Seier« und zugleich allen Mitkämpfenden jenes Tages, an der Stelle, wo *Seier* fiel (mitten im Dorf), einen einfachen Gedenkstein von Granit errichtet. Dieser Stein, über den eine Traueresche ihre Zweige hängt, trägt folgende Inschrift.

Minde om den 6. April 1848.
Förste Skad fra Krigerskare
Voldte Byen Skraek og Fare;
Men med Tag og Priis og Haeder
Broderlig vi mindes Eder,
Som for os i förste Möde
Seier vandt hvor »Seier« döde.

Also etwa:

(Zur Erinnerung an den 6. April 1848.)
Über dies Dorf, als die Donner klangen,
Kam wohl Schrecken, kam wohl Bangen,
Aber Dank und Ruhm und Lieder
Haben wir für euch, ihr Brüder,
Die am ersten Kampfestag
Sieg erstritten, wo »Sieg« erlag.

Von Rinkenis aus führt der Weg, an Alnoer und dem vielgenannten Ekensund vorüber, nach *Gravenstein*. Gravenstein ist ein Flecken. Von dem bunten Leben, das hier drei Monate lang lärmte, finden sich nur noch letzte Reste vor. Einzelne Artilleristen, von denen es schwer zu sagen ist, ob sie der Dienst noch in Gravenstein festhält oder ob sie alte Anhänglichkeit besuchsweise aus den Nachbardörfern in diese Residenz des Sundewitt zurückgeführt hat, sitzen im Krug und scheinen, der Flaschen-Batterie nach zu schließen, die bereits vor ihnen steht, sich des guten, alten Artilleristen-Liedes zu erinnern:

Darum bis zu dieser Frist
Trinkt der preuß'sche Artillrist.

Der Wirt, einer von den Halbschlächtigen, die nie wissen, welche Fahne sie aushängen sollen, hat sich mit mürrischem Gesicht (alle Wirte sehen hier mürrisch aus) zu ihnen gesellt und klagt zum hundertsten Male, daß die Husaren seine Kegelbahn abgebrochen und mit den Brettern ihren Kaffee gekocht hätten. »Immer wieder die alte Geschichte«, ruft einer der Artillristen, ein vierschrötiger Mansfelder mit linsengroßen Sommersprossen im Gesicht, »*das* Brett, worauf Ihr uns angekreidet habt, kommt auf für all Eure Kegelbahn-Bretter.«

Schloß Gravenstein, darin all die Zeit über das Hauptquartier des Prinzen war, ist ein stattlicher Bau, weiß getüncht, mit hohem Turm und zwei Hinterflügeln. Die Front blickt in einen stillen, teichartigen See, den Laubholz-Partien umstehen. All die Schlösser dieses Landes haben einen verwandten Charakter: sie sind sauber, von Wald und Wasser malerisch umgrenzt, architektonisch weder schön noch häßlich, dabei vor allem öde, leblos mit einem Zuge, in dem sich Poesie und Langeweile wunderbar miteinander mischen. Schloß Luisenlund, das *jetzige* Hauptquartier des Prinzen, machte drei Tage vorher denselben Misch-Eindruck auf uns, und Schloß Gravenstein macht ihn wieder. Alles so glau, so unschuldig, und dabei ist doch etwas unheimlich Märchenhaftes um diese weißen, sonnebeschienenen Wände her, daß man denken möchte, hier sehen Gespenster zu Mittag aus allen Fenstern heraus. Sie haben alle weiße Jacken an und runde weiße Mützen auf, wie Köche oder Konditoren; aber es ist doch unheimlich genug, aus 50 weißen Schloßfenstern fünfzig weiße Köche bei hellem Sonnenschein winken und grüßen zu sehen.

Das nächste Dorf ist *Atzbüll.* Neben der Kirche steht ein hölzerner Flaggenturm, dessen Balken und Bretter eine große Lücke zeigen. »Was ist das?« fragen wir den Kutscher. »Das ist vom Rolf Krake!« antwortet er mit einer Miene, als ob es sich um eine selbstverständliche Sache handelte. Dieselbe Antwort erhalten wir den ganzen Tag über immer wieder; überall, wo etwas Besonderes geschehen, wo ein besonders dicker Baum zerschmettert, ein *be-*

sonders großes Loch geschlagen, ein besonders fester Brückenbalken zerrannt oder zerstoßen ist, da ist es auch der Rolf Krake gewesen. »Er ist ja gekuppelt« oder »er ist ja ein Widderschiff«, setzt der Erklärende gewichtig hinzu. Man könnte fast behaupten, daß der Rolf Krake – weit über Verdienst und Würdigkeit hinaus – der eigentliche poetische Held dieses Krieges geworden sei. Fabelhaft, wie der Rolf Krake des nordischen Heldenliedes, an den sich ödipusartige Sagen knüpfen, ist auch das Schiff geworden, das seinen Namen führt. Keinen Naturgesetzen, keiner Erwägung von »möglich oder nicht« unterworfen, paßt er so recht zu dem phantastischen Bedürfnis der Menge und wird zu einem heroischen Überall und Nirgends, der wunderbar, wie er selber erscheint, auch alles Wunderbare getan haben muß.

Das nächste Dorf ist *Nübel*, der Schauplatz eines hitzigen Gefechtes am 14. März. Eh wir es aber erreichen, passieren wir Nübel-Mark, ein zur Rechten der Chaussee gelegenes Feld, auf dem jetzt alle die Geschütze zusammengefahren stehn, die vor Düppel mitredeten bez. das entscheidende Wort sprachen. Hier in erster Reihe – exklusiv und eine Gruppe für sich selber bildend – stehen die gezogenen 24-Pfünder, die »Gammelmärker« sowohl wie die aus den Frontal-Batterien. Wir blicken neugierig in die Mündungen der Geschütze hinein, sehen aber bald wieder weg. Wenn es immer ein Grauen weckt, tief in die Seele zu blicken, so darf man das auch sagen von den *Seelen der 24-Pfünder*. Diesen schönen, elegant-formidablen Waffen gegenüber begreift man es, daß die dänischen Eisen-Röhren nicht standhalten konnten. Sie waren *diesem* Gegner nicht gewachsen und mußten zerbrechen, wie ein irdener Teller im Zusammenstoß mit solidem Porzellan.

Hinter Nübel – immer unmittelbar am Wege – kommt die »Büffelkoppel«, ein kleines, ziemlich dicht bestandenes Gehölz (Buchen), und bald dahinter »Krug Freudenthal«, an dem das Vorterrain aufhört und das eigentliche *Düppel-Terrain* beginnt.

Hier, im Rücken des ausgebrannten Wohngebäudes, nehmen

die Laufgräben ihren Anfang. Ganz allmählich schrägt sich die Einfahrt zu, die zunächst kaum anders aussieht wie ein breiter Steig zwischen zwei Gartenbeeten und sich zu dem verwirrenden Geflecht von Gängen und Gräben, das daran hängt, sehr ähnlich verhält wie der unscheinbare Einfahrts-Stollen eines Bergwerks zu den hundert Gassen dieses Bergwerks selbst. Alle diese Approchen und Parallelen umzirken, wie bekannt, nur den *linken* Flügel der Düppel-Stellung (dem *rechten* Flügel der Angreifer entsprechend) und liegen auf dem verhältnismäßig schmalen Landstreifen zwischen dem Wenningbund und der Sonderburger Chaussee; ein Frontal-Angriff war deshalb von diesen Parallelen aus nur gegen Schanze 1 bis 4 möglich, und nur Schanze 5 und 6 konnten noch durch »halb links«, quer über die Chaussee weg, gleich mitgenommen werden.

Wir leisten darauf Verzicht, das Labyrinth der Gänge und Gräben zu durchlaufen, und lassen unsern Wagen nicht eher halten, als bis wir uns en ligne mit der dritten und letzten Parallele befinden. Eh wir aber diese letzte Parallele erreichen, passieren wir, links am Wege, eine jener Begräbnisstätten, deren, vor und hinter den Schanzen, so viele auf diesen Feldern zu finden sind, niedrige, breite, gartenartige Hügel, auf denen, unscheinbar, ein vertrockneter Kranz liegt und an denen man, mutmaßlich ohne ihrer zu achten, vorüberfahren würde, wenn nicht die aufgerichteten, zum Teil nur aus zwei Brettern zusammengenagelten Kreuze die Aufmerksamkeit auch des Flüchtigsten erzwängen. Wir zählten fünf solcher Kreuze; alle hatten eine Inschrift: »Hier ruhen 25 tapfre Dänen«; »Hier ruhen 100 tapfre Dänen«; dann ein drittes: »Hier ruhen 209 tapfre Dänen, gefallen am 18. April 1864«. Die andern beiden Kreuze stehen über preußischen Gräbern. Eins derselben ergriff uns besonders. Seine Inschrift war nicht geschrieben, sondern, mit Hilfe von Hammer und Amboß, in der Feldschmiede geschmiedet. Brave Artilleristen hatten mühevoll folgende Worte und Buchstaben zusammengestellt: »Den tapfern PR(eußen) am 18. April 1864. G. v. d. 3. H. B. d. 3. A. B.«

Soll wohl heißen: Gesetzt von der dritten Haubitz-Batterie der 3. Artillerie-Brigade.

Bald hinter dieser Begräbnisstätte befanden wir uns in gleicher Linie mit der dritten Parallele. Wir stiegen aus und sprangen in den Graben hinab.

Diese letzte Parallele ihrer ganzen Länge nach, bis zum Wenningbund hin, zu durchschreiten muß in den Tagen, die dem Sturm unmittelbar folgten, von großem Interesse gewesen sein, aber auch jetzt noch bietet ein solcher Gang des Anregenden viel. Vielleicht erleiden die Späterkommenden kaum eine Einbuße; sachlich fehlt vieles, aber weil vieles fehlt, wird das wenige, das geblieben, mit doppelter Liebe betrachtet. Je weniger da ist, desto tätiger wird die Phantasie. Und die angeregte Phantasie, wenn sie nur etwas hat, das ihr die richtige Direktion gibt, schafft immer das Beste. Allerlei bietet sich auch jetzt noch. Hier liegt eine zerbrochene Säge zwischen Schlamm und Stroh, dort Mütze und Patrontasche, beide vom Regen zerwaschen und ausgelaugt. Überall Reste von Kleidungsstücken: Kapuzen, Achselklappen, besonders Stiefel. Am meisten aber interessieren die Herde, die kleinen Feuerstellen, die fast wie Wohnungen an der Vorderwandung der Parallele entlanglaufen. Die Einrichtung ist immer dieselbe: ein Loch in der Front, groß genug, um ein Paar Feldkessel hineinschieben zu können; nach oben zu wieder ein Loch, ein kleineres, eine Art Schornstein, um der Flamme den nötigen Zug zu geben. Kohlenreste zeigen, wo das Feuer brannte; vor und neben den Feuerstellen liegen dicke Brotrinden und erzählen von den frugalen Mahlzeiten, die hier in den letzten Nächten gehalten wurden.

Immer von etwa hundert zu hundert Schritt begegnen wir einer Ausfall-Pforte. Es sind dies breite Treppenanlagen, die von der Sohle des Grabens bis auf die Höhe des aufgeworfenen Walles führen. Die Stufen sind einfach mit dem Spaten in die Wand gegraben, um ihnen aber Festigkeit zu geben, sind lange Faschinenbündel auf die Erdstufen gelegt und in dieselben eingetreten.

Neben einzelnen dieser Treppen stehen noch die Tafeln mit der Aufschrift: Ausfall I, II etc.

Der Schanze 2 gegenüber stiegen auch wir aus der Parallele herauf und durchschritten den Zwischenraum zwischen dieser und der Schanze vor uns in raschem Tempo, in einer Art Laufschritt. Als wir sie erreichten, waren wir außer Atem. Und doch war der Raum, den die Sturmkolonnen vor Schanze 2, wie jetzt wir selber, zu durchlaufen hatten, einer der kürzesten. Alle dieser Entfernungen erweisen sich überhaupt, wenn man an Ort und Stelle ist und die Distanzen wirklich durchschreitet, um vieles größer, als man sich vorher ein Bild davon entworfen hat. Man begreift völlig, daß die Westfalen, welche Schanze 4 zu stürmen und die weiteste Entfernung zu durchlaufen hatten, halben Wegs sich niederwarfen und, leidlich gedeckt durch ihre Sandsäcke, dem Offizier zuriefen: »Erst ausruhn, Herr Hauptmann.«

Nachdem auch wir auf der Höhe der ehemaligen Schanze einen Augenblick gerastet, hielten wir Umschau. Man überblickt von hier aus Schanze 1 und 3, vielleicht auch Schanze 4, was mir in diesem Augenblick nicht mehr mit Bestimmtheit gegenwärtig ist. Die Schanzen selbst, auch die entfernter gelegenen, sind bereits abgetragen, mit Ausnahme von Schanze 10, die wir im Lauf des Nachmittags noch besuchten, um überhaupt ein Bild von der Art dieser Befestigungen mit fortzunehmen. Was wir dort sahen, diene gleich hier zur Beschreibung im allgemeinen. Danach bestanden die Schanzen aus 20 Fuß hohen Erdwällen, um die sich ein 10 Fuß tiefer Graben zog; Palisaden und andere Hindernisse erschwerten den Zugang; in der Mitte jeder Schanze stand ein Blockhaus und neben dem Blockhaus die wohlverwahrte Pulverkammer. Die größeren Schanzen (2 und 4) hatten auch größere Blockhäuser und *zwei* Pulverkammern statt einer. Die Blockhäuser – wie das in Schanze 10 erhaltene auch dem Auge des Laien deutlich zeigt – waren alle zu hoch angelegt und konnten deshalb, ganz gegen alle Berechnung, von den Kugeln der Enfilier-Batterien auf Gammelmark getroffen werden. Es ist bekannt, daß gleich in den ersten Tagen nach Eröffnung des Bombardements eine Granate 40 bis 50 Mann in Schanze 2 tötete und verwundete. Den Fehler in der Anlage unterm feindlichen Feuer wiedergutzumachen war wohl unmöglich; so mußten sich die Belagerten behelfen, so gut es ging. Die Einrichtung dieser Blockhäuser muß, nach dem übriggebliebenen Spezimen (in Schanze 10) zu schließen, die solideste, aber zugleich die einfachste von der Welt gewesen sein: aufrechtstehende, mehr denn 12 Zoll starke Balken, die ein Oblong von der Ausdehnung, auch von der Höhe eines großen 2- oder 3fenstrigen Zimmers bilden. Über den Balken lagen Deckbalken von gleicher Stärke, und diese Deckbalken trugen ein Erddach. Etwas über Mannshöhe waren Löcher schießschartenartig eingeschnitten, vielleicht ebensosehr der Ventilation wie der Verteidigung halber.

In Schanze 2, auf deren Territorium wir uns zur Zeit befanden, war das Blockhaus bereits niedergebrannt; nur eine schwarze Stelle zeigte, wo es gestanden. Die Pulverkammern waren noch da, freilich gesprengt, aber desto zugänglicher und um so geeigneter, uns ein Bild ihrer Anlage zu geben. Diese Anlage ist ebenfalls einfach genug, imponiert aber durch ihre Ausdehnung (zehn Fuß lang und sieben Fuß breit) und die Solidität ihres Materials. Die Form der Kammern, die sich auch jetzt noch ohne Schwierigkeit erkennen läßt, ist die einer riesigen, in das Erdreich eingelassenen Truhe, eines altmodischen Koffers mit gewölbtem Deckel. Die Wände sind etwa anderthalb Fuß stark und wurden aus dem festesten Material aufgeführt, das die Bau- und Fortifikationskunst beschaffen kann: Mörtel, Zement und grobgeklopfte Chausseesteine. Diese drei werden zu einem dicken Brei gemischt und zwischen zwei Bretter gegossen, innerhalb deren der Brei nach kurzer Zeit erstarrt und nun eine Wand von wahrer Felsenhärte bildet. Die Sprengung dieser Pulverkammern war erst wenige Tage vor unserm Düppel-Besuch erfolgt. Solche Sprengungen, so scheint es, schleudern die Dinge, um deren Zerstörung es sich handelt, nicht wie ein Hagelwetter in alle vier

Winde, *sie zerbrechen sie nur.* Auf Schanze 2 waren die gesprengten Wände fast wie große Eisschollen übereinandergeschoben und hatten, schon von weither, eine Art Point de vue für uns gebildet; in Schanze 3 aber war die Form der Kammer völlig ungestört geblieben, und der ganze Bau schien nur eben mittendurch gebrochen, wie man etwa ein Brot in zwei Teile bricht und die beiden Stücke dicht nebeneinander auf den Tisch legt.

Ich weiß nicht, was man mit diesen Quasi-Felstrümmern, die auf der Höhe von Düppel liegen, zu machen gedenkt; vielleicht sind sie in diesem Augenblick bereits beiseite geräumt. Sind sie es aber nicht, so sollte man sie an derselben Stelle, an der sie liegen, als einfache Erinnerungsmäler, als Symbol für den Dänentrotz, der hier gebrochen wurde, auch ferner aufragen lassen.

Auf dem breiten Streifen Land, der zwischen der letzten Parallele und den Schanzen liegt, fanden wir auch noch – trotzdem hier täglich gesucht und gesammelt wird – eine ganze Anzahl von Kugeln und Sprengstücken aller Art; wir geben aber jetzt das Terrain *vor* den Schanzen sowie die Schanzen selber auf und durchschreiten das Terrain, das *hinter* den Schanzen liegt und nach dem Alsen-Sunde zu allmählich abfällt.

Es ist dies das eigentliche Kampfes-Terrain jenes Düppel-Tages. Hier, genau halben Wegs zwischen den Schanzen und dem Sunde, war das große Baracken-Lager, in dem das 9. und 20. dänische Regiment, unter Führung des General *du Plat*, ihre Reservestellung genommen hatten, und hier war es, wo sie sich, anfangs nicht ohne Erfolg, den Siegern entgegenwarfen, die, nach rascher Wegnahme der Schanzen, in kleinen Trupps, in Zügen und Halbzügen weiterstürmten, um den Brückenkopf zu nehmen oder gar mit dem fliehenden Feinde zugleich das Alsener Ufer zu erreichen.

Auch dies Terrain *hinter* den Schanzen überrascht den Besucher wieder durch seine Ausdehnung. Es ist das nicht eine bloße Büchsenschuß-Entfernung, nicht eine Distanz, die sich mit zwei gesunden Lungen in raschem Lauf bezwingen ließe, es ist eine volle Drittelmeile oder mehr, und die 6 Stunden lange Ausdehnung des Kampfes, nachdem die ersten Schanzen beinah in 6 Minuten genommen waren, wird einem erst verständlich, wenn man dies Hinter-Terrain durchmessen hat, das, flach wie eine schräggestellte Tischplatte daliegend, von den Alsener- und den Brückenkopf-Batterien aus stundenlang bestrichen wurde. Dies Terrain durchschritten wir jetzt.

Endlich, nach einem tüchtigen Marsch im Sonnenbrand, erreichten auch wir den seinerzeit vielbestrittnen Brückenkopf. Nächst Schanze 10 fanden wir ihn noch am besten erhalten, doch waren bereits hundert Hände in Tätigkeit, um auch ihn dem Erdboden gleichzumachen. Wir erkletterten den höchsten Punkt, der noch geblieben, und hatten von hier aus das »Alsen-Panorama« vor uns. Das Bild ist so schön, daß es eine Düppel-Reise lohnen würde, auch wenn Düppel nicht Düppel wäre. Zu Füßen dehnt sich der blaue Alsensund (an dieser Stelle wesentlich schmaler als die Spree zwischen Treptow und Stralau), jenseits steigt die Insel selber auf, eine grüne Hügelwand, an deren Abhang, etwa bis zur Hälfte der ganzen Höhe, das lachende Sonderburg mit seinen roten Dächern und Giebeln liegt. Von rechts her nimmt das Meer, in breiter Biegung, die Insel in seinen Arm; einzelne Landspitzen ragen vor, während Dampf- und Segelschiffe, kommend und gehend, am Horizonte auftauchen und verschwinden. Das ganze Bild ist schön; Alsen selbst aber, das letzte Stück unerobertes Feindesland an dieser Küste, nimmt unser Interesse immer wieder vorzugsweise gefangen. Links, zur Seite der roten Häuserreihe, laufen gelbe Rapsfelder senkrecht den Hügelabhang nieder, Windmühlen drehen sich lustig im Winde; durch die senkrechten Linien der gelben Felder hier und der ansteigenden Straßen dort ziehen sich waagerecht die braunen Reihen dänischer Schanzen; der spitze Kirchturm überragt das Ganze, und über der goldnen Spitze ein blauer Himmel, einer goldener Tag.

Von zerschossenen oder niedergebrannten Häusern gewahrt man wenig, nur der Stadtteil zunächst dem Schlosse zeigt Spuren von Feuer und Zerstörung. Das Schloß selbst ist unbeschädigt geblieben, wenigstens in seiner äußeren Erscheinung, und der alte, historische Rundturm, niedrig und mit spitzem Dach, der sich an die Wassserseite des Schlosses anklebt, mahnt nach wie vor an den »Bauern-König *Christian*« (Tyrann und Reformer zugleich), der hier 14 Jahre in Gesellschaft eines Zwerges und bei zugemauerter Tür gefangen saß. Nur durch ein Gitterfenster hing der ehemalige »König über drei Reiche« mit der Außenwelt zusammen.

Soviel über Sonderburg und sein Schloß. Der Verkehr zwischen dem Festland und der Insel ist lebhaft genug, und da die Brücken abgebrochen, so vermitteln ihn Boote, die fast halbstündlich von einem Ufer zum andern fahren. Über die Brücken, die am 18. April vorhanden waren und den Verkehr der Dänen zwischen hüben und drüben, also zwischen den Schanzen und der Alsener Reserve-Stellung vermittelten, sind die Ansichten sehr geteilt; selbst Spezial-Pläne bringen Widersprechendes. Stelle ich zusammen, was ich an Ort und Stelle erfahren habe, so wurde die Kommunikation durch 4 Brücken unterhalten, durch 2 Hauptbrücken, die aus den beiden nebeneinanderliegenden Brückenköpfen gerade hinüber in das Herz der Stadt, etwa auf die Kirche zu, führten, und durch zwei Laufbrücken, lediglich für Infanterie bestimmt, die rechts und links die beiden Hauptbrücken flankierten. Von diesen zwei Laufbrücken ging eine von dem stumpfen Winkel aus, den der Wenningbund und der Alsen-Sund diesseits bilden, während die andre am linken Flügel der Preußen etwa zwischen Schanze 10 und dem gegenüberliegenden Ufer die Kommunikation unterhielt. So habe ich es von verschiedenen Seiten gehört.

Die größere Bedeutung hatten natürlich die beiden Brücken in der Mitte. Beide waren Schiffbrücken, von denen die eine (aus dem Südbrückenkopf) eine sogenannte stehende Schiffbrücke war. Sie existiert, freilich als eine Art Wrack, bis diesen Augenblick noch. Daß diese Süd-Brücke eine *stehende* war, die bereits lange vor Ausbruch des Krieges die Kommunikation zwischen Insel und Festland unterhielt, dafür spricht die ganze Anlage der Brücke, die eben nicht bloß ein Bohlenlager, ein »improvisierter Weg« übers Wasser ist, sondern sich als ein kunstgerechter Bau zu erkennen gibt. Ein gegittertes Geländer faßt beide Seiten ein, und rechts und links ragen, beinah großstädtisch, schlanke Laternen auf, die, von Sonderburg aus mit *Gas* gespeist, früher die ganze Brücke erleuchteten. All dies ist noch wohlerhalten, und sowohl von der Alsener wie von der Sundewitt-Seite aus läuft das Gittergeländer, auch jetzt noch, horizontal über den Wasserspiegel hin, bis ziemlich genau in die Mitte des Sundes; hier aber geht die horizontale Linie plötzlich senkrecht in die Tiefe, und ein Wasserstrom spült über zertrümmertes Gebälk hin. Es sieht allerdings aus, als wäre ein Widderschiff dagegengefahren und habe das Mittelstück eingestoßen.

Die dicht daneben befindliche zweite Hauptbrücke (die Norder-Brücke, weil aus dem Nord-Brückenkopf ausgehend) war, im Gegensatz zur Süder-Brücke, erst während der Belagerung aus großen See-Booten zusammengefahren worden. Die Dänen mochten bald die Notwendigkeit erkennen – schon der Sicherheit des Rückzugs halber –, soviel Verbindungswege wie möglich mit der Schutz gewährenden Insel zu unterhalten; außerdem erwies sich wohl die *stehende* Schiffbrücke nicht als stark genug, um den beständigen Hin- und Hertransport von Geschützen allerschwersten Kalibers ertragen zu können. So wurde aus sogenannten Ewern (wie man sie schon bei Missunde verwandt hatte) eine zweite Hauptbrücke hergerichtet, die am 18. April wohl noch ihre Dienste leistete, seitdem aber wieder abgefahren worden ist.

An der Stelle, wo diese Norder-Brücke lag, fahren jetzt kleine Fährboote hin und her. Der Verkehr, der durch sie vermittelt wird, ist militärisch geregelt und entspricht dem Übergehen aus einer Vorpostenkette in die andre. Wir waren Zeuge der Formen, die dabei hüben und drüben beobachtet wurden, und freuten uns der bunten Szene. Auf ein Hornsignal, das von der Insel herüberklang, wurde diesseits geantwortet. Dann setzte sich das Alsener Boot in Bewegung – eine Soldaten-Abteilung vorn, der Offizier am Steuer. Am Landungsplatz standen die Unsern, die Ankunft des Bootes erwartend. Still glitt es über den Sund hin, endlich legte es an, die Offiziere begrüßten sich, die Soldaten nickten; dann – nachdem die Passagiere ausgestiegen und von unsren höchst animierten 15ern in Empfang genommen waren – steuerte das Boot, ohne daß viel Worte gewechselt worden wären, wieder ebenso lautlos zurück, wie es gekommen war. Ein Unteroffizier, ein schöner Mensch mit einem prächtigen blonden Lockenkopf, nickte noch aus dem Boot der bunten Menge zu, die von der Landungsbrücke aus den wieder Abfahrenden folgte. »Das ist ein *Schleswiger*«, sagte einer der Umstehenden, »oh, wir kennen sie gleich.« – »Und der Offizier war ein *Schwede*«, bemerkte ein andrer, »die Schweden singen so.« Dabei ahmte er, die Worte des Offiziers wiederholend, den singenden Stimmfall nach, woran er ihn erkannt haben wollte. Etwa wie wir einen Sachsen erkennen.

Als das Boot drüben wieder anlegte, stand die untergehende Sonne dicht über dem Alsener Höhenzug und goß ihr rotes Gold über Stadt und Meer aus. Die blaue Flut schimmerte violett; es war, als habe die Welt nie andres gesehen als Frieden und nie Schwereres gekannt als unnennbare Sehnsucht. Und doch lag *vor* uns der rote Turm, drin *Christian II.* für die 94 Köpfe büßte, die auf *seinen* Befehl auf dem Stockholmer Marktplatz in den Sand rollten, und doch lag *hinter* uns der Höhenzug von Düppel, jenes blutgetränkte Stück Sundewitt, das seit lange den unheimlichen Namen »das Blutloch« führt.

Die Schanzen sind hin, ihr Zauber ist gebrochen. Möge auch zum letzten Male die Erde hier rot gefärbt und jener unheimliche Name auf immer von dieser Stelle genommen sein.

2. Broacker

Am Sundewitt, wie aus Karten und Plänen männiglich bekannt, hängt, nach Süden zu, eine zweite, kleinere Halbinsel, die Halbinsel *Broacker*. Die Flensburger Förde, das Nübel-Noer und der Wenningbund umspülen sie von drei Seiten, und nur zwischen den zwei letztgenannten tief einschneidenden Buchten (Nübel-Noer und Wenningbund) ist ein 3000 Schritt breiter Landstreifen geblieben, der nun als Brücke zwischen der kleineren und der größeren Halbinsel dient.

Während der Düppel-Belagerung war Broacker, nächst Düppel selbst, der vielgenannteste Name, was den nicht wundernehmen wird, der einigermaßen gegenwärtig hat, was Broacker – sowohl die Halbinsel wie seine kleine Residenz, das gleichnamige *Dorf* Broacker – während jener Belagerung alles war. Es war strategisch wichtiger Punkt, Flankenstellung, Ausfallpforte; es war Observatorium der Belagerer und Spionarium der Belagerten; es war die Metropole aller Zeitungs-Korrespondenten, das Capua aller Offiziere, zuletzt auch, um die dunklen Schatten nicht zu vergessen, es war – Lazarett und Friedhof.

Es sei gestattet, auf einzelnes zurückzublicken. Zunächst ein Wort über die besondere strategische Wichtigkeit der Halbinsel (Broacker), die vielleicht, groß wie sie war, dennoch um einen Grad überschätzt worden ist. Man wird unbedenklich zugeben müssen, daß die Halbinsel tatsächlich das *Fundament* war, von dem die Belagerung ausging, und daß die berühmten Gammelmark-Batterien, die den Feind in der Flanke faßten, zuerst Verwirrung in das feindliche Lager brachten. Die Forts waren gegen Frontal-Angriffe angelegt; die Möglichkeit eines Flanken-Angriffs, eines Bombardements über den Wenningbund hinweg, war nicht in Erwägung gezogen worden. Als am 15. März die erste Kugel aus der Feldzeugmeister-Batterie über den Wenningbund hinsauste und in Schanze 2 mit furchtbarer Wirkung einschlug, mußten sich die dänischen Offiziere sagen: »Daran hatten wir nicht gedacht; *diese* Möglichkeit nicht erwogen«, und das Ertappt-Fühlen auf einem Fehler, den man begangen, pflegt einen moralischen Druck auszuüben, der oft weit über die Bedeutung des Fehlers hinausgeht. Eben je sicherer wir uns fühlen, desto größere Unsicherheit – weit über das richtige Maß hinaus – kommt über uns, sobald wir gewahr werden: *ein* Stein in dem Gewölbe ist los, es braucht nicht zu stürzen, aber es *kann* stürzen.

Aus all diesem wird erhellen, daß wir nicht geneigt sind, die besondere strategische Wichtigkeit, die Broacker hatte, irgendwie zu unterschätzen, wir möchten aber anderseits den Satz bekämpfen, dem wir in Druck und Rede vielfach begegnet sind: daß diese Flankenstellung auf Broacker nicht nur das tatsächlich, sondern auch das essentiell Entscheidende war und daß an einen erfolgreichen Ausgang entweder gar nicht zu denken oder dieser Ausweg doch aufs äußerste erschwert war, wenn diese Flankenstellung gefehlt und somit die Notwendigkeit vorgelegen hätte, den Angriff auf die Front zu konzentrieren. Wir sind der Geschichte dieses Feldzuges aufmerksam gefolgt, haben die einzelnen Momente gegenwärtig und ziehen daraus unbedenklich den Schluß, daß es auch *ohne* die Flankenstellung in Broacker gegangen wäre, ja, daß ein mehr *zentrales* Vorgehen vielleicht Verluste vermieden hätte, wie sie, bei zwei bestimmten Gelegenheiten, der Rolf Krake den vorgehenden Regimentern bereiten konnte.

Wenn wir das Wesen dieser Belagerung (bei der von Aushungern des Gegners nicht die Rede sein konnte) richtig verstehn, so handelte es sich um zwei Momente: um Mürbemachung und um Sturm. Wir haben nun bereits zugestanden, daß wir den Effekt, den das unerwartete Bombardement aus der Flanke auf die Belagerung ausüben mußte, keineswegs unterschätzen, und wollen einräumen, daß das dadurch erzielte beständige Kreuzfeuer (besonders durch die konstante Gefährdung der Sonderburger Brücke) tatsächlich wie moralisch Wirkungen hervorrufen mußte, die durch einen Frontal-Angriff gar nicht oder nur in geringerem Maße erreicht werden konnten – andrerseits aber bleibt es doch auch richtig, daß alles Bombardieren allein die Forts nicht nehmen konnte und daß der *Sturm*, wenn nicht das Beste, so doch jedenfalls das Letzte, das *Entscheidende* tun mußte. *Auf diesen Sturm kam es schließlich an*. Unsere unmaßgebliche Meinung ist nun die, daß dieser Sturm, allen vorgängigen Artillerie-Erfolgen zum Trotz – vor allen Dingen aber ganz unabhängig davon, ob das Flankenfeuer zur Intimidierung des Feindes etwas mehr oder weniger beigetragen hatte –, daß dieser Sturm, sagen wir, dennoch scheitern konnte und daß ein einfaches etwas *Näher-Herangerücktsein* an die feindlichen Schanzen, etwa durch eine 4. und selbst eine 5. Parallele, für den glücklichen Ausgang des Sturms, auf den es doch schließlich ankam, wichtiger war als alle vorgängige Einschüchterung des Gegners durch Artillerie-Feuer, gleichviel ob aus Front oder Flanke oder aus beiden zugleich. Der Ausgang der Belagerung hing nicht an Broacker oder Gammelmark noch an irgendeinem andern *Einzel*punkt, er hing an dem ruhigen Vorgehn der Parallelen, und ein intimidierter Feind war, bei tausend Schritt Sturm-Distanz, immer noch ein gefährlicherer Gegner als ein nicht-intimidierter Feind bei 250 Schritt. Die härteste Nuß war und blieb immer der Sturm selbst, und die womöglich auf ein Minimum zu reduzierende Sturm-Distanz gab, so scheint es uns, eine Sicherheit des Erfolgs, wie sie alles Flankenfeuer und alles Beschießen im großen Stil nicht geben konnte.

Wir haben, wie schon angedeutet, durch diese Behandlung der Frage nur einer Überschätzung der Broacker Flankenstellung entgegentreten wollen; andrerseits – ganz abgesehn von dem schließlichen Resultat und von dem immer berechtigten »das Ende krönt das Werk« – wissen wir sehr wohl, was wir der Broacker-Stellung schulden, und möchten den eigentümlichen Ruhm, den uns die *Gammelmark-Batterien* (die denn doch ohne Broacker nicht möglich waren) eingetragen, nicht gerne missen.

Es waren diese, noch auf eine halbe Meile hin, ihres Zieles nicht fehlenden Enfilier-Batterien, die zuerst wieder eine *Sensation* zu unsren Gunsten hervorriefen und weit über den moralischen Einfluß hinaus, den sie auf die Belagerten, auf die unmittelbar Betroffenen äußerten, in ganz Europa zu der Betrachtung führten: »Diese Preußen! Sie haben in 50jährigem Frieden das Kriegführen nicht verlernt.« Diese Sensation – wie jede Sensation – konnte nur durch etwas Neues und Frappantes hervorgerufen werden. Ein Vorgehen von Parallele zu Parallele, ein Aufstellen von Mörser-Batterien, ein regelrechtes, allmähliches Herankriechen gegen den Feind wäre gut und vortrefflich gewesen, aber – die alte Leier. Die ersten Granaten indes, die auf nicht für möglich gehaltene Distanz, quer über den breiten Wenningbund hinweg, in Schanze, Schloß und Brücke einschlugen (in eine Brücke, die nicht einmal gesehen werden konnte), das war ein *Apartes*, und dies Aparte trug seine Frucht. Broacker hat Düppel nicht erobert, aber lange bevor Düppel erobert war, hatten die Broacker-Batterien der Welt verkündigt, daß die von allen Seiten ungünstig betrachteten Belagerer immerhin noch die Leute seien, um das uneinnehmbar geglaubte »Zwing-Schleswig« schließlich doch niederzubrechen.

Soviel über die *Halbinsel* Broacker, deren Residenz, dem *Dorfe* Broacker, wir uns jetzt zuwenden. Es ist ein anmutiger, hübsch gelegener Ort, der mit seinen drei oder vier Gasthäusern einen besseren Aufenthalt verspricht und gewährt als jeder andre Ort im Sundewitt, den eigentlichen Hauptort Gravenstein, der doch ein Flecken ist, nicht ausgeschlossen. Diese drei, vier Gasthäuser waren es denn auch wohl, die Dorf Broacker – nachdem die unglücklichen, anfangs nirgends Ruhe findenden Berichterstatter ihre Berichte abwechselnd aus Rinkenis und Ekensund, aus Atzbüll und Auenbüll, aus Ulderup und Stenderup datiert hatten – zum Hauptquartier der europäischen Presse machten und einen Stab von Schriftstellern hier versammelten, wie er in gleicher Zahl und von gleicher Rapidität des Schaffens an diesem unliterarischen Erdwinkel schwerlich zum zweiten Mal versammelt werden wird.

»Times«, »Herald«, »Daily Telegraph«, die »Indépendance belge« und ein halbes Dutzend deutscher Zeitungen hatten ihre Korrespondenten hier, die, nachdem sie auf der Neuigkeits-Börse sich – jeder nach dem Maß des Eingesammelten – die politisch-strategischen Tageskurse mitgeteilt hatten, nun mit rascher Feder der Welt verkündeten, wie die große Schachpartie im Sundewitt stehe und ob die preußischen Läufer und Springer den dänischen Turm endlich nehmen würden oder nicht. Unter all diesen Berichterstattern war der der »Times« der dankbarste, dankbar gegen Broacker, gegen seine Wirtin und gegen die Preußen. Nach langen Irrfahrten von Dorf zu Dorf, unter denen keines sich wohnlich und gastlich erwiesen hatte, war er hier endlich in einen Hafen eingelaufen, der vergleichsweise etwas wie Komfort bot, und der dankbare Korrespondent unterließ nicht, besonders in den schlechten Tagen, wo Schmalhans Küchenmeister war, die gute Wirtin zu preisen und zu rühmen, die, wenn nichts mehr zu beschaffen war, wenigstens ein Ei für ihn hatte. Neben der Wirtin pries er die Broackerschen Hühner, die, unbeirrt durch Zwang und Drang des Krieges, ihre Eier weiterlegten, und rühmte er vor allem die Preußen, die der Versuchung tapfer widerstanden hatten, als vorläufigen Abschlag auf Düppel die Hühnerställe im Sturm zu nehmen.

Broacker bot alles, was sich billigerweise erwarten ließ: buntes Treiben, Neuigkeiten, Gasthöfe und relativen Komfort, vor allem bot es auch ein kostbares Stück Landschaft: einen Propsteigarten, einen malerischen Friedhof und auf demselben eine prächtige alte Kirche, gotisch gewölbt, mit zwei hohen Türmen.

Diese Kirche, die ihrem Stil und ihren Dimensionen nach einer reichen Mittelstadt zur Zierde gereichen würde, muß an dieser Stelle auf den ersten Blick überraschen; von dem Augenblick an aber, wo man in Erfahrung bringt, daß die reiche Halbinsel Broacker zu allen Zeiten nur eine einzige kirchliche Gemeinde bildete, von dem Augenblick an begreift man auch, daß hier die Bedingungen vorhanden waren, aus denen zuletzt eine große, stattliche Kirche und vor allem eine reich dotierte Pfarrstelle emporwachsen mußte. Broacker, bis in die neuesten Tage hinein, hatte einen Propst und einen Pfarrer, beide fanatische Dänen, die ihr Dorf zum Mittelpunkt eines Spioniersystems machten (woraus ihnen, als dänischen Patrioten, übrigens kein Vorwurf erwachsen soll), das sich über den ganzen Sundewitt erstreckte und die Belagerten in Düppel und Alsen über jeden Schritt der Belagerer in Kenntnis erhielt.

Der Name des Propstes (*Festesen,* wenn ich nicht irre) ist seltner genannt worden; aber wer hätte nicht von Pastor Schleppegrell gehört? Er war der jüngere Bruder des bei Idstedt gefallenen Generals Schleppegrell und hatte seinerseits ebenfalls während der drei Kriegsjahre (von 1848–50) als Artillerie-Offizier gegen die Schleswig-Holsteiner gefochten. In Anerkennung seiner besonderen Verdienste als Soldat und dänischer Patriot erhielt er die reich dotierte Pfarrstelle in Broacker, in der er bis zum März d. J. verblieb, um welche Zeit er sich endlich der immer argwöhnischer werdenden Wachsamkeit der Belagerer (speziell wohl der Brigade Canstein) durch die Flucht entzog.

Die Billigkeit erheischt das Zugeständnis, daß schleswig-holsteinischer Fanatismus – der nicht voll an den dänischen heranreicht, aber doch nicht weit hinter demselben zurückbleibt – diesen Mann ein gut Teil schwärzer gemalt hat als nötig. Gleich was seine Anstellung, seine Dotierung mit einer der besten Pfründen angeht, so liegt die Sache doch nicht so, daß dänische Rücksichtslosigkeit ohne weiteres einen Artillerie-Offizier zum Pfarrer in Broacker gemacht hätte. Pastor Schleppegrell hatte vielmehr Theologie studiert, stand aber (so wird erzählt) in wohlbegründeter Besorgnis vor Klippen und Untiefen der letzten Examina, als der Krieg ihn dieser Sorgen überhob. Daß man, nachdem der Krieg zu Ende war, die Examenfrage tolerant behandelte, wird niemanden wundern, der da weiß, welche milde Praxis, nach glücklich überstandener Kriegsgefahr, in *allen* Ländern geübt zu werden pflegt. Auch bei uns war es seinerzeit so, und es ist ein Glück, daß es so ist. Es sind das Zeiten, in denen der *Mensch* wieder mehr gilt als das *Examen*, und solche Zeiten haben auch ihr Gutes. Was speziell unseren Schleppegrell angeht, so waren nicht alle Preußen in Broacker unbedingt schlecht auf ihn zu sprechen. Einigen Anteil an dieser milderen Beurteilung mochten seine fünf Töchter haben, schöne Mädchen, von denen jede einzelne immer dann am schönsten war, wenn sie den Preußen triumphierend versicherte: diese Schanzen werden euch die halbe Armee kosten, und ihr werdet sie *doch* nicht bezwingen.

Die Broacker Kirche ist, durch zahllose Abbildungen in illustrierten Blättern, auch ihrer Erscheinung nach bekannt geworden. Die Kirche selbst, außer ihrer Stattlichkeit und Sauberkeit, bietet wenig; interessante Grabdenkmäler fehlen, das Altarbild ist ohne Wert, und nur eine kreisrunde Balustrade, die, vom Altar ausgehend, vor demselben eine Art Allerheiligstes bildet, interessierte mich als eine kirchenbauliche Einrichtung, der ich sonst nirgends begegnet bin. Die ganze Herrichtung hat etwa die Form eines Ringes, in der der Altar dem großen Stein des Ringes entspricht.

Der Broacker Kirchturm, das Observatorium, von dem aus die Preußen die ganze feindliche Stellung nicht nur überblicken, sondern zum guten Teil auch in dieselbe *hinein*blicken konnten, ist eine Art historischer Lokalität geworden und unzertrennlich von der Düppel-Belagerung überhaupt. Was von dem Turme gilt, gilt fast mehr noch von seinem kühnen Besteiger, der, von der äußersten Turmspitze aus (auf einer eisernen Querstange reitend, den Wetterhahn unmittelbar über sich), halbe Tage lang hier, das Auge am Fernrohr, seine Beobachtungen machte. Die Prophezeiungen, »daß er eher fallen würde als die Forts von Düppel«, sind glücklicherweise nicht in Erfüllung gegangen. Er lebt – wie ich höre im besten Wohlsein –, aber wiewohl seine Existenz keinem Zweifel unterliegt, so zählt er doch, bei Lebzeiten schon, zu den mythischen Figuren. Er kommt gleich nach dem Rolf Krake. Was von Wallenstein gilt, gilt auch von ihm, »sein Charakterbild schwankt in der Geschichte«, und ich verließ Broacker wieder, ohne darüber völlige Gewißheit erlangt zu haben, ob der schwindelfreie Turmspitzen-Reiter ein Schiffskapitän, ein Schieferdecker oder (horribile dictu) ein *Konditor* aus Kiel gewesen sei. Erst auf der Rückreise hat mich ein preußischer Militär-Arzt, der acht Wochen lang in Broacker stationiert war, über den »Reiter unterm Wetterhahn« aufgeklärt, und ich weiß nunmehr, daß die rätselhafte Figur der Schiffskapitän *Carlsen* war, nicht zu verwechseln mit dem Schiffskapitän *Bartelsen*, der beim Übergang bei Arnis und auch später noch dem preußischen Oberkommando gute Dienste leistete. Der Kirchturm, an seiner obersten Spitze, zeigt noch deutlich die Stelle, wo sich die Luke und in Front derselben der halsbrechende Kletter-Apparat befand, der erst auf die Turmspitze und von dieser auf das eiserne Quergebälk hinaufführte. Einen kühnen Versuch, wenigstens bis an die Luke zu gelangen, mußte ich, trotz einiger Routine im Erklettern von Türmen, alsbald aufgeben, da den Broacker-Turm hinauf, von Anfang an, nur Leitern führen und die einzelnen Etagen, wohl sechs bis sieben, allerdings durch Balkenlagen bezeichnet sind, aber durch Balken, über denen keine Bretter liegen, so daß man, von jeder Leiterstelle aus – natürlich in wachsender Schrekkensproportion –, immer die ganze Tiefe des Turmes herniederblickt.

Aus der Kirche trat ich auf den schönen Kirchhof, dessen zahlreiche Grabsteine und Grabmonumente deutlich zeigen, welche reiche Gemeinde zur Propstei-Kirche von Broacker gehört. Was mir bei den älteren Grabsteinen in unmittelbarer Nähe der Kirche auffiel, war, daß die Inschriften meist in *deutscher* Sprache waren. Es beweist dies zur Genüge, daß es allerdings eine Zeit gab – und diese Zeit liegt kaum ein Menschenalter zurück –, wo das *Deutsche* hier allgemeine Gültigkeit hatte, und daß in der Tat erst die Danisierungs-Versuche, die Schleppegrells in Staat und Kirche, aus Sundewitt und Broacker ein Stück dänisches Land (was es jetzt überwiegend ist) machten.

Auch mancher brave Preuße hat auf dem Broacker Kirchhof

seine letzte Ruhestatt gefunden. Lieutenant *von Seydlitz* vom 60., Premier-Lieutenant *Hugo von Gerhardt* vom 64. Regiment, ein Sergeant vom 3. Jäger-Bataillon, alle in dem heißen Gefecht am 17. März gefallen, ruhen hier, in gleicher Reihe, nebeneinander. Auch andere noch haben ihre Kreuze hier, unter diesen am sinnigsten, am liebevollsten geschmückt und gepflegt die Gräber der gefallenen Pioniere. Alle diese Gräber tragen die Abzeichen der Pioniere: Faschine, Schanzkorb, Sandkasten, Spaten, Beil und Hauaxt, entweder in zierlichen kleinen Modellarbeiten in den Grabhügel eingesteckt oder dieselben Abzeichen sauber auf das schwarze Kreuz gemalt. Einem der Kreuze, wahrscheinlich über dem Grabe eines Pontonniers, war noch außer den anderen Abzeichen ein Boot, ein Bootshaken und ein Ruder hinzugefügt. Mögen nie dänische Hände wieder in die Lage kommen, diese Zeichen kameradschaftlicher Liebe und Anhänglichkeit niederzureißen oder zu verstümmeln.

Unmittelbar zur Rechten der Kirchhofstür, frei und hoch gelegen, ragte ein hübsches Giebelhaus auf, aber es trug die an die Nachtseite des Krieges mahnende Inschrift: »Feldlazarett«. Noch zwei kleinere Lazarette waren im Dorfe selbst. Das eine besuchten wir wider Willen, da es zugleich der Gasthof war, vor dem zu halten unser Kutscher für gut befunden hatte. Er hätte eine bessere Wahl treffen können. Die Räume alle waren mit Verwundeten belegt, nur ein einziges kleines Hinterzimmer war frei geblieben, und dies eine Zimmer war nun Schlaf- und Wirtsstube zugleich. Eine kleine verriegelte Tür führte in eins der größeren Vorderzimmer, und ein rundes Glasfenster, nicht viel größer als eine Handfläche, gestattete einen Blick auf die Verwundeten, die hier in einer Reihe nebeneinander lagen. Es waren drei Dänen, junge bildhübsche Männer, mit jenem veredelnden Leidenszug, der sich so oft bei Schwerkranken findet und ihrer Erscheinung einen Zauber leiht. Rasch trat ich wieder zurück und setzte mich an den Tisch, an dem noch eine Seite frei war. Der Tisch stand voller Gläser und Flaschen, und drum herum saßen drei befreundete Männer, von denen zwei, ihrer Tracht und ihrer Rede nach zu schließen, *Lazarettgehülfen* waren. Der dritte, zwischen den beiden, war hemdsärmlig und versicherte einmal über das andre, wie hoch er ihnen ihre Liebe und ihre Herablassung anrechne. Endlich proponierte er Brüderschaft. Die beiden andern antworteten, »da es morgen schon fortginge, hätten sie nichts dagegen«, darauf faßten sich alle drei unterm Arm, leerten ihre Gläser und küßten sich. Der in Hemdsärmeln war der broackersche *Totengräber*. Als ich das Wort hörte, war es mir, als stünde einer der kranken Dänen an dem kleinen Türfenster und luge herein. – Ich atmete erst wieder auf, als ich aus dem Zimmer ins Freie trat und drüben im Propsteigarten die Nachtigallen schlagen hörte.

Sundewitt. Land und Leute

Gleich in unserem ersten Kapitel (Land und Leute in Schleswig-Holstein) hoben wir hervor, daß die ganze Ostküste beider Herzogtümer, namentlich aber *Schleswigs,* tiefe Meereseinschnitte zeige, zwischen denen – wenige Strecken im Westen abgerechnet – die fruchtbarsten Distrikte des Landes mit ihren althistorischen Namen gelegen seien. Die drei südlichsten dieser Distrikte (Halbinseln) nannten wir schon: den »dänischen Wohld« zwischen der Kieler und der Eckernförder Bucht, das Ländchen Schwansen zwischen der Eckernförder Bucht und der Schlei und das Land Angeln zwischen der Schlei und dem Flensburger Meerbusen. Wir lernen jetzt, in unmittelbarer Fortsetzung nach Norden hin, zwischen dem Flensburger und dem Apenrader Meerbusen eine *vierte* Halbinsel kennen, das *Sundewitt.*

Dies, nach Nord und Süd hin, zwischen zwei Meerbusen gelegene Sundewitt hat die Form eines beinah gleichseitigen Dreiecks, dessen eine Seite von der ziemlich gradlinigen Flensburg-Apenrader Chaussee gebildet wird, während die nach Osten hin gerichtete *Spitze* des Dreiecks auf das Meer und die Insel Alsen zeigt. Diese Spitze des Dreiecks ist freilich abgestumpft; wie denn Vorsprünge und *Einbuchtungen* überhaupt die Regelmäßigkeit der Linien unterbrechen und die »Dreiecksform« nur als Grundform der Halbinsel fortbestehen lassen. Unter den Einbuchtungen, deren wir eben erwähnten, ist das Nübel-Noer (an der Südseite der Halbinsel) die größte und wichtigste.

Die Größe der Halbinsel, wenn man ihr das *ganze* Stück Land zurechnet, das zwischen der Flensburg-Apenrader Chaussee und dem Flensburger und Apenrader Meerbusen gelegen ist, ist gegen 61 Meilen; die Zahl der Einwohner wird nicht weniger als 20 000 betragen. Die Bodenverhältnisse sind die günstigsten, und mit Ausnahme einzelner Moor- und Heidestrecken, die noch dem Westteile der Halbinsel – wo sie mit dem schleswigschen Festlande zusammenhängt – angehören, entsprechen die Verhältnisse denen Angelns und der Insel Alsen. Derselbe Boden, dieselbe Art der Bestellung. Auch landschaftlich ist das Sundewitt den ebengenannten Landesteilen nahe verwandt, wiewohl es namentlich hinter Alsen an malerischer Schönheit zurückstehen mag. Deshalb sind, wie schön anderes auch sein mag, diejenigen Punkte der Halbinsel als die schönsten anerkannt, die wie z. B. der Spitzberg und die Düppeler Höhen einen Überblick nicht nur über das Sundewitt und seine Buchten, sondern vor allem über das gegenüber gelegene Alsen gestatten. Wenn Düppel nicht berühmt wäre durch die Ereignisse, die sich an seinen Namen knüpfen, so verdiente es gekannt zu sein durch das Panorama (Alsen, das Meer, der Wenningbund und die Uferlinien des Sundewitt), das sich vor ihm ausbreitet.

Die Dörfer der Halbinsel, wohl dreißig an der Zahl, sind reich wie das Land selber. Die Bauart der Häuser fängt schon an sich von der niedersächsischen Art zu entfernen, nur das Weitgestreckte, das allen niedersächsischen Dorfanlagen eigen ist, findet sich noch, und viele der größeren Dörfer führen sich unter zwei Namen ein, als ein Oster- und Westerdorf (Oster- und Wester-Satrup, Oster- und Wester-Düppel etc.). Die Kirchen und die Kirchhöfe, namentlich die letzteren, bekunden die Wohlhabenheit des Landes. Die Gräber sind gepflegt, und zu Häupten der meisten erhebt sich ein Granitstein, in dessen flach-abgesprengte Seite eine Erz- oder noch häufiger eine Marmortafel eingelegt ist, die den Namen des Verstorbenen und die Daten seiner Geburt und seines Todes trägt.

Entsprechend diesen Kirchen und Kirchhöfen sind selbstverständlich auch die *Pastorate*. Es sind gut dotierte Stellen, ähnlich wie es sich bei uns auf der Insel Rügen findet. Das Pfarrhaus ist hier – wo wenige adlige Besitzungen vorkommen – zugleich das Herrenhaus des Dorfes. Der Garten wird zum Park, der Hof zum Gehöft, das Bücher-Regal erweitert sich zu einem Bibliothekzimmer, und in der Küche dreht sich der Spieß, als brächte jeder Tag ein Fest oder einen Besuch. Während des Krieges wurde mit Recht geschrieben: Die Pastorate sind hier im Sundewitt die gesuchtesten Quartiere, weil die Wohnhäuser geräumig, die innere Einrichtung komfortabel und die Hausherren gut situiert sind. Die Einkünfte der Pastoren betragen wohl fast alle über 2 000 Tlr., und in keinem Pastorate fehlt ein Saal. Selbst die Küster- und Schullehrerstellen sind hier derart, daß 200 Tlr. *Ruhegehalt* als eine »kleine Pension« gelten.

Die Geistlichen, wenn wir um dreißig Jahr zurückgehn, waren im Sundewitt wie anderswo im Lande schleswigsche Landeskinder, und das deutsche Element (in aller Loyalität gegen Dänemark und den König-Herzog) wog vor. Die Kirchhof-Inschriften aus jener Zeit lassen kaum einen Zweifel darüber. Was im Alltagsleben gesprochen wurde, war weder Deutsch noch Dänisch, sondern ein Gemisch von beiden, das kein Fremder verstehen konnte; die Kirchensprache aber, einige Gemeinden von ausgesprochen nordschleswigschem Charakter abgerechnet, war die Sprache Luthers.

So standen hier die kirchlichen und zugleich die sprachlichen Verhältnisse bis zur Thronbesteigung Christians VIII. (1839), auch noch im wesentlichen bis zum Ausbruch des ersten schleswig-holsteinschen Krieges. Nach Niederwerfung der Bewegung änderte sich dies, und in den mittelschleswigschen Distrikten, zu denen wir auch das Sundewitt zu zählen haben, begannen die Danisierungsversuche. Da die Bevölkerung, ohne dänisch zu sein, doch eher, politisch genommen, dem Dänentum als dem Deutschtum zuneigte, so konnten diese Versuche kaum scheitern.

Das Dänische setzte sich fester, die Predigt wurde dänisch gehalten, der Unterricht dänisch erteilt, dänische Bücher, dänische Zeitungen kamen ins Land.

Es wäre gegen diese Schritte der nationalen Kopenhagener Partei, bei der sprachlichen und politischen Unausgesprochenheit der Bevölkerung, nichts Erhebliches zu sagen gewesen, wenn man weniger rücksichtslos, minder verletzend gegen die Empfindungen aller derer verfahren wäre, die, wenn auch nur eine Minorität bildend, von ausgesprochen deutscher Gesinnung waren. Aber hierin versah man es in Kopenhagen.

Die national-dänischen Herren, die man von den Inseln und von Jütland aus ins Land schickte, waren – teilweis wenigstens – sehr ungeeignet für das Amt, das sie bekleiden sollten, und die Bezeichnung: »schwarze Gendarmen«, die man für sie erfand, war in vielen Fällen nur allzusehr verdient. Man kann zugeben, daß der gegenüberstehende Haß der Deutschen es an Übertreibungen und in einzelnen Fällen an Verleumdungen nicht fehlen ließ. Von einem dieser Herren, die 1851 ins Land kamen, wurde erzählt, daß er Chaussee-Steinklopfer gewesen sei, anderen wurde Trunk und Unzucht, noch anderen der wüste Lebenswandel ihrer Frauen vorgeworfen. Wohl möglich, daß der nationale Haß in grellen Farben malte. Aber anderes stand fest. Pastor Roth in Ulderup machte den Versuch, das Taufkind eines Mannes namens Kaufmann auf den Namen »Kjöbmand« zu taufen, und Pastor Schleppegrell in Broacker, von dem der Volkswitz erzählte, er sei mit nichts als »einem Uniformrock und einem Sommar« ins Land gekommen, hatte in der Tat von 1848–51 als Artillerie-Offizier im dänischen Heere gestanden. Um seiner *militärischen* Dienste willen war er mit der einträglichen Pfarrstelle von Broacker belohnt worden. Diese Dinge waren Tatsachen. Sollen wir ein Urteil zur Sache geben, so glauben wir – gestützt auf die Erfahrungen solcher, die während des Krieges wochen- und monatelang in dänischen Pastoraten einquartiert waren – uns dahin aussprechen zu können, daß es, was persönliche Ehrenhaftigkeit, weltmännische und gelehrte Bildung anging, mit diesen vielangefochtenen Männern im großen und ganzen um kein Haarbreit schlechter stand (meistens besser) als mit den Landgeistlichen anderer Gegenden; *darin* aber waren sie freilich ein Unsegen für das Land, daß sie in erster Reihe Dänen und dann erst Christ waren, die Pflege der Gesinnung kümmerte sie mehr als das Heil der Seelen ihrer Gemeinde. Einzelne waren vielleicht fanatisch genug, sich einzubilden, daß beides notwendig zusammenfalle. Überall im Lande, wo das deutsche Element überwog, mußte das als ein unerträglicher Druck empfunden werden. Darüber kann kein Zweifel sein. Im Sundewitt indes lagen die Dinge anders. Die, wie wir bereits hervorhoben, der deutschen Kirchensprache zum Trotz, halb dänenfreundliche, halb indifferente Bevölkerung kam dem nationalen Bekehrungseifer auf halbem Wege entgegen, und eine Minorität ausgesprochen deutscher Männer abgerechnet, läßt sich nicht behaupten, daß die Bevölkerung des Sundewitt unter der dreizehnjährigen Herrschaft dänischer Pastoren und dänischer Schullehrer sich besonders unbehaglich gefühlt hätte. Beinah gegenteils; man wurde mehr und mehr dänisch, aber man wurde es gern, mindestens ohne Trauer. Während des Krieges erwies sich das Sundewitt in seinen dänischen Elementen als dänischer als beispielsweise ganze Distrikte von Jütland.

Auch die Handels- und Verkehrswege des Sundewitt kamen einer Danisierung mehr oder weniger entgegen. Die beiden Chausseen, die die Halbinsel durchlaufen, sind Verbindungsstraßen zwischen Apenrade und Sonderburg und zwischen Flensburg und Sonderburg, und wiewohl die dadurch erzielte bequeme Verbindung mit dem an der Grenze von *Deutsch*-Schleswig gelegenen Flensburg zunächst auf deutsche Handelsbeziehungen hinzudeuten scheint, so war es doch gerade der leichte Verkehr mit diesem bevorzugten Stapelplatz der dänischen Hauptstadt, was den Handel mit den dänischen Inseln steigerte. Alle Straßen des Sundewitt, wie immer sie laufen mochten, führten in ihrem

Verlauf weniger südwärts nach Hamburg als ostwärts nach Kopenhagen.

Die beiden genannten Straßen sind die Lebensadern des Sundewitt. Beide münden nach Westen hin auf die Flensburg-Apenrader Chaussee, während nach Osten hin sie auf dem Düppelterrain (etwa 1000 Schritt hinter den vormaligen Schanzen) zusammentreffen. Diese beiden Straßen – an denen die wichtigsten Dörfer der Halbinsel: Feldstedt, Baurup, Ulderup, Satrup im Norden; Rinkenis, Gravenstein, Atzbüll, Nübel und Düppel im Süden gelegen sind – wurden für die Kriegsereignisse, deren Beschreibung wir entgegengehn, von höchster Wichtigkeit. Sie erleichterten in gleichem Maße den Verkehr wie die *Orientierung*. Das Verständnis der Belagerung beruht auf genauer Kenntnis des Vorterrains und der beiden Straßen, die es durchziehn. Freilich auch noch auf der Kenntnis eines bisher übergangenen Anhängsels des Sundewitt. Über diesen ein Wort.

Etwa eine halbe Meile vor der Düppelstellung – die, wie wir hervorhoben, in der Spitze des Sundewitt-Dreiecks gelegen ist – nimmt die Südlinie ebendieses Dreiecks eine sehr unregelmäßige Gestalt an. Von rechts und links her dringen die Wasser des Meeres und des Flensburger Meerbusens in das Festland. Der Halbinsel ein und zwei schöne Buchtungen schaffend, den Wenningbund und das Nübel-Noer, schaffen sie zugleich zwischen diesen zwei kleineren Wasserbecken eine kleinere Halbinsel (Broacker), die an einem tausend Schritt breiten Damm an der größeren Halbinsel (Sundewitt) hängt. Fruchtbarer noch als das eigentliche Sundewitt, an Schönheit und Fruchtbarkeit der Insel Alsen nah verwandt, erlangte diese kleine Halbinsel insonderheit durch ihre Flankenstellung zur Düppelposition eine hervorragende Wichtigkeit. Von hier aus (was die Dänen bei Anlage Düppels für unmöglich gehalten hatten) ermöglichte sich dennoch, über den Wenningbund hinweg, eine Beschießung der Schanzen; vor allem aber war diese zur Seite gelegene Halbinsel ebensosehr ein bequemes Angriffstor *gegen* die Schanzen, als es jeden Ausfall *aus* den Schanzen, auch wenn dieser zunächst glückte, mit überlegner Macht in die Flanke nehmen und den Sieg in Niederlage verkehren konnte. Die beiden Sundewitt-Chausseen und die Broackerstellung waren von entscheidender Bedeutung für den Gang der Ereignisse.

Missunde

Doch wie sie die Gewässer
Auch schlugen gut und viel,
Gudmunsen ruderte besser,
Und schneller war sein Kiel.
Er holt ihn ein, er hielt ihn an
Beim Hügel vor Missunde,
Da rückte die letzte Stunde
Dem König Erich heran.

B. v. Lepel

Donnernd gegen Missunde
Fiel der erste Schlag.

G. Hesekiel

Missunde! welch oft genannter Name in dem langen Kampfspiel zwischen Dänemark und Deutschland. Hier, wo die breite Schlei plötzlich eine Schmälung macht, war von der Natur seit ältester Zeit der Ort vorgezeichnet, wo die angreifenden Deutschen, wenn sie das Danewerk, den »alten Margarethenwall«, nicht in der Fronte erstürmen wollten, die Umgehung in der Flanke versuchen mußten. Darum ist die Geschichte der deutsch-dänischen Kämpfe so reich an »Gefechten bei Missunde«. Aber Missunde ist nicht nur historischer Boden; es ist *romantisches* Land dazu, und um manch Jahrhundert früher, als die Geschichte von einem ersten Zusammenstoß bei Missunde erzählt, erzählt sie von König Erich, der bei Missunde erschlagen ward. Das geschah so.

König Waldemar II., derselbe, der einst vom Grafen Heinrich von Schwerin, gegen dessen Gattin er sich vergangen, auf einer Jagdpartie (auf der Insel Lyöe bei Fünen) aufgehoben und zu vieljähriger Gefangenschaft fortgeführt wurde –, hatte sein Reich unter seine vier Söhne geteilt: Knut hatte Blekingen, Abel Schleswig, Christian Laaland und Falster, Erich aber das eigentliche

Dänemark und die dänische Krone erhalten. Die Brüder, schon unzufrieden über die Bevorzugung Erichs, wurden es noch mehr, als Erich forderte, daß sie ihre Besitzungen als bloßes Lehn der Krone tragen sollten, und aus der Unzufriedenheit wurde offene Auflehnung, als ein bald ausbrechendes Zerwürfnis zwischen dem Könige und der dänischen Geistlichkeit die Brüder glauben machte, nun sei der rechte Augenblick gekommen.

König Erich (»Plogpenning« in der Geschichte geheißen, weil er eine *Pfennig*steuer auf jeden einzelnen *Pflug* im Lande gelegt hatte) war ein kriegstüchtiger Herr und schlug die Brüder, einen nach dem andern. Knut und Christian wurden gefangengenommen, und Herzog Abel mußte fliehen, nachdem seine Hauptstadt Schleswig überrumpelt und von den Truppen des Königs geplündert worden war. Der Sieg des Königs war vollständig. Aber Erich Plogpenning sollte sich seines Sieges nicht lange freuen. Fast scheint es, als habe ihn eine Ahnung davon durch das letzte Jahr seines Lebens begleitet. In der Nacht, die dem Siege über seine Brüder folgte, hatte er – so heißt es – einen Traum; der heilige Wenzeslaw erschien ihm und rief ihm zu: »Du wirst sterben, wie ich gestorben bin.« *Der heilige Wenzeslaw aber war von seinem Bruder erschlagen worden.* Dieser Traum gewann Macht über die Seele des Königs, und er dachte oft seines Todes; nur ahnte er nicht, daß sein Ende so nahe sei. Sein Tod aber wird so erzählt:

Dem Siege über die Brüder war zunächst eine Ausgleichung gefolgt; Herzog Abel saß wieder in Schleswig; und König Erich, auf einem Kriegszug gegen die Friesen, sprach vor im Schlosse Gottorp und reichte seinem Bruder Abel die Hand. Weil er der Sieger war, war es ihm leicht, das Geschehene zu vergessen. Nicht so Herzog Abel. Der alte Groll war mühsam niedergedämpft; so saßen sich die Brüder beim Schachspiel gegenüber. Eh das Spiel zu Ende war, schob Herzog Abel das Brett beiseit und rief dem König zu: »Erinnerst du dich noch, Erich, wie du Schleswig nahmst und es plündern ließest? Meine Tochter mußte damals fliehen und mit andern Kindern nackt und barfuß davonlaufen – es war eine kalte Nacht.«

»Gib dich zufrieden, Abel«, erwiderte der König; »ich habe gottlob noch so viel, daß ich ihr wieder zu Schuhen verhelfen kann.«

»Nein«, sagte Abel, »das sollst du nicht wieder tun.«

Bei diesen Worten des Herzogs traten Gewaffnete heran, nahmen den König, der keinen Widerstand wagte, in ihre Mitte und führten ihn an die Schlei. Dort ließen sie ihn ein Boot besteigen, stießen ab und fuhren mit langsamen Ruderschlägen dem Meere zu.

Als sie an die »Große Breite« kamen, wo jetzt Schloß Luisenlund gelegen ist, hörten sie raschen Ruderschlag in ihrem Rücken, und König Erich, der bis dahin stumm vor sich niedergeblickt hatte, richtete sich auf und fragte: »Wer rudert uns nach?«

»Es ist Gudmunsens Boot!« lautete die Antwort.

Da sagte der König: »Nun bitte ich um Gottes willen, laßt mir einen Priester kommen, daß ich beichten möge, ehe ich sterbe.«

So kamen sie bis Missunde. Da hatte Gudmunsens Boot das Boot des Königs überholt, und Gudmunsen rief dem König zu: »König Erich, du sollst wissen, daß du in dieser Stunde sterben mußt.«

Da holten sie einen Priester aus der Kapelle bei Missunde, und der König beichtete ihm lang und schwer; dann sagte er: »Ich wußte, daß ich von meinem Bruder sterben würde, aber ich sterbe früher, als ich dachte.«

Danach beugte er sich, und Gudmunsen ließ ihm das Haupt mit einem Beile abhauen. Der Streich war schlecht geführt und das Haupt nicht abgetrennt vom Rumpfe. Als sie ihn niedersenken wollten, schwamm der Leichnam neben dem Boote her und wollte nicht sinken. Da wanden sie eine Kette um ihn und seinen Königsmantel und befestigten Steine an der Kette, bis König Erich zu Boden sank.

Aber der Brudermord schrie um Rache. Erst wuchs die Hand

aus dem Wasser auf (so erzählt die Sage); dann, wohl zwei Monate, nachdem der Mord geschehen, schwamm der tote König selber wieder auf dem Wasser der Schlei, ein Stück der Kette hing noch an seiner linken Hand; so fanden ihn die Fischer von Missunde.

Sie brachten ihn in ein Fischerhaus, dort lag er einen Tag lang, sein Leib war unverwest. Am andern Morgen ruderten die Fischer von Missunde den toten König nach Schleswig zurück; dort stand er vor dem Altar des Domes drei Tage lang, ohne Pracht und Prunk. Dann führten sie ihn, in einem schwarzen Schiff, übers Meer, nach Seeland hinüber und begruben ihn in Ringsted-Abtei, an König Waldemars Seite.

Die Fischer von Missunde aber errichteten ein schlichtes Kreuz an der Uferstelle, wo sie den König gefunden. Das war am 9. August 1250. –

Frisches Blut ist seitdem an alter Stelle geflossen, und wessen Ohr *heute* den Namen »Missunde« vernimmt, der denkt mehr an den 2. Februar 1864 als an den 9. August 1250. Dies Gedenken an den neuesten Tag von Missunde war es auch, was uns zu einem Besuche der alten historischen Lokalität einlud; wir wollten die Stelle sehen, wo das »erste Blut« geflossen.

Wir kamen von Eckernförde, und auf der Chaussee, die nach Schleswig führt, vorschreitend, hielten wir genau dieselbe Richtung inne, die die Unsrigen an jenem Tage genommen hatten. Wir passierten – halben Wegs zwischen Eckernförde und Missunde – das Dorf Cosel und hielten nach einem Marsch von drei Stunden auf demselben halbkreisförmigen Höhenzuge, auf dem am 2. Februar die preußische Artillerie ihre Aufstellung genommen und den Vormarsch der Infanterie gedeckt hatte. Nichts erinnerte mehr an die lauten Donner jenes Tages; Sonntagsstille war um uns her; die Ornumer Mühle, mit Maien geschmückt, drehte sich lustig im Winde; weißes Gewölk segelte an dem tiefblauen Himmel hin, und nur das Wogen dichter Kornfelder fiel melodisch-monoton in unser Ohr. Zu Füßen des Hügels, auf dem wir standen, zog sich ein Graben hin und hinter dem Graben eine Heckenwand (Knick). Hier, an Knick und Graben, hatte der Wind von den Feldern her viele hundert dänische Patronenhülsen zusammengefegt, blaue halbverwaschene Papierstreifen, die unscheinbar dalagen, das einzige, was an dieser Stelle noch sichtbarlich an den Kampfestag erinnerte.

Aber wenn hier auch die aufgefurchte Erde, die zersplitterten Bäume und jene pfundschweren Sprengstücke fehlten, die den sonderbaren Namen »Splitter« führen, so gab uns die Höhe, auf der wir standen, doch jedenfalls einen vollen und klaren Einblick in die dänische Position an dieser Stelle, deren außerordentliche und, wie es uns scheinen will, weit unterschätzte Festigkeit auch jetzt noch, nach Abtragung der Schanzen, klar zu erkennen war. Nicht auf den ersten Blick, aber doch bei eingehender Betrachtung.

Die Düppel-Stellung *frappiert* durch ihre Festigkeit, was man von der Missunde-Stellung nicht sagen kann, wenigstens nicht in gleichem Maße; und doch ist diese Schlei-Position jener Position am Alsen-Sund außerordentlich verwandt und würde, wenn hier ein Übergang (statt der stattgefundenen Umgehung) hätte *erzwungen* werden müssen, dieser Position zu einem ähnlichen Ruhme verholfen haben, wie ihn jetzt die Düppel-Stellung in der Geschichte der Belagerungen einnimmt.

Da wir – mit Hilfe zahlreicher Karten und Pläne, die jedem vorgelegen haben – eine Kenntnis der Düppel-Stellung bei unsern Lesern voraussetzen dürfen, so sei es uns gestattet, behufs eines klareren Einblicks in die Missunde-Stellung, das Missunde-Panorama mit dem Düppel-Panorama zu vergleichen. Aus diesem Vergleiche werden sich von selbst die großen Ähnlichkeiten und die nur kleinen Verschiedenheiten beider Positionen ergeben.

Die Düppel-Stellung, von hinten nach vorn gerechnet, setzte sich aus folgenden Staffeln zusammen:

a. (am meisten zurückgelegen) das befestigte Alsen;

b. der Alsen-Sund;

c. (diesseits) der Brückenkopf;
d. ein befestigtes Lager zwischen dem Brückenkopf und den Schanzen;
e. in Front des Feindes die große Schanzenlinie, die berühmten 10 Forts.

Ganz im Einklang damit ist die Missunde-Stellung. Ihre Staffeln, in derselben Reihenfolge, waren folgende:

a. (am meisten zurückgelegen) das befestigte Nordufer der Schlei;
b. die Schlei selbst;
c. Brückenkopf;
d. die mit Schanzen gespickte Strecke zwischen dem Brückenkopf und Dorf Missunde;
e. die großen Schanzen in Front von Dorf Missunde.

Schon aus dieser einfachen Zusammenstellung wird sich dem Leser die Ähnlichkeit ergeben. Wenn dieselbe bisher weniger betont worden ist, so liegt das vielleicht darin, daß die formidable Festigkeit der Düppel-Stellung, in Front und aller Deutlichkeit daliegend, auch vom Auge des Laien gar nicht übersehen werden kann, während die Missunde-Stellung mit ihren Schanzen eine Art Verschiebung vornimmt und ihre Forts heimlich, gedeckt und halb verborgen in die *Flanke* stellt. Während bei Düppel dem angreifenden Feind alle zehn Schanzen zurufen: »hier sind wir«, stellen sich bei Missunde nur zwei Schanzen, unmittelbar rechts und links vom Wege, dem Angreifer entgegen; aber waren diese genommen, so trat nun alles das erst aktiv in den Vordergrund, was bis dahin unbemerkt zur *Seite* gelegen hatte: die den Schlei-Übergang beherrschende Landzunge mit ihren Forts und dreifachem Brückenkopf. Alles dies existiert nicht mehr; die Schanzen hüben und drüben sind dem Erdboden gleichgemacht, aber die einzelnen Punkte markieren sich noch, und es bedarf nur eines offenen Auges und eines mäßigen Anteils Phantasie, um die Missunde-Stellung in allen ihren Schikanen für den Angriff und in allen ihren Vorzügen für die Verteidigung zu begreifen.

Nachdem wir von unserer Hügelkuppe aus das panoramaartig vor uns liegende Bild betrachtet und nach Möglichkeit unseren Sinnen eingeprägt hatten, schickten wir uns an, »Dorf Missunde« zu besuchen und – leichten Kaufs – unseren Schlei-Übergang zu bewerkstelligen.

Wieder in die große, von Eckernförde und Cosel kommende Straße herniedersteigend, die uns unmittelbar an den Überresten der rechts und links am Wege liegenden zwei Frontal-Schanzen vorüberführte, traten wir nach einem kurzen Marsch von etwa 10 Minuten in die Missunder Dorfgasse ein. Das Mildeste, was man von Missunde sagen kann, ist: *es reicht nicht an seinen Namen heran.* Es ist ein ärmliches Dorf, und hätte es nicht, wenigstens nach der Schlei-Seite hin, eine malerische Hügellage und stünde nicht hier und da ein Holunderbaum, der Dach und Giebel halb überdeckt, so wäre es ein so unpoetischer Ort wie nur irgendeiner. Unter Lächeln mußten wir der ersten Bilder gedenken, die, unmittelbar nach dem Kampfe selbst, von dem brennenden Missunde erschienen waren. Ein Kirchturm ragte auf diesen Bildern hoch auf, und glühende Kugeln schlugen in rote Dächer ein. Aber das wirkliche Missunde hat weder rote Dächer noch einen Kirchturm; die Kirche selber fehlt, und nur wenige Bauerhäuser (wie überall im Lande, so auch hier mit hohem *Strohdach*) stellen sich in die Mitte ärmlicher Fischerhütten hinein. Von diesen letzteren sind etwa sieben, von den Bauerhöfen zwei eingeäschert worden; das ist das »brennende Missunde«, das den Malertöpfen so viel Rot und Gelb gekostet hat.

Am Ausgange des Dorfes, unmittelbar an der Schlei, liegt für gewöhnlich eine Fähre, die den Verkehr zwischen hüben und drüben unterhält. Wir trafen es aber bequemer. Die große Schiffbrücke, die am 2. Februar, mehr ostwärts, die Kommunikation der Dänen zwischen dem Nordufer der Schlei und dem Brückenkopf am Südufer herstellte, war mehr westwärts gefahren und vermittelte jetzt einen bequemen Verkehr zwischen Dorf Missunde und dem gegenübergelegenen Fährhause.

Dies Fährhaus, nachdem wir die Brücke passiert, nahm uns für eine halbe Stunde gastlich auf, und die Bewohner desselben, von überraschender Wohlerzogenheit, dabei von unverkennbar dänischer Gesinnung, erzählten uns vom 2. Februar, von ihrer Einquartierung und ihren Erlebnissen. Im Kugelregen hatte er (der Fährmann) die verwundeten Dänen aus Dorf Missunde herübergeholt, wie er ehrlich hinzusetzte, »nicht eben gern«. In den Tagen dann, die jenem Bombardement folgten, war sein Haus Hauptquartier des dänischen General Gerlach, und 40 Offiziere hatten in demselben Zimmer auf Streu gelegen, in dem wir jetzt behaglich in der Sofa-Ecke saßen und uns von Großem und Kleinem erzählen ließen. Wir sprachen auch von der dänischen Armee, und als wir mit dem Ausdruck der Überzeugung sagten: »Es sind tapfere Männer!«, leuchteten die Augen beider auf, was uns auf der Stelle die Gesinnung beider verriet. Wir machten dann einen Umgang im Hause, besonders um das Giebelzimmer zu sehen, in das eine preußische Granate eingeschlagen war. Die Wirkungen eines solchen Geschosses sind furchtbar. Das Zimmer existierte nicht mehr, es war nur noch ein bloßer Bodenraum, durch Dach und Giebel gebildet; die Wände, die früher hier gestanden und ein Zimmer abgegrenzt hatten, waren wie weggeblasen, die Diele selbst war durch Sprengstücke durchlöchert, von denen eins in das darunter befindliche Schlafzimmer, und zwar mitten durch das Himmelbett, das Kopfkissen und die Matratze hindurchgefahren war.

Ehe wir aufbrachen, traten wir mit der Frau vom Hause in den hügelansteigenden Garten hinaus, von dessen Höhe wir noch einmal die Schlei, die Ornumer Höhenzüge und Dorf Missunde überblickten. Die Sonne war im Untergehn, und jener Zauber lag über der Landschaft, von dem ich mich so oft berührt gefühlt hatte, wenn ich in früheren Tagen den Namen »Missunde« hörte. Ein roter Schimmer floß über die Schlei hin, und das Bild König Erichs stieg wieder vor mir auf, das Antlitz nach oben gerichtet, im roten Königsmantel an Missunde vorübertreibend.

Ich fragte, ob man hierherum noch vom König Erich wisse; worauf die Frau erwiderte: »Wir wissen alle von ihm.«

»Steht das Kreuz noch, das die Fischer dem toten König errichteten?«

»Nein, das Kreuz ist hin; aber das Fischerhaus, drin sie seine Leiche niederlegten, das hat gestanden bis auf diesen Tag. Am 2. Februar, als die Preußen anrückten, *haben es die Dänen selber niedergerissen*. Sie taten es ungern, aber sie sagten: ›Es muß sein.‹ Dort, wo Sie, nach der Schlei zu, die Lichtung im Gebüsch sehn – es sind Erlen mit Haselholz dazwischen –, dort hat das alte Haus gestanden; es hieß ›Eriks Hus‹.«

»Wissen Sie, wo König Erich begraben wurde?«

»In Ringsted-Abtei.«

»Und Herzog Abel?«

»Im ›Tiergarten‹ bei Schleswig. Erst lag er im Dom. Aber die Domherren hatten keine Ruhe vor ihm, denn er ging um. Da trugen sie ihn nach dem Pölerwald hinaus, der jetzt der ›Tiergarten‹ heißt, und begruben ihn und schlugen einen Pfahl durch seinen Leib. Das hielt ihn fest; da wurd er still.« –

So die Fährfrau von Missunde. Anderen Tages besuchte ich den Schleswiger Dom. Die Stelle ist vergessen, wo Herzog Abels erstes Grab war. Aber als ich nach König Erich fragte, nickte der Küster zustimmend. Wie um weitere Fragen abzuschneiden, trat er hinter den Altarschrein (den schönen, vielberühmten Schnitzaltar von Hans Brüggemann) und öffnete einen Reliquienschrein, der sich, an der Rückseite des Altars, hinter der Gitternische befindet, in der das oft genannte »Christkind« steht, das einst, wie der Schnitzaltar selbst, ein Mirakel der Bordesholmer Klosterkirche war.

Als der Küster wieder zu mir herantrat, hatte er ein Stück Eisenkette – eine Bootskette, wie sie noch jetzt gebräuchlich – in der einen Hand, ein zerfetztes Stück rotes Tuch in der andern.

Das war alles, was von König Erich geblieben.

Der rote Tuchfetzen, auf der Innenseite mit weichen Seidenlappen benäht und gefüttert, war ein letztes Überbleibsel von dem Barett, das der König an seinem Todestage trug; die Eisenkette, mit einem Haken daran, war ein Stück der Kette, die Gudmunsen um des Königs Leib wand, als die Leiche nicht sinken wollte.

Das Barett (wie alle Reliquien der Art) wird immer kleiner; aber wenn es längst verschwunden sein und der 2. Februar nur noch einen schwachen Nachhall in den Gemütern finden wird, wird die Geschichte fortleben von König Erich und Herzog Abel.

Das Danewerk

Preußen und Östreicher rückten in zwei Armee-Korps, 45 000 Mann stark, gegen die Eider; ihnen standen 35 000 Dänen in der berühmten Danewerk-Stellung gegenüber. Diese, wie 1 000 Jahre früher, sollte dem siegreichen Vordringen der Deutschen einen Damm entgegenstellen. Die Verteidigungslinie selbst war ein Wunder fortifikatorischer Kunst; daß der Mut der Verteidigung nicht hinter der Kunst der Anlage zurückbleiben würde, davon hielt man sich in Kopenhagen überzeugt.

Zunächst ein Wort über das Danewerk selbst, über Zeit und Veranlassung seiner Entstehung.

Die Anfänge des Danewerk gehen wahrscheinlich bis in das 5. Jahrhundert zurück. Die Stelle zur Aufführung dieses Schutz- und Grenzwalles war gut gewählt. Zwischen dem Wasserarm, der von Osten her, und dem Sumpfgebiet, das von Westen her (damals wie heute) bis in die Mitte des Landes vordrang, lag ein etwa eine Meile breites, festes Stück Erdreich, das wie eine Brücke aus dem deutschen Süden in den dänischen Norden führte. Glückte es, diesen Damm durch Wall und Graben unpassierbar zu machen, so war dem Süden die Möglichkeit genommen, gegen Norden vorzudringen. So entstand denn, schon in frühster Zeit,*

* Früher nahm man an, daß erst zur Zeit Karls des Großen durch König Gottrick dieser Kohgraben angelegt, dann durch Königin Thyra Danebod das eigentliche Danewerk und durch die »große Margarethe« (1380) der Margarethen-Wall gebaut worden sei. Neure Forschungen, auf die sich der Text stützt, weichen davon ab. Übrigens entstand wahr-

ein gradliniger, ziemlich tiefer, quer durch jenes feste Stück Erdreich gezogener Graben, hinter dem sich, nach Norden hin, ein zwanzig Fuß hoher Erdwall erhob. Diese ganze Verteidigungslinie führte den Namen der Kohgraben.

Dieser Kohgraben (zwischen der Südspitze des Selker Noer und dem Sumpfbett der Rheiderau) genügte mit seinem dahinter gelegenen Erdwall als Schutzwehr gegen Süden, solange nur einzelne Sachsen-Stämme die angrenzenden Nachbarn waren; mit Karl dem Großen aber, nach Unterwerfung der Sachsen, rückte das große Frankenreich bis an die Eider vor, und gegen einen *solchen* Nachbar war der Kohgraben zu schwach. König Gottrick von Dänemark erkannte dies und errichtete beinahe unmittelbar hinter dem Kohgraben eine *zweite* Verteidigungslinie, das eigentliche alte Danewerk. Die Südwest-Spitze desselben fiel mit dem westlichen Punkt des Kohgrabens fast zusammen, statt aber, wie dieser, in waagerechter Linie nach Osten zu gehen, nahm das alte Danewerk eine schräge nordöstliche Richtung, und zwar direkt auf die Schlei und die Stadt Schleswig zu, wobei dahingestellt bleiben mag, ob diese Stadt in ihren ersten Anfängen damals bereits existierte oder nicht. Dies Danewerk König Gottricks, das eigentliche alte Danewerk, wiewohl von den Sachsenkaisern mehr als einmal durchbrochen, scheint im wesentlichen, durch drei Jahrhunderte hin, seiner Aufgabe entsprochen zu haben, bis zu den Zeiten Waldemars des Großen die doppelte Verteidigungslinie gegen den Süden (Kohgraben und Alt-Danewerk) abermals eine Erweiterung erfuhr: nach Westen hin durch den *Krumm-Wall*, nach Osten hin durch den *Margarethen-Wall* (der übrigens erst später diesen Namen erhielt). Jener, im Rücken der Rheiderau, war nötig geworden, weil der Schutz, den das Sumpfbett der Rheiderau gewährt hatte, im Laufe der Jahrhun-

scheinlich gleichzeitig mit dem Kohgraben der *Oster-Wall,* der wie jener das Vordringen über die *Land*enge bei Schleswig, so seinerseits das Vordringen über die *Wasser*enge bei Missunde (worauf wir später zurückkommen) hindern sollte.

derte geringer geworden war; dieser, der Margarethen-Wall, hatte den Zweck, die ganze Position mit Hilfe des Haddebyer Noer in bequemer Verbindung mit der Schlei und dem Meere zu erhalten und den Angreifer des eigentlichen Danewerks durch eine starke Flankenstellung beständig zu bedrohn. Zugleich suchte König Waldemar die Widerstandskraft der ganzen Linie dadurch zu steigern, daß er an den wichtigsten Stellen den Erdwall mit einer Mauerwand (daher »Waldemar-Mauer«) bekleidete. Mit dieser Erweiterung war eigentlich jene große Verteidigungslinie, die wir mit dem Gesamtnamen der Danewerkstellung zu bezeichnen pflegen, geschlossen; nur unter der pommerschen Margarethe, oder Margaretha Sprenghest (nicht zu verwechseln mit der »großen Margarethe«, die 130 Jahre später lebte), erfuhr jener Teil der Position, der, wie wir gesehen haben, den Namen des »Margarethen-Walles« führt, einen weitren Ausbau und zugleich seinen Namen. Das war um 1250. Von da ab, so scheint es, ging es rückwärts. Die Verhältnisse des 14. Jahrhunderts, die überflutende Macht der holsteinschen Grafen, die Erfindung des Schießpulvers, endlich im 15. Jahrhundert, bei der Thronbesteigung der Oldenburger, die Verlegung der Grenze bis hinauf an die Königsau – alle diese Wandlungen und Ereignisse nahmen dem alten Danewerk seinen Wert, so daß es mehr und mehr zu einer bloßen Ruine wurde. Eine solche war es im wesentlichen noch bei Ausbruch des Krieges von 1848. Erst während des letzten Jahrzehnts, als den eiderdänischen Politikern in Kopenhagen, bei der Rücksichtslosigkeit ihres Vorgehns, die Unvermeidlichkeit eines Kampfes mit Deutschland immer klarer werden mußte, wurde die uralte Verteidigungslinie wieder aufgenommen und, was König Gottrick und König Waldemar erbaut hatten, zur Grundlage eines neuen Verteidigungssystems gemacht.

Über dies neue Verteidigungssystem, das auch Friedrichsstadt und Missunde (also die Eider- und Schlei-Übergänge) umfaßte, einige kurze Bemerkungen.

Die Haupttätigkeit der fortifikatorischen Kunst hatte sich auch jetzt wieder der Stellung im Zentrum zugewandt. Ziemlich genau in der Schräglinie des alten Danewerks, nur auf der nordöstlicheren Hälfte um 1000 bis 1500 Schritt vorspringend, waren dänischerseits 18 größere Schanzen angelegt worden, Werke, die miteinander in Verbindung standen und sich gegenseitig durch ihr Feuer unterstützten. Zwischen den Schanzen waren Brustwehren für die Infanterie, und hinter denselben liefen Kolonnenwege, um jeden Punkt der Verschanzungslinie schnell unterstützen und, wenn nötig, den Rückzug der Verteidigungstruppen sichern zu können. »Das ganze Verschanzungssystem, ebenso durchdacht und den wissenschaftlichen Grundsätzen entsprechend angelegt, [gilt] als vortrefflich, man könnte sagen, ›sauber‹ ausgeführt.« Die Armierung bestand aus etwa 80 Geschützen, darunter 16 84-Pfünder, während sich die Zahl der Verteidigungstruppen auf 25 000 Mann belief. Die dänische Armee war zwar um wenigstens 10 000 Mann stärker und betrug, wie wir gesehn haben, in ihrer Gesamtheit nicht unter 35 000 Mann, davon waren aber 4 000 bis 5 000 Mann zur Deckung der Schlei-Übergänge nach Missunde, Arnis und Cappeln und etwa ebenso viele Truppen westlich nach Friedrichsstadt detachiert.

Der beste Teil der dänischen Armee war, neben dem ausgezeichneten Ingenieur-Korps, unzweifelhaft die Artillerie. Sie wurde gut geführt und präzis bedient. Die Kavallerie genoß eines ausgezeichneten Rufes. Weniger ausgezeichnet, mindestens ungleich in ihrer Zusammensetzung, war die Infanterie. Die Doublierung der 22 Bataillone, die bei Ausbruch des Krieges angeordnet wurde, führte zur Einstellung teils zu alter, teils zu junger Mannschaften, die die Waffe entweder noch nicht zu führen gelernt oder ihre Handhabung schon wieder vergessen hatten. Ebenso wurde das Offizier-Korps durch sogenannte Reserve-Offiziere komplettiert, denen es keineswegs an intellektueller, aber desto mehr an militärischer Bildung gebrach. Die Ausrüstung der Infanterie, in bezug auf Waffe und Bekleidung, war ausgezeichnet, nur fehlte vielfach der eigentlich soldatische Geist. Der einzelne

Mann, an und für sich ein vortreffliches Material, entbehrte körperlicher und geistiger Gewandtheit und der Selbständigkeit der Aktion.

Die oft aufgeworfene Frage, ob die *gesamte* Danewerkstellung von der Mündung der Schlei bis zur Mündung der Eider mit 35 000 Mann gegen die anrückenden Östreicher und Preußen überhaupt zu verteidigen war, ist von kriegswissenschaftlichen Autoritäten abwechselnd mit »ja« und »nein« beantwortet worden. Jedenfalls nahm General de Meza, in dem Glauben daran, die Verteidigung auf. Wir werden später die Gründe kennenlernen, die ihn bewogen, dennoch den Rückzug anzuordnen.

Kopenhagen

I

Erste Eindrücke. Die Stadt. Die Bevölkerung

Wenn man's nur erwarten kann, so geht einem zuletzt doch alles in Erfüllung – ich bin nun in Kopenhagen. In meinen Jugendträumen stiegen drei Zauberstädte auf: Edinburg, Stockholm, Kopenhagen. Nur Stockholm fehlt noch, sonst sind die Träume Wirklichkeit geworden, und ich kann nicht einmal sagen, daß die Wirklichkeit hinter der Traumwelt zurückgeblieben sei. Das *Schönheits*bedürfnis (ich spreche nur von Straßen und Plätzen) findet freilich kaum seine Rechnung hier, aber das *romantische* Bedürfnis vollauf. Dies ist der Satz, den ich in Nachstehendem mannigfach zu variieren haben werde.

Um 4½ Uhr nachmittag gingen wir in Lübeck an Bord, mehrere Nationaldänen, eine dänische Judenfamilie, ein Russe, ein Schwede und ein falscher Engländer, eigentlich ein Chemnitzer, der sich in Australien (Queensland, Victoria) zum Sohne Albions umgebildet hatte; außerdem zwei Deutsche, ich selbst und eine Art Bardolph mit einer Karfunkelnase. Es war Südwestwind, ein grauer Tag, eine linde, warme Luft; am Abend klärte sich der Himmel, der Mond ging auf, das Meer war wenig bewegt, und ich zitierte den Anfang eines Klaus Grothschen Gedichts: »De Ostsee ist man en Puhl«; aber der baltische Meergott schien es gehört zu haben, zog die Stirne kraus und fing über Nacht ganz leidlich an zu toben und zu wettern; gegen Morgen, als wir zwischen Seeland und der schwedischen Küste hinfuhren, wurde es wieder besser.

Diese Sundpassage ist sehr schön; ein leiser Nebel braute über

Meer und Land, Dörfer mit roten Dächern und Türmen wuchsen aus dem Grün der Landschaft auf, das Meer mit Schiffen überdeckt. Ich konnte immer hundert zählen; verschwanden einige am Horizont, so tauchten an der andern Seite ebensoviel neue Segel auf. Man fährt, wenn ich richtig gesehen habe, ein Stück über Kopenhagen hinaus und steuert dann wieder südwärts, um in die Hafeneinfahrt zu gelangen. Man passiert all die Zeit über eine große Anzahl von Inselforts, die zum Teil eine große Ausdehnung und dementsprechend eine lange Reihe von Schießscharten haben; doch konnte ich mich des Eindrucks nicht erwehren, daß diese Befestigungen durchaus *nicht* mehr zu den formidabeln zählen und daß sie etwa jenen vielbesungenen historischen Kanonen des Mittelalters gleichen, die auch nicht standhalten würden gegen unhistorische und unbesungene, aber *gezogene* Achtundvierzigpfünder.

An der Stelle, wo das Schiff anlegt, hat man, mehr als irgendwo in der Stadt selbst, das Gefühl: du bist hier in einer neuen Welt. Die zerschossenen Blockschiffe, die, vielleicht noch vom Bombardement (1807) her, am Bollwerk entlang liegen; gelbe, beinahe würfelförmige Turmhäuser, auf denen sich hohe Krane befinden; eine malachitfarbene Kupferkrone, die grotesk auf einem Dachfirst reitet; wunderlich geformte Turmspitzen, deren phantastische Formen im Nebel noch phantastischer erscheinen – alles berührt den Ankommenden mit dem Zauber des Fremdartigen und weckt das günstigste Vorurteil. Dieses schwindet freilich zum Teil, wenn man sich dem Mittelpunkt der Stadt nähert und Wohnung darin nimmt; aber es ist nur nötig, die Grenzlinien dieses Mittelpunkts, und zwar nach welcher Seite hin man will, zu überschreiten, um den Eindruck des reizvoll Eigentümlichen sogleich wieder zu haben.

Ich wohne also in diesem Mittelpunkt, im Hotel d'Angleterre, am Kongens Nytorv, d. h. am Königs-Neumarkt. Torv ist weder Torf noch Dorf, sondern Platz, Markt. Die Wohnung hier ist sehr hübsch, aber es fehlen alle aparten Züge. Es ist der übliche

Hauptstadtsstil aus der zweiten Hälfte des vorigen Jahrhunderts, indessen nicht unbeträchtlich unter dem Durchschnittsniveau. Die Hauptwache und die Paläste, die an diesem Platze liegen, alles passiert nur eben, und das Maß architektonischer Schönheit geht keineswegs über den Dresdener Altmarkt oder den Berliner Gendarmenmarkt hinaus. Kein einziges Gebäude von Bedeutung. Schöne Privathäuser scheint es überhaupt nicht zu geben, weder am Kongens Nytorv noch sonstwo in der Stadt. Selbst die Villen vor den Toren, die jetzt vielfach das Beste sind, was moderne Städte aufzuweisen haben, begnügen sich, freundlich und sauber zu sein.

Stellt man das Architektonische in den Vordergrund, so ist Kopenhagen ganz gewiß *keine* schöne Stadt; weder sind die *einzelnen Bauten* schön, noch ist es die *bauliche* Anlage der einzelnen Stadtteile. Von solchen Musterstücken, wie sie Petersburg, Paris, Berlin, Hamburg, und zwar sowohl in bezug auf Anlage wie auf Einzelbau bieten, ist hier gar keine Rede. Newski-Perspektive [!], Place de la Concorde und Champs Elysée, Lustgarten, Linden und die Avenue von Charlottenburg bis zum Brandenburger Tor, endlich das Alterbassin, dies sind schöne Partien, in denen das Ganze wie das Einzelne den Stempel der Schönheit trägt. An solchen Schöpfungen ist hier ein entschiedener Mangel.

Aber Kopenhagen, und nicht einmal ausschließlich durch seine Lage, hat dafür ein anderes: es ist *pittoresk*, poetisch interessant, so recht eine Stadt zum Lieben, von der ich es sehr wohl begreife, daß das Herz seiner Bewohner aufs innigste daran hängt, freilich auch nur in einer bis zum Übermaß und bis zur Verkennung des realen Wertes gesteigerten Begeisterung. Es ist mit den Städten wie mit den Menschen: das bloß Schöne, die tadellose Form wird selten am meisten geliebt. Das romantische Bedürfnis im Menschen – und jeder hat sein Teil davon – geht an nichts so gleichgültig vorüber als an der »reinen Schönheit«.

Kopenhagen hat nun wenig von dieser letzteren, aber desto mehr von jenen Rokokobizarrerien, woran Phantasie und Humor am liebsten einhaken und Schnurren und Gespenstergeschichten produzieren. Man kann es den Häusern ansehen, ob sie im Mund der Leute sind und schon hundertfältig zu Scherz und Witz, zu Vergleichungen und Spinnstubengeschichten Veranlassung gegeben haben oder nicht.

Ich wiederhole: Kopenhagen ist reich an solchen redenden Häusern. Da ist der »Runde Turm«; Runensteine sind in sein Mauerwerk eingefügt, halb entzifferte Inschriften in lateinischen und hebräischen Buchstaben bilden selber wieder eine Art von Hieroglyphen, und eine Wendeltreppe schlängelt sich bis zur äußersten Plattform, bis zu welcher Peter der Große, so geht die Sage, hinaufgeritten ist. – Die *Erlöserkirche* hat auch eine Wendeltreppe, aber sie windet sich nicht innerhalb, sondern *außerhalb* des Turmes, der der höchste in ganz Dänemark ist, empor; die Spitze des Turmes trägt den Erlöser mit der Siegesfahne; zwei *Elefanten,* im Schiff der Kirche, tragen ihrerseits die große Orgel. – Noch grotesker ist die *Börse*; man könnte sagen, sie sei in Rokokogotik gebaut. Zwischen den Fenstern hin laufen schmale, mit allerhand Fratzen verzierte Pilaster, der ziemlich hohe Turm aber, den dieses seltsame Bauwerk trägt, besteht auf vier Drachen, die mit Kopf und Vorderleib horizontal auf dem Turmsockel ruhen, während die vier Schwänze, ineinander verflochten, senkrecht in die Höhe steigen. – Schloß *Rosenborg* hat nichts von diesen Bizarrerien, die an der Grenze des Wahnsinns hinlaufen, aber der ganze Bau mit seinen Giebeln und Türmen, mit seinen dunkelroten Ziegeln mitten unter Blumen und Einsamkeit, macht einen Eindruck, als wohne das »Märchen« selber darin und als seien die gemalten Scheiben, die hie und da mit wirklichen Scheiben abwechseln, just die Stellen, wo die Prinzessin Goldhaar dann und wann die heimlichen Fenster öffnet und auf die spielenden Kinder niederblickt. Resedabeete sind überall um das Schloß her und stimmen zu Farbe, Stille und Geschichte. So sind die Häuser in Kopenhagen; wer sie gesehen hat, vergißt sie nicht wieder, und wer unter ihnen groß geworden ist, der hängt an ihnen wie an den Geschichten, die ihm die Großmutter abends erzählte, wenn sie auf der Bank vorm Hause saß und der Mond durch die Bäume schien.

Soviel über den Eindruck, den Kopenhagen, *die Stadt*, auf mich gemacht. Wie sind nun aber die Menschen?

Ich bekenne, daß in früheren Jahren die Frage für mich durchaus in zweiter Linie stand, wenn sie mich überhaupt beschäftigte. Erst nach der Schlacht bei Idstedt und der Niederwerfung der schleswig-holsteinschen Insurrektion, als das Dänentum anfing, immer mächtiger sein Pfauenrad zu schlagen, hörte ich von Zeit zu Zeit von dem schwindelnden Selbstgefühl der Kopenhagner, von dem blasphemischen Dogma des alten Professors Grundvig, »daß Gott am Jüngsten Tage in *dänischer* Sprache zu Gericht rufen würde« etc., und schloß daraus, daß diesem Selbstgefühl, das sich auf *alle* Gebiete erstreckte und Mannesmut, Staatskunst, wissenschaftliche und künstlerische Begabung, feine Sitte und leibliche Schönheit umfaßte, doch notwendig etwas zugrunde liegen müsse. Es kam noch manches andere hinzu. In der nordischen Altertumskunde, das wußte ich bestimmt, standen die Dänen nicht nur unbestritten an der Spitze dieses Zweiges der Wissenschaft, sondern sie waren in der Tat die *Gründer* desselben; auf der Kunst- und Industrieausstellung in London hatten sie glänzend bestanden, so daß in den freilich parteigefärbten englischen Blättern mehr von Dänemark als von Deutschland gesprochen worden war. Es bedurfte also nicht einmal eines Zurückgehens auf die drei alten Paradepferde des Landes: Thorwaldsen, Oerstedt, Oehlenschläger, um sich schließlich die Frage vorzulegen: haben wir es hier in der Tat mit einem besonders begabten und begnadeten Volke zu tun?

So stand ich ungefähr zu dieser Frage, als der letzte Krieg ausbrach und Mr. Gallenga, der Kriegskorrespondent der »Times«, das große Wort von der *»superioren Race«* wiederholentlich aussprach. Er fing zwar gleich damit an, den Erbprinzen von Augustenburg, den er bei seinem ersten Erscheinen in Kiel beobachtet hatte, als einen »blonden Normannen«, ausgerüstet mit all den Vorzügen des *»skandinavischen* Stammes« zu beschreiben; ich dachte aber, ein kleiner Irrtum auf diesem höchst mißlichen Gebiet dürfe nicht allzu schwer in die Waage fallen. Die Frage nach der »höheren Race« blieb bis auf weiteres eine offene für mich. Jetzt ist sie für mich gelöst.

Zuerst das Körperliche. Als ich mich in der ersten Stunde meines Hierseins ins Fenster legte, zog gerade die Wachparade auf, und da die Hauptwache unmittelbar neben meinem Hotel gelegen ist, so gab mir dies eine erwünschte Gelegenheit, sowohl die aufziehenden Wachmannschaften wie auch das Publikum aller Stände zu beobachten, das sich zu einigen Hunderten auf dem Platz und um das Gitter der Hauptwache herum, wie das allerorten geschieht, versammelte. Ich dachte an die all diesen Leuten angedichtete »Superiorität« und schüttelte den Kopf. Ich sah weder etwas Schönes noch etwas, was durch Würde oder Haltung imponiert hätte; ebenso fehlte alle Leichtigkeit und »Adrettheit« der Bewegung, jede Eleganz der Erscheinung. Es wäre falsch, wenn ich behaupten wollte, von alledem das Gegenteil gesehen zu haben, auch *das* war nicht der Fall; es hatte eben alles *Durchschnittsbeschaffenheit*, sowohl die Köpfe und Gestalten wie auch die Tracht und Haltung. Ich konnte, was das Publikum angeht, kaum einen Unterschied vom unsrigen wahrnehmen.

Seit jenen ersten Beobachtungen vom Fenster aus – übrigens nicht aus der Vogelperspektive, sondern dicht über den Köpfen der Leute – sind nun Wochen vergangen, und ich habe seitdem Muße gehabt, an der Table d'hôte, im Theater, in Tivoli und Alhambra, im Omnibus und auf Eisenbahnfahrten die Probe auf das Exempel zu machen. Im wesentlichen hat mir alles später Gesehene die ersten Eindrücke bestätigt, doch mit einer *Hinneigung zum Günstigeren für die Dänen.* Man begegnet drei Typen: den taillelos schlank Aufgeschossenen, den kurzbeinig Untersetzten und drittens den semmelblonden Schlaffgesichtern, die mitunter eine bloße Entartung der ersten Kategorie sind, aber nicht in jedem Falle. Alle drei Arten, mit kaum bemerkbaren Abweichungen, findet man (freilich neben andern Typen, in denen das Slawische vorherrscht) auch bei uns. Nur von der Nummer eins und zwei verlohnt es sich zu sprechen.

Die schlank Aufgeschossenen zeigen durchaus den *niedersächsischen* Typus, wie man ihn in Westfalen, in den nordalbingischen Ländern, in den Hansestädten, besonders auch (und diesem dänischen am meisten verwandt) in Mecklenburg findet. Es sind selbstverständlich lauter stattliche Leute, blond, blauaugig, von frischem Teint, mit gutgeformten, aber sehr prononcierten Nasen, und man würde sie nicht bloß als stattlich, sondern durchaus als schön bezeichnen müssen, wenn sie größere, lebensvollere *Augen* und überhaupt einen intellektuelleren Gesamtausdruck hätten. Die zweite Klasse, »die Untersetzten«, gehören jenem Typus an, den der alte Arndt als den der germanischen Klotzköpfe bezeichnet hat. Sie haben etwas Kurzes, Vierkantiges, Energisches, und wenn Nummer eins die Schönheit repräsentiert, so repräsentieren sie die Kraft.

Diese Charakterisierung der beiden Haupttypen der Kopenhagener Bevölkerung ist gewiß nicht unverbindlich gegen die Dänen; aber wiewohl unbestritten blonde Stattlichkeit und untersetzte Energie hier nebeneinander hergehen, so zeigt sich doch in diesen Köpfen keine Spur von dem, was, den andern germanischen oder den slawisch-germanischen Mischstämmen gegenüber, auf einen *Herrscheradel*, auf eine *besondere* Befähigung und Berechtigung hindeutete. Es wird mir dies am unzweideutigsten klar, wenn ich die Dänen mit den Engländern vergleiche. Die Engländer, man mag sie nun lieben oder nicht, haben etwas von *dem*, was Mr. Gallenga den Dänen zuerkennen möchte. Sie tragen wenigstens in ihrer äußeren Erscheinung mehr als irgendein anderes Volk, das ich kenne, den Stempel einer höheren Race. Es hilft nichts, das wegspotten zu wollen, *es ist doch so*. Diese Tage in Kopenhagen haben es mich wieder gelehrt. Im Rosenborger Schloß, im Thorwaldsen-Museum fielen mir Leute durch ihre feinen Köpfe, durch ihre Kleidung und Haltung auf; als ich näher trat, hörte ich, daß es Engländer waren. Auf der Plattform des »Runden Turms« (von dem ich oben in der Kürze gesprochen) standen ein paar Matrosen, wahre Prachtgestalten, und betrachteten mit einer glücklichen Mischung von Interesse und jovialer Seelenruhe das Sundpanorama. Sind das Blaujacken, die unterm *Danebrog* fahren? dachte ich einen Augenblick; aber schon der nächste Moment belehrte mich eines Bessern. »Haven't you a match?« (hast du nicht ein Schwefelholz?), rief der eine dem andern zu, und die verkohlte Zigarre über die Brüstung des Runden Turms weg den Kopenhagnern auf die Köpfe werfend, holte er eine andere aus der Tasche und fuhr mit dem Schwefelholz seines Kameraden an der Runeninschrift des Mauerwerks entlang. Vornehm und gering, die Engländer haben etwas von jenem Herrscherstempel, der das allmähliche Produkt der Herrschergewohnheit ist; nebenher aber, diesen Ausdruck steigernd, gelegentlich auch ihn mildernd, sind sie die Träger wirklicher Schönheit und vornehmerer Körperbildung. Selbst die langen Beine gehören mit dazu. Julius Rodenberg sagt an einer Stelle: »In allen Ländern *gibt* es schöne Frauen; die *englischen* Frauen *sind* schön.« Er hätte diesen Ausspruch, der allerdings vorzugsweise auf die Frauen paßt, auf die ganze Nation ausdehnen können.

Die Dänen nehmen *nicht* teil an dieser Ausnahmestellung; sie müssen sich damit begnügen, mit den übrigen germanischen Stämmen an gleichem Strang zu ziehen. Daß sie äußerlich, in der Bildung ihrer Körper, also ganz speziell in dem, was man als »Race« bezeichnet, hinter den Deutschen *zurückblieben,* wäre ungerecht behaupten zu wollen. Es haftet ihnen freilich etwas an, was als Inferiorität erscheint und in der Tat auch eine sehr wesentliche Inferiorität *ist, aber* es ist dies *nicht die Inferiorität der Race*. Ich gehe nämlich davon aus, daß ein vorzügliches Racevolk nichtsdestoweniger sehr inferior unter den Kulturvölkern dastehen kann und daß umgekehrt ein Volk, das weniger oder gar keine Race hat (wohin à la tête die Preußen gehören), von nachweislicher Bedeutung für das Kulturleben sein kann. Race, wie ich schon hervorgehoben, ist überwiegend etwas Äußerliches, aber »innen lebt die schaffende Gewalt«.

Die Inferiorität, die bei den Dänen sich zeigt, ist ihr Mangel an *jeglicher Schulung*. Das Volk ist träge, apathisch, indolent, und die oberen Klassen, denen es in ihren eigenen Angelegenheiten an großer Rührigkeit nicht fehlt, sind viel zu hochmütig und egoistisch (darin den Engländern nah verwandt), als daß sie sich's sollten angelegen sein lassen, die Masse des Volks seiner Indolenz zu entreißen.

Diese Indolenz zeigen vor allem auch die *Soldaten*. Es fehlt ihnen *jegliche* Art der Ausbildung, des Leibes und des Geistes. Von Drillung ist keine Rede; aber auch ganz abgesehen von der unmittelbar soldatischen Trainierung, sieht man es diesen gutmütig blonden, weit vorgestreckten Köpfen (deren Hälse dafür tief in den hochgezogenen Schultern stecken) an, daß man es nicht verstanden hat, einen zündenden Funken in ihre Seelen zu werfen. In dieser *Ungewecktheit*, die unverkennbar aus der ganzen Haltung spricht, in diesem mangelnden inneren Leben steckt die Inferiorität des dänischen Soldaten und des gemeinen Mannes überhaupt; aber noch einmal, dies ist nicht die Inferiorität der Race. Der geistige Boden ist gut und, wie es mir bei verschiedenen Begegnungen vorgekommen ist, auch empfänglich; aber es hat bisher an den Säemännern gefehlt, die gewillt gewesen wären, das Korn auszustreuen. Wie in England, man läßt eben alles laufen.

Über die *Frauen* habe ich noch nicht gesprochen; ich hole es jetzt nach. Ich hatte imposante Nordlandsgestalten, Fingalstöchter, ossianische Schönheiten erwartet und war in den ersten Tagen erschrocken, von alledem so ziemlich das Gegenteil vorzufinden. Schließlich hat sich das Urteil günstiger gestellt, wiewohl ich auch jetzt noch versichern darf, während meines ganzen

Aufenthalts keiner einzigen glänzenden Schönheit begegnet zu sein. Man sieht einzelne hübsche Mädchen, wie überall, aber ihre Zahl steht in keinem günstigeren Verhältnis zur Bevölkerung als anderswo. Sie sind blond, blauäugig und von gutem Teint; die Zähne sind leidlich konserviert (besser als bei uns), und kleine Hände und Füße bilden ihren besondern Stolz. Haltung und Gang sind natürlich, ohne ungraziös zu sein. Dies klingt anerkennend genug, zumal ich bei meinem alten Satze verbleibe, daß schöner Teint der erste Schritt zur Schönheit ist. Aber der erste Schritt ist noch nicht die Schönheit selbst. Die Gestalten sind eher zart als bedeutend, die Profile nicht edel (freilich auch nicht das Gegenteil), die Augen ohne Zauber, der meist etwas große Mund ohne besondern Reiz. Gebe ich den Totaleindruck, so heißt es auch hier wieder: *es fehlt alles Frappante.* Es sind Mädchen und Damen wie anderswo; aber nichts Spezifisches ist da, das einen jeden Augenblick, wohl gar unter Beimischung einer gewissen Bewunderung, daran zu erinnern vermöchte: dies sind dänische Frauen. Dasselbe gilt von den Toiletten, die, ohne unelegant zu sein, doch um ein nicht Unbeträchtliches hinter dem zurückbleiben, was man in andern Hauptstädten zu sehen gewohnt ist.

Überrascht hat mich eigentlich nur eines, und zwar die Erwägung, bis zu einem gewissen Grade auch die persönliche Wahrnehmung, daß diese dänischen Damen es sind, die durch ihre Haltung eine *politische* Rolle zu spielen vermochten, eine Rolle, die an das Auftreten und den Einfluß der Polinnen erinnert. Diese unbedeutenden Figürchen schüren das nationale Feuer, beteiligen sich an der Achterklärung, die täglich gegen alles Deutsche geschleudert wird, verleugnen ihre Kenntnis der deutschen Sprache und weigern sich (so wird aus Jütland berichtet), den Besuch, die Respektsbezeugungen deutscher Offiziere entgegenzunehmen. Ich bin nicht blind für das Schöne, das darin liegt; aber ich kann andererseits mit der Ansicht nicht zurückhalten, daß ich das Imponierende solcher Haltung mit allerhand minder

Imposantem verquickt finde. Eines schickt sich nicht für alle. Börne sagt einmal vorwurfsvoll von Heine, dieser letztere sei so geartet gewesen, daß ein Graf, der sich aus Liebe erschossen, einen *poetischen*, ein Schneider aber in gleicher Situation einen *komischen* Eindruck auf ihn gemacht habe. Ich bekenne, daß ich in dieser Streitfrage mehr auf seiten Heines als Börnes stehe. Familienstolz, um ein anderes Beispiel zu geben, ist eine schöne Sache; haben ihn die Stahrenberg oder Pappenheim, so ist das einfach in der Ordnung, hat ihn aber Rietsch oder Pietsch, so ist es lächerlich. Die Nutzanwendung dieser Beispiele auf die dänische Damenwelt ergibt sich von selbst. Sie machen – glänzende Ausnahmen im einzelnen zugegeben – in ihrer Durchschnittshaltung nicht den Eindruck, daß ich ihnen das *poetische* Recht zu ihrer politischen Haltung zugestehen möchte. Sie haben, rundheraus gesagt, nicht das Zeug dazu. Es ist der Enkel, der in Großvaters Reiterstiefeln einherstolziert. Damen, die politisch eine Rolle spielen oder auch nur zur offenen Dokumentierung ihres Nationalhasses schreiten wollen, müssen nach meinem Gefühl entweder sehr schön oder voll brennender Leidenschaft sein. *Sie müssen über irgendeine bedeutende Kraft verfügen*, über irgend etwas, das ihre Liebe begehrenswert macht. Der Durchschnittsblondine mit Stülpnase und schnippischem Mundwinkel muß ich aber das Recht absprechen, durch Annehmen oder Nichtannehmen strafen oder belohnen zu wollen. Dieses Recht ist nur bei der Kraft.

II

Das Thorwaldsen-Museum

»Du reist nach Kopenhagen; du wirst dort zwei Dinge finden, wie sie die Welt nicht zum zweiten Mal besitzt: das Thorwaldsen-Museum und das Museum für nordische Altertümer« – das waren die Abschiedsworte, mit denen mich ein Freund auf die Reise entließ. Er hat recht gehabt.

Mein erster Gang galt Thorwaldsen. Das Museum, das seinen Namen führt und seine Werke (vieles nur in Nachbildungen) umschließt, ist nicht weit vom Mittelpunkt der Stadt gelegen, unmittelbar zur Seite des Christiansburger Schlosses. Ich mußte mich zunächst damit begnügen, das Äußere des Gebäudes kennenzulernen, da das Museum an diesem Tage geschlossen war. Es ist überhaupt nur an drei Tagen in der Woche geöffnet und jedesmal nur auf wenige Stunden.

Das Äußere fällt nicht eben durch Schönheit auf. Es ist ein längliches Viereck, dessen Bauart an die altgriechischen und etrurischen Grabbauten erinnert. Die fünf großen, portalartigen Frontfenster haben eine *konische* Form, was dem Auge, indem es die quadratischen Linien des ganzen Baues durch Schräglinien unterbrochen sieht, nicht eben wohltut.

Etwa in halber Höhe der untern Fensterreihe ziehen sich Freskobilder um das ganze Gebäude herum. Auch diese Bilder, die die Ein- und Ausschiffung der Thorwaldsenschen Bildwerke und den Jubel der Kopenhagener Bevölkerung bei Ankunft dieser Bildwerke darstellen, wirken im ersten Moment nicht angenehm. Die ganze Art der Ausführung erscheint dem Auge roh; alles ist nur eben in Umrissen gegeben, und die alleinige Benutzung von *Gelb* und *Rotbraun*, um diesen, wie mit Kohle gezeichneten Figuren doch etwas von Farbe zu leihen, scheint einem, beim ersten Anblick, die Sache vollends zu verderben. Man söhnt sich aber damit aus und erkennt sehr bald, daß es doch ein sehr feiner Sinn war, der diese Dinge so ordnete, wie sie sind, und nicht anders. Der Baumeister mochte sich sagen: »Du hast hier den großen Kunstschöpfungen deines Landsmannes nur eben ein Unterkommen zu schaffen, ein würdiges, ein gediegenes, *aber vor allem ein bescheidenes*. Willst du hier einen *Prachtbau* hinstellen, willst du *Fresken* um diesen Prachtbau herziehen, die voller Glanz und künstlerischen Anspruchs sind, so trittst du mit dem großen

Genius, dem du einfach eine Stätte bereiten solltest, in *künstlerische Konkurrenz* und erhebst mehr oder minder den Anspruch, *neben* ihm gesehen zu werden. Deshalb sei schlicht; halte dich zurück.«

Ich glaube nicht, daß diese Interpretation eine bloß ausgeklügelte ist. Das Grab Thorwaldsens, das sich inmitten des Hofes befindet, den die vier Seiten des Museums einschließen, deutet, mehr noch als jene einfachen Wandmalereien, ganz bestimmt darauf hin, daß man in allem und jedem gewillt war, die eigene kleine Kunst nicht neben die große des Meisters zu stellen. Thorwaldsens Grab ist nichts als ein Blumenbeet: *Efeu, von Rosen durchflochten,* kein Denkmal, keine Inschrift. Sein Denkmal sind eben die hundert Werke, die ihn umstehen. Auch Christopher Wren wurde in dieser Weise geehrt. Er liegt in der St. Paulskirche begraben, die sein Werk ist; *ein Grabmal fehlt*; statt dessen trägt sein einfacher Grabstein die Inschrift: Si Monumentum quaeris, circumspice.

Das Museum, wie schon angedeutet, ist nur an zwei, drei Tagen geöffnet und immer nur auf einige Stunden. Dieser Umstand sowie verschiedene Ausflüge ins Land (nach Helsingör und Frederiksborg, besonders nach Roskilde) ließen mich erst am Tage meiner Abreise dazu kommen, meinen Besuch bei Thorwaldsen zu wiederholen. Mit Bangen geschah es; zugleich mit einem leisen Vorwurf gegen mich selbst, das Größte und Wichtigste, das Kopenhagen mir bieten konnte, bis auf die letzten Stunden hinausgeschoben zu haben. Ich darf aber nachträglich sagen, die Götter hatten es gut mit mir gemeint. Dieses flüchtige Sehen hat mir einen Eindruck geschaffen, den mir ein *Studium* nicht hätte geben können. Meine Kenntnis wäre gewachsen, die Wirkung auf mein Gemüt aber, die einem völligen Rausche glich, würde bei häufigerem Sehen sich allgemach vermindert haben.

Ich trat also ein, zunächst in die große Vorhalle, in der die Kolossalstatuen des Meisters ihre Aufstellung gefunden haben. Hier befinden sich Kopernikus, Gutenberg, Schiller, Poniatowsky,

Herzog Eugen von Leuchtenberg, Kurfürst Maximilian von Bayern und Papst Pius VII. Einzelne dieser Statuen kannte ich bereits. War es dieser Umstand oder war es die Tatsache, daß Thorwaldsen auf diesem Gebiet nicht eben um Kopfeslänge die Bildhauer unserer Tage, namentlich die Rauchsche Schule, überragt, gleichviel, ich ging, ohne mich besonders bewegt oder erhoben zu fühlen, an diesen Kolossen vorüber, die mich unwillkürlich an jene naturhistorischen Sammlungen erinnerten, in denen man erst die vorsündflutlichen Riesentiere passieren muß, ehe man an die Schöpfungen gelangt, die die Dimensionen *unserer* Erdepoche tragen.

Gegenüber der Vorhalle, durch die ganze Länge des Hofes von ihr getrennt, befindet sich eine zweite Halle, die hinaussieht auf Thorwaldsens Grab. In dieser zweiten Halle stehen Christus und die zwölf Apostel. Ich bekenne offen, daß mir auch hier die Begeisterung nicht kommen wollte; vielleicht duldet der Ernst der Kunst, der hier waltet, kein flüchtiges Genießen, und nur *dem* erschließt sich der *ganze* Quell von Schönheit und Tiefe, der den Willen mitbringt, nicht zu schlürfen, sondern unterzutauchen. Ich hatte nicht Stimmung, nicht Muße dazu und trat nun in die Korridore und in die hinter denselben hinlaufenden Zimmer ein, in denen weder der christliche noch der historische Thorwaldsen zu uns spricht, sondern *Thorwaldsen der Grieche.*

Hier fiel es mir wie Schuppen von den Augen. Eine Art nüchternes Verhältnis, in dem ich – etwa die Venus von Milo abgerechnet – bis dahin überhaupt zum Marmor gestanden hatte, *hier* wich es, wie auf einen Schlag, und machte einer Empfindung Platz, wie sie, in meinem der Kunst und Dichtung von Jugend auf zugeneigten Leben, in meinem Herzen noch nicht lebendig gewesen war. Es war ein Zwiesprachhalten, ein vertrauliches Sichgrüßen mit der *Schönheit selbst.* So hatte ich sie noch nicht gesehen. Da war nichts Kaltes, wie sie mir sonst wohl erschienen war, sie war heiter, lachend, neckisch, vor allem unendlich beglückend. Es war wie Zyperwein, jedes neue Zimmer ein neuer Becher. Hier kosten und nippen, und dann in aller Eile ein voller Zug. Dies ist das schönste – nein, das, nun ein drittes und dann ein viertes. Ich gab es bald auf, unterscheiden und klassifizieren zu wollen.

In meinem Kataloge mehrten sich die Ausrufungszeichen, und der Vorrat von Bewunderungsadjektiven, der unserer Sprache zur Verfügung steht, war rasch erschöpft. »Amor klagt der Venus den Bienenstich«, »Amor und Hymen spinnen den Lebensfaden«, »Amors Herrschaft über die Welt«, »Grazien spielen mit Amors Pfeil«, »Amor verläßt das Lager der schlafenden Psyche«: – Amor in hundert Gestalten, immer derselbe und immer wieder ein anderer. Der Liebesgott, an den ich (in der Kunst wenigstens) nie recht geglaubt, hier tat er's mir an. Mit Vorliebe (mehrfach kehrt der Gegenstand wieder) hat Thorwaldsen auch die Geschichte des *Hylas* dargestellt. Die Wassermädchen, die »Töchter der Schönheit«, rufen ihn und ziehen ihn hinab. Auch mir war im Herzen, als hätte ich ihren Ruf gehört.

Als ich wieder ins Freie trat, hatte ich Mühe, mich in der Welt da draußen zurechtzufinden. Der Turm des nachbarlichen Börsengebäudes, mit seinen vier zusammengeflochtenen Drachenschwänzen, stieg vor mir auf; ich starrte nach ihm hin, und mir war, als sei ich plötzlich wieder an eine barbarische Küste geworfen.

III

Das Museum der nordischen Altertümer

Ein Stolz wie das Thorwaldsen-Museum, ein nicht geringerer Stolz ist auch das Museum der nordischen Altertümer für Kopenhagen und für ganz Dänemark. Es fragt sich, auf welches man gewillt wäre eher zu verzichten, wenn ein solcher Verzicht überhaupt gefordert würde. Ein *Vergleich* zwischen den beiden Museen ist begreiflicherweise unzulässig: das eine dient ganz der

Kunst, das andere ganz der Wissenschaft; das eine umschließt Schönheit und nichts weiter, das andere zählt schwarze Lappen und einzelne Büschel Menschenhaar, die in einem ausgehöhlten Eichenstamme gefunden worden, zu seinen wertvollsten Stücken. Beide Museen sind grundverschieden; aber nichtsdestoweniger darf man die Frage stellen: wenn der Welt eines der beiden (etwa durch Feuersbrunst) verlorengehen sollte, welcher Verlust wäre leichter zu verschmerzen? Es will mir fast scheinen – so barbarisch dieser Ausspruch klingen mag –, daß die Einbuße an Kunst und Schönheit, die wir durch ein Verschwinden des Thorwaldsen-Museums erfahren würden, doch das leichter zu ertragende Unglück wäre. Die Welt, und müßten wir bis auf Phidias zurück, *hat* Thorwaldsen gesehen, und wir würden von Jahrzehnt zu Jahrzehnt der Hoffnung leben dürfen: »ein Thorwaldsen war da, und ein Thorwaldsen wird wieder kommen«.

Anders das »Museum für nordische Altertümer«. Es ist in seinen besten Stücken, und ihre Zahl ist groß, eine Sammlung von Unicis. Geht ein solches Stück verloren, so ist eine Lücke da, die wieder auszufüllen vielleicht unmöglich ist. *Die nordische Altertumskunde basiert zum großen Teil auf dieser Sammlung.* Es ließe sich einwenden, daß die Frage, »ob Unicum oder nicht«, doch am Ende, selbst angesichts der wichtigsten Stücke dieser Sammlung, noch nicht endgültig entschieden sei, indem jütische Heiden und schleswigsche Moore höchstwahrscheinlich noch ähnliche Schätze aufzuweisen hätten, jeden Augenblick bereit, das Unicum von heute schon morgen zu einer Dublette zu machen. Dies alles ist freilich möglich; *aber es ist nicht wahrscheinlich*. Dänemark ist neuerdings in einer Weise durchforscht wie vielleicht kein anderes Land, und was jetzt Unicum ist, hat mindestens eine starke Chance, Unicum zu bleiben. Von Kopenhagen aus wurde vor etwa dreißig Jahren und ganz besonders seit der Thronbesteigung Friedrichs VII. die Durchforschung des Landes in ein System gebracht. Die Passion des verstorbenen Königs für Altertumskunde, noch mehr vielleicht das überall im

Lande lichterloh emporflackernde Nationalgefühl, das auf *jedem* Gebiet nach Nahrung suchte und auf keinem mehr als auf dem der Sage, der Dichtung und Geschichte, alles vereinigte sich, die Gebildeten zu wahren Dachsgräbern zu machen, die überall ihren Spaten in die Erde stießen, wo ein Heidehügel oder sechs in den Kreis gestellte Feldsteine eine Ausbeute erwarten ließen. Jeder Amtmann und Hardesvogt, jeder Geistliche und Schullehrer wurde ein Beisteuerer, half am Ausbau, und diesen vereinten Kräften der Nation – die übrigens unablässig weiterwirken – ist es allerdings geglückt, ein Museum herzustellen, wie kein anderes Land auf diesem Gebiet ein ähnliches aufzuweisen hat. Die Sammlung bestand vor Jahren schon aus mehr als 16 000 Nummern; sie ist seitdem sehr wesentlich gewachsen. Ob aber einzelne Prachtstücke – und davon gingen wir aus –, wenn sie je verschwänden, durch den vereinigten Forschereifer vieler hundert Mitarbeiter je wieder ersetzt werden könnten, muß wie billig bezweifelt werden, da eben die *große* Ernte gehalten ist und nur von Nachlese noch die Rede sein kann.

Das Museum hat kein eigenes Gebäude und befindet sich zur Zeit noch im Prinzenpalais (nahe dem Christiansburger Schloß) in etwa acht unscheinbaren Zimmern. Man hat dabei die Putzsucht vermieden, die bei Aufführung mehrerer anderer Museen, z. B. des »Neuen Museums« in Berlin, eine solche Rolle gespielt und zu allerhand Ausschmückungen geführt hat, die nur dazu dazusein scheinen, um die Aufmerksamkeit der Besucher von Gipsabgüssen und alten Lanzenspitzen abzuziehen und den bunten Bildern an Fries und Decke zuzuwenden. Die Zimmer im Kopenhagner Museum sind einfach getüncht. Alle Anordnungen des Museums selbst sind das Verdienst des Konferenzrats *Thomsen*, der auch der Begründer des zur Zeit in der nordischen Altertumskunde herrschenden *Systems* ist.

Dieses System ist das der drei Zeitalter, des *Stein*zeitalters, des *Bronze*zeitalters und des *Eisen*zeitalters. In neuerer Zeit ist dieses dänische System, namentlich von Deutschland aus, mannigfach angezweifelt worden. Ein lebhafter Kampf bereitet sich vor. Die Entdeckung der Pfahlbauten, vorzugsweise in der Schweiz und in Mecklenburg, scheint dazu angetan, das jetzt herrschende System zu erschüttern, während die Dänen selbst nur geneigt sind, das Steinzeitalter – wie sie es in betreff des *Eisen*zeitalters bereits getan haben – in *zwei* Hälften zu teilen, in eine ältere und eine jüngere Zeit. Die ältere (?) Zeit ist dann die der Pfahlbauten. Andere bekämpfen speziell die Richtigkeit dieses Satzes.

Das erste Zimmer umfaßt Dinge, die dem *Stein*zeitalter angehören. *Wann* dieses Zeitalter war, in welche Jahrhunderte es fällt, das ruht im Dunkel. Ob dieser Teil des Museums besondere Wertstücke umfaßt, weiß ich nicht zu sagen, fast möchte ich es bezweifeln. Alles, was sich hier vorfindet, ist von Stein (Granit, Feuerstein, Schiefer), von Knochen und Bernstein oder aus Lehm geformt. Es sind die bekannten, immer wiederkehrenden Gegenstände, wie sie jedes derartige Museum zeigt: Axt, Hammer, Meißel, Keil, Messer, Pfeil und Lanzenspitze, Kamm, Bernsteinperlen etc.

Das zweite, größere Zimmer ist das des *Bronze*zeitalters. Hier begegnen wir bereits – ob *Eigenprodukt* des Landes oder Importartikel bleibt freilich fraglich – den Hervorbringungen einer vorgeschrittenen Kultur: Halsschmuck, Spangen, Haar- und Brustnadeln, Goldschalen, Armringe, Diademe, selbst Pinzetten, Ohrlöffel und Hörrohre von gegossener Bronze. In diesem Zimmer befinden sich auch mehrere *Särge* und *Boote*, die dem Auge des Laien wieder ebensosehr einer Epoche völliger *Unkultur* anzugehören scheinen, wie jene Pinzetten, Ohrlöffel und Hörrohre auf ein völlig entwickeltes Kulturleben deuten. Boote wie Särge sind nur ausgehöhlte Eichenstämme und zeigen keine Spur einer kunstgeübten Hand. In den Särgen fand man Menschenhaar und ziemlich große Stücke eines lockeren, wahrscheinlich wollenen Gewebes, dessen ich oben schon erwähnte. Zeitangaben fehlen auch hier.

Mit dem *dritten* und *vierten* Zimmer (*Eisen*zeitalter) treten wir nun in *historische* Zeit ein. Das Eisenzeitalter teilt sich in eine frühere und eine spätere Epoche, von denen die frühere die Zeit von etwa 100–400 nach Christus, die spätere Epoche die Zeit von 400–1030 umfaßt. Was den Laien schon in dem Bronzezimmer überraschen mußte, frappiert ihn hier noch mehr, nämlich die Wahrnehmung, daß sich die *Namen* der drei Zeitalter und die *Dinge,* die diesen Zeitaltern angehören, dem Stoff nach nicht recht decken.

Weit überwiegend sind die Gegenstände, denen wir in der Eisenabteilung des Museums begegnen, *nicht* von Eisen, sondern von Bronze, Silber, Gold. Das überrascht im ersten Augenblick und nicht mit Unrecht. Die Erklärung liegt aber in Folgendem: »Eisenzeitalter« bezeichnet nämlich keineswegs eine Epoche, in der alles, oder auch nur die Mehrzahl der Dinge, von Eisen gewesen wäre. Eisenzeitalter heißt nur, im Gegensatz zu den beiden vorhergehenden Epochen (die das Eisen überhaupt noch nicht kannten): *das Eisen war nun da*, und namentlich die Waffen wurden nicht mehr von Stein und nicht mehr von Bronze gemacht. Das Eisen hatte sie auf diesem Gebiete abgelöst. *Daneben*her aber lief für Schmuck und Gerät die Bearbeitung von Bronze, Glas und edlen Metallen unverändert fort, immer vorausgesetzt, daß alle diese Gegenstände einer höheren Kultur überhaupt als Eigenprodukte des Landes und nicht als *Import*artikel anzusehen sind.* Einzelne Dinge, wie z. B. Mosaikperlen, Breloquen

* Diese beständig auftauchende Frage: »ist dieser Gegenstand ein Eigenprodukt des Landes oder ist es ein Importartikel?« zeigt am deutlichsten das Mißliche der berühmten dänischen Dreiteilungstheorie *(Stein-, Bronze- und Eisenalter).* Diese Dreiteilungstheorie möchte unangefochten passieren, wenn es ein Land gäbe, das sich ganz und gar aus sich selbst heraus entwickelt oder doch mindestens den *direkten Import* von Gegenständen, namentlich von Kunstprodukten anderer, höherer Kulturvölker vermieden hätte. Gäbe es eine solche Insel irgendwo, so würde man nunmehr sagen können: als das Volk dieser Insel roh war, hatte es *Stein*gerät dieser und jener Art; als es reifer wurde, wußte es Kupfer und Bronze zu bearbeiten, und schließlich lernte es (immer

von Gold, Kristallkugeln mit *griechischen* Buchstaben, Goldmedaillons und Münzen mit dem Bildnisse Konstantin des Großen und des Kaisers Leo sind jedenfalls als Importiertes anzusehen. Andere Dinge hingegen: eine Silberspange mit Runenschrift, Schnitzarbeiten in Fichtenholz, ein großer mit Tier- und Menschenköpfen geschmückter Messingbeschlag (der mutmaßlich ein Schmuck am Vordersteven eines Schiffes war) geben sich wiederum umgekehrt als unzweifelhafte Hervorbringungen des eigenen Landes zu erkennen.

Alle die bisher genannten Gegenstände gehören den ersten Jahrhunderten unserer Zeitrechnung oder der älteren Hälfte des Eisenzeitalters an. Interessanter sind die Dinge aus der späteren Hälfte dieser Epoche, von 400–1030. Außer zahlreichen Gold- und Silberschmucksachen, außer einer auf der Insel Föhr aufgefundenen Aschenurne, die mit gebrannten Menschenknochen

aus sich selbst heraus) die Gewinnung und Bearbeitung des Eisens. Stünden die Dinge *so*, so würden, im Einklang damit, die Bezeichnungen: Stein-, Bronze- und Eisenalter, nicht nur ganz allgemein drei verschiedene Kulturepochen ausdrücken, sondern auch jeder einzelne Gegenstand, klein oder groß, würde, je nachdem er der einen oder andern Epoche zugehört, an sich selber den Stempel einer größeren oder geringeren Kultur tragen. Aus der Epoche von 100 bis 400 nach Chr. werden beispielsweise, wie ich im Text gezeigt habe, dem früheren Eisenalter Dinge zugerechnet, die mit diesem Zeitabschnitt bloßer Halbkultur in gar keinem eigentlichen Zusammenhang stehen, sondern nur von *außen* her, durch zufällige Handelsbeziehungen, in denselben hineingetragen wurden. Wollte man solche Dinge registrieren, nach Zeitaltern oder Kunstepochen gruppieren, so müßte man sie in ihre eigentliche Heimat zurücktragen und ihnen dort, innerhalb der bestimmten Epoche, der sie in Wahrheit angehören, ihre Stelle anweisen. Es hat aber wirklich kaum einen Sinn, unter den Gegenständen der *skandinavischen* Bronzeperiode Gegenstände aufgestellt zu finden, die für das Kulturmaß des Nordens während der in Rede stehenden Epoche ebensowenig Zeugnis ablegen können wie etwa eine Nähnadel oder eine Sheffieldschere, ein Revolver oder eine Armstrongkanone, die zufällig in die Hände der Maoris gefallen sind, dermaleinst maßgebend sein können für den Kulturgrad der gegenwärtigen Neuseeländer.

gefüllt und von einem in zwei Stücke zerbrochenen Eisenschwert überdeckt ist, befinden sich in dieser Abteilung des Museums diejenigen Sachen, die bei der im Jahre 1821 stattgehabten Nachgrabung im Grabhügel der Königin *Thyra* (genannt Thyra *Danebod*, d.h. Dänentrost) gefunden wurden. Königin Thyra, die erste christliche Königin in Dänemark, Erbauerin des Danewerks, war die Gemahlin König Gorms und lebte in der Mitte des zehnten Jahrhunderts (936–50). Ihr und ihres Gemahls Grabhügel befinden sich bis diese Stunde bei Fellinge, in der Nähe von Kolding. Die aufgefundenen Gegenstände sind weder reich noch prächtig noch von besonderem künstlerischen Wert (wie doch manches andere aus jener Epoche), sie sind aber wohl dadurch von großer kulturhistorischer Bedeutung, daß man hier zum ersten Male auf Dinge stößt, von denen man genau weiß, *wann* sie angefertigt wurden und *wem* sie gehörten. Auch gehören sie unverkennbar jener Reihe von Gegenständen zu, die im *Norden* selbst entstanden, während so viele andere Schmucksachen dieser Epoche, wie wir gesehen haben, durch Kriegs- und Siegeszüge nordwärts getragen wurden.

Es sind acht Sachen, die man in Thyra Danebods Grabhügel fand, und zwar 1) ein Silberbecher, inwendig vergoldet; 2) ein in Kupfer getriebener Vogelkopf, ebenfalls vergoldet; 3) ein Stück Holzschnitzwerk, einen Krieger in Rüstung darstellend; 4) ein Stück Holz, geschnitzt und arabeskenhaft bemalt; 5) eine Metallverzierung, vergoldet; 6) ein Stück Metallbeschlag; 7) ein eiserner Nagel und 8) Reste von Zaumzeug. Von der Mehrzahl dieser Stücke, vielleicht mit alleiniger Ausnahme von 1) und 8), darf man wohl annehmen, daß sie Überbleibsel des Sarkophags, der reichgeschmückten Grabtruhe, sind, in der Königin Thyra beigesetzt wurde. Die Grab*kammer* fand man bei der Nachgrabung (1821) wohlerhalten. Sie bestand aus schweren Eichenpfosten, die inwendig mit dicken Holzplanken bekleidet waren, und zwar so, daß man glauben konnte, sie seien ursprünglich mit Wollenteppichen behängt gewesen.

Die beiden folgenden Zimmer (das fünfte und sechste) enthalten Gegenstände des christlichen Mittelalters, des früheren und späteren, und umfassen den Zeitraum von 1030–1517, d. h. also von der *Christianisierung* des Landes bis zur *Reformation*.

Es ist schwer, unter den zahlreichen Gegenständen, die dieser Epoche angehören, eine Auswahl zu treffen. Das scheinbar Geringfügigste, Wertloseste ist oft das wertvollste. Hier befinden sich Leichensteine aus Grönland mit uralter Mönchsschrift, Webstühle in primitivster Konstruktion von den Faröerinseln, allerhand frühchristliche Holzarbeiten aus Island, darunter eine Kirchentür aus Fichtenholz, auf der wir in roher, aber charakteristischer Schnitzarbeit die Geschichte St. Georgs des Drachentöters dargestellt finden. Ein noch größeres Interesse wecken die Kreuze und Kruzifixe, die Schreine und Reliquienkästchen, die an ganz bestimmte historische Persönlichkeiten anknüpfen und zum Teil deren Namen führen. Unter diesen Gegenständen nenne ich zuerst den berühmten *Margarethenbecher*, den Trinkbecher Königin Margarethens, der »Semiramis des Nordens«, der Gründerin der kalmarischen Union, der Erbauerin des »Margaretenwalls«, der dem alten Danewerk aus Thyra Danebods Zeiten her erst eine wirkliche Festigkeit lieh. Dieser Margarethenbecher ist aus acht silbernen Dauben zusammengesetzt, die im Mittelfelde ein M und die Krone darüber, auf den andern Feldern die Wappen der verschiedenen Landesteile tragen. Hierher gehört ferner der emaillierte Reliquienschrein, der eine Reliquie vom heiligen *Olaf* umschließt; hierher gehört das einen Fuß hohe, reich mit Schnitzereien und Sprüchen geschmückte Kreuz von Walroßzahn, das Prinzessin *Gunhilde*, König Svend Estridsens Tochter, zu tragen pflegte; hierher gehören endlich die Webereien aus dem großen Grabschrein, in dem König *Kanut der Heilige*, ein Bruder Gunhildens und der Schutzpatron Dänemarks, in der nach ihm genannten St. Knuds-Kirche zu Odense beigesetzt wurde.

Hunderterlei Ähnliches, wenn auch von geringerem historischem Interesse, schließt sich an; man darf fragen, was fände sich hier *nicht*? Bischofsmützen und Kirchensiegel, Krummstäbe und Chorstühle, Monstranzen und Sakratmentshäuschen, Schach- und Damenbrettfiguren aus Knochen und Walroßzahn, alles ist hier in reicher Auswahl beieinander. Die vornehmste Sehenswürdigkeit, wegen der Geschichte, die sich daran knüpft, ist aber doch das *Dagmarkreuz*, von dem ich im folgenden Kapitel ausführlicher erzähle.

IV

Das Dagmarkreuz

Unter den vielen frühmittelalterlichen Kunstschätzen, die das Museum für nordische Altertümer aufweist, nimmt das »Dagmarkreuz« oder das »Kreuz der Königin Dagmar« den ersten Rang ein. Jeder Besucher will es gesehen haben; das *allgemeine* Interesse wendet sich ihm zu.

Diese Allgemeinheit des Interesses hat wohl in drei Dingen ihren Grund: einmal in dem kunsthistorischen Wert des Gegenstandes selbst, dann in der Volkstümlichkeit der Königin Dagmar, deren Name bis auf diesen Tag wie ein Segenswort fortlebt, endlich drittens in dem zufälligen Umstand, daß am dänischen Hofe wieder eine *Dagmar* lebt, eine schöne Prinzessin, die schönste von drei Schwestern, die bestimmt ist, als Kaiserin über weite Reiche zu herrschen. Bei dem großen Publikum fallen diese menschlichen Beziehungen unzweifelhaft mehr ins Gewicht als der archäologische Wert des Kreuzes selbst.

Ehe ich vom Dagmarkreuz spreche, schicke ich voraus, was Sage und Geschichte von *Dagmar* selbst erzählen. Das meiste entnehme ich drei alten Balladen, die sich erhalten haben.

Dagmar (eigentlich Dagomir) war die Tochter Ottokars I. von Böhmen. Im Jahr 1205 geschah es, daß Waldemar II., genannt der Siegreiche, eine Gesandtschaft an den Böhmenkönig abschickte, die um die Hand Dagomirs werben sollte. An der Spitze der Gesandtschaft stand Junker Strange Ebbeson. Die erste der drei alten Balladen heißt »Die Brautfahrt« und beginnt wie folgt:

König Waldemar und Herr Strange sitzen über der Tafel breit,
Sie sprechen miteinander manch Wort von alter Zeit.
Da segelte Strange Ebbeson nach der Königin Dagmar.

Hör, was ich dir sage, Strang' Ebbeson: du sollst fahren ins Land hinaus,
Und sollst mir holen aus Böhmerland meine junge Braut ins Haus.
Da segelte Strange Ebbeson nach der Königin Dagmar.

Sie segelten drei Wochen und stiegen dann an der böhmischen Küste ans Land, woraus wir also ersehen, daß der alte seeländische Balladensänger und William Shakespeare (im »Wintermärchen«) dieselben geographischen Anschauungen vom »Lande Bohemia« teilten. Die Werbung ward angenommen, und Dagmar und Strange Ebbeson segelten heim. Sie fanden den König, der ihrer harrte, in Ribe, wo nun die neue Königin des Landes mit allem Glanz empfangen wurde.

Seide lag die Stufen entlang,
Ihr leicht zu machen den ersten Gang.

König Waldemar grüßte: Willkomm, tritt ein,
Nun bist du Königin, bist du mein.

Der König liebte sie; sie wurde der Sonnenschein des Hofes. »Sie hatten sich zu guter Stunde gefreiet.« Gleich am Tage nach der Hochzeit bat die Königin um Gnade für die Armen und Bedrängten:

Früh am ersten Morgen,
Frühe noch vor Tag,
Da sprach Königin Dagmar:
»Nun höre, was ich dich bitten mag.

Ich bitte dich zum ersten:
Vergib eine alte Schuld,
Den Bischof Trolle von Schleswig
Nimm wieder in deine Huld.

Ich bitte dich zum zweiten:
Brotkorn – gib's wieder frei.
Frohe Herzen im Lande
Meine Morgengabe sei.«

König Waldemar gewährte, was sie bat. Ihre Schönheit, ihre Mildtätigkeit gewannen ihr alle Herzen, und das Volk, dem der böhmische Name Dagomir bedeutungslos im Ohre klang, begann diesen Namen in einen andern umzuformen. Man nannte sie Dagmar, d. h. die Morgenjungfrau, und unter diesem Namen ist sie in ganz Nordland berühmt geworden. Nur Thyra Danebod, die erste christliche Königin und Erbauerin des Danewerk, sowie die »schwarze Margarethe« sind Namen von ähnlich volkstümlichem Klang.

Ribe, wo Dagmar ihrem jungen Gemahl zuerst begegnet und einen Sommer lang an seiner Seite glücklich gewesen war, blieb, so scheint es, der bevorzugte Aufenthalt Königin Dagmars. Aber es war nur ein kurzes Glück. »Ringsted wird bald sie sehen«, so heißt es in alten Balladen, und so hieß es damals sprichwörtlich im Lande, wenn das Volk ausdrücken wollte: »Der Tod ist nah.« Denn Ringsted-Abtei war Begräbnisplatz der Könige zur Zeit der drei Waldemare.

Die Königin war wieder in Ribe-Schloß, und sie sollte eines Kindleins genesen. Waldemar war in Jütland. Sie schickte zu den weisen Frauen des Landes, daß sie ihr helfen möchten.

Königin Dagmar liegt in Ribe todkrank,
Sie liegt in Not und Wehen,
Die klugen Frauen, sie wissen nur eins:
Ringsted wird bald sie sehen.

Da sandte sie aus nach ihrem Gemahl, Boten über Boten; ein Edelknabe aber, der sie von Böhmen her begleitet hatte, überholte die Boten und traf den König.

König Waldemar saß am Würfeltisch,
Weithin der Würfel rollt:
»Verhüt es Gott im Himmel,
Daß Dagmar sterben sollt!«

König Waldemar reitet von Gullands-Schloß,
Zweihundert im Geleit,
Und als er hielt vor Ribe-Schloß,
War nur *einer* an seiner Seit.

Als König Waldemar an das Lager Dagmars trat, reichten ihm die Frauen ein Knäblein, Königin Dagmar aber war tot. Er kniete nieder, betete und rief sie dreimal bei Namen, da kehrte die Seele, ehe sie den Himmel gewann, noch einmal in den toten Körper zurück, denn ihre Sünden waren so klein gewesen, daß das Fegfeuer in *einer* Nacht und *einem* Tag alle Sünde von ihr genommen hatte. Als sie den König erkannte, reichte sie ihm die Hand und sprach:

»Im Fegfeuer hätt wohl keine Flamm
Ein Zünglein nach mir gezückt,
Hätt ich nicht sonntags in der Früh
Meine Kappe mit Gold gestickt.«

Sie sprach's. Ihre Wangen wurden weiß,
Ihre Augen blickten weh:
»Die himmlischen Glocken rufen mich,
König Waldemar, ade!«

Sie starb am 24. Mai 1212 und wurde mit aller Pracht in Ringsted-Abtei begraben. Sie lag hier, an der Seite Waldemars und seiner zweiten Gemahlin Berengaria*, über 500 Jahre, da endlich kam der Tag, wo ihre Gruft geöffnet wurde; – es war gegen die Mitte des vorigen Jahrhunderts, höchstwahrscheinlich 1737. Man fand die Gebeine wohlerhalten, entnahm dem halbzerfallenen Bleisarge den Schädel der Königin und das *Dagmarkreuz* und schloß die Gruft wieder. Der Schädel wurde in einen Reliquienschrein gesetzt und verblieb der Ringsteder Kirche bis 1763, wo er der Kirche, sei es aus Bosheit oder Aberglauben, vielleicht auch aus Kuriositätenliebhaberei entwendet wurde. Diese Reliquie ist seitdem verschollen.

Glücklicher erging es dem Dagmar*kreuz*; es wurde zunächst der Kunstkammer in Kopenhagen, später (seit 1845) dem Museum für die nordischen Altertümer einverleibt und hat all die Zeit über, von dem Augenblick an, wo es wieder an das Licht des Tages trat, das Interesse der Archäologen in einem besondern Grade in Anspruch genommen.

Es ist eine *byzantinische* Arbeit von großer Sauberkeit, ansprechend in Form und Farbe und jedenfalls geschmackvoller als die Mehrzahl der Arbeiten jener Kunstepoche. Es gilt in Kopenhagen als das einzig existierende Goldkreuz, das älter ist als das Jahr 1212. Ob sich dies lediglich auf die Kopenhagener Kunstschätze bezieht oder ob es *überhaupt* keine Goldkreuze gibt, die über das genannte Jahr hinaus zurückgingen, muß ich dahingestellt sein lassen. – Längs- und Querarme des Kreuzes (von gleicher Länge) sind zwei Zoll lang, an den Ecken abgerundet und in gefälliger Weise mit kleinen Goldöhrchen ornamentiert. Soviel in bezug auf die Form. Im übrigen besteht das Kreuz aus zwei aneinandergelöteten Emaillehälften, von denen die eine Hälfte die Oberseite, die andere die Unterseite des Kreuzes bildet. Beide Hälften sind reich bemalt. Die Oberseite zeigt einfach das Bild

* Königin Berengaria, in den dänischen Chroniken und Balladen »Königin Bengerd« genannt, war eine portugiesische Prinzessin. Sie war wegen Grausamkeit und hochmütiger Laune ebenso verhaßt, wie Dagmar geliebt gewesen war. Noch zu Anfang dieses Jahrhunderts schritt kein Ringsteder Pächter über die Grabsteine der beiden Königinnen, ohne vor sich hin zu murmeln: »Heil Dagmar, pfui Bengerd!«

des Gekreuzigten; auf der Unterseite befinden sich fünf kleine Medaillonköpfe: Christus in der Mitte, rechts und links Maria und Johannes, oben und unten Sankt Basilius und Sankt Chrysostomus. Alles, besonders die Medaillonköpfe, mit einem feinen koloristischen Sinne ausgeführt, das Ganze unzweifelhaft ein Meisterwerk byzantinischer Kunst. Blau, Rot und Gold klingen überall harmonisch zusammen, und die innerhalb eines jeden Medaillons eingelegten Zeichen und Buchstaben sind von solcher Schärfe und Klarheit, daß es möglich gewesen ist, die einzelnen Köpfe ohne besondere Mühe zu bestimmen. Dunkel und unerklärt sind nur sechs oder acht gewundene Schlangenlinien geblieben, die sich, in den dunkelblauen Grund eingelegt, unterhalb des Kreuzes befinden. Einzelne meinen: es seien *Schwäne*, doch scheint es mir einfacher, diese Linien als das zu nehmen, was sie der Form nach entschieden sind, nämlich als *Schlangen*. Symbolisch: das Kreuz hat die Schlange besiegt. – Zwischen den beiden Emaillehälften des Dagmarkreuzes befinden sich nach allgemeiner Annahme einzelne Reliquien, vielleicht Splitter vom Kreuze Christi. Verschiedentlich hat man auf dem Punkt gestanden, sich durch Augenschein Gewißheit darüber zu verschaffen. Die Aneinanderlötung der beiden Hälften ist aber so fest und sorglich geschehen, daß man, aus Furcht, das Ganze zu zertrümmern, von einer Öffnung des Kreuzes, die nur durch Auseinandersägung erfolgen könnte, immer wieder Abstand genommen hat.

Nach Vorbild dieses berühmten Kreuzes wurde nun vor zwei Jahren, als Prinzessin Alexandra von Dänemark ihre Heimat verließ, ein gleiches Kreuz angefertigt – das *Alexandrakreuz*. König Friedrich VII., der, neben seinen vielen untergeordneten Passionen, auch die *eine* gute eines Altertumsforschers besaß, unterzog sich persönlich dieser Angelegenheit und ordnete genau an, in welcher Weise die Nachbildung geschehen sollte. Die beiden Emaillehälften wurden angefertigt und vor der Zusammenlötung beider drei scheinbar geringe Dinge zwischen dieselben gelegt:

ein Stückchen Seidenzeug, ein Holzsplitter und ein dünner Streifen Pergament.

Das Stückchen Seidenzeug war von dem seidenen Kissen genommen, das man, wohlerhalten, unter dem Haupt des *heiligen Knut* fand, als im Jahr 1833 in der alten Kirche zu Odense die Gruft des »Schutzpatrons von Dänemark« geöffnet wurde. Das Kissen selbst befindet sich zur Zeit im Museum für nordische Altertümer. Der Holzsplitter war einem Reliquienkästchen entlehnt (in demselben Museum aufbewahrt), in dem es jahrhundertelang in einer Papierkapsel gelegen hatte. Die Papierkapsel trug die Inschrift »de ligno dni«, also besagend, daß es ein Splitter vom Kreuze Christi sei. Der Pergamentstreifen endlich gab einfach Auskunft über das Stückchen Seidenzeug, neben dem er (der Pergamentstreifen) gewürdigt wurde zu ruhen, und trug die lateinische Inschrift: Sericum de pulvinari Sti. Canuti, Regis et Patroni Daniae, manu Friderici VII, Regis Daniae, abscissum. Das heißt: »Seide vom Schlummerkissen St. Kanuts, Königs und Schutzpatrons von Dänemark, abgeschnitten durch die Hand Friedrichs VII., Königs von Dänemark.« Mit diesem Reliquienkreuz zog Prinzessin Alexandra in die neue Heimat. – Ob es sich als ein Talisman bewähren wird?

V

Die dänische Malerschule

Kopenhagen, zu all seinen andern Museen und Sammlungen, besitzt auch verschiedene Gemäldegalerien, unter denen die etwa 700 Nummern zählende im Christiansburger Schloß die größte und interessanteste ist.*

* Neben dieser Galerie im Christiansburger Schloß, an künstlerischem Wert sie übertreffend, wäre die Moltkesche Galerie im Tottschen Palais zu nennen. Man findet in ihr eine reiche Auswahl ausgezeichneter

In den ersten Sälen befinden sich die Bilder der italienischen und niederländischen Schule, darunter allerbeste Namen, aber nicht gerade allerbeste Sachen. Das dänische Publikum pflegt diesen ersten Sälen auch nur eine geringere Aufmerksamkeit zu schenken und sein Interesse für eine Anzahl kleinerer Zimmer aufzusparen, in denen sich, etwa 200 an der Zahl, die Bilder zusammenfinden, die zum guten Teil das repräsentieren, was die »dänische Malerschule« genannt worden ist. Gibt es nun eine dänische Malerschule? Darauf soll dieser Brief die Antwort sein.

Die Dänen besitzen auf verschiedenen Gebieten allerhand Eigenartiges. Sie haben eigentümliche Volkslieder, bis zu einem gewissen Grade auch einen eigentümlichen Baustil (den Stil von Schloß Rosenborg, Frederiksborg u. a. m.); die Frage ist also gestattet, warum sollte es ihnen versagt geblieben sein, auch eine eigentümliche *Malerschule* aus sich heraus zu entwickeln? Was den Niederländern glückte, konnte ihnen auch gelingen. Und in der Tat scheint es, daß gegen Ausgang des vorigen Jahrhunderts innerhalb des Kopenhagener Kunstlebens Anläufe gemacht, Bahnen eingeschlagen wurden, die, wenn sie weiter verfolgt worden wären, leicht möglicherweise nicht nur zu einer nominellen, sondern auch zu einer wirklichen »dänischen Schule« hätten führen können. Die beiden Künstler aber, die damals jene neuen Bahnen einschlugen, waren Nicolai Abildgaard und Jens Juel, besonders der erste.

Während Jens Juel als Porträtmaler seine Triumphe feierte und diesem leicht unterschätzten Zweig der Malerei zu einem Ansehen verhalf, das an die Triumphe Sir Josuah Reynolds in England erinnert, wandte sich Abildgaard (geb. 1744 zu Kopenhagen, gest. 1809 als Direktor der Akademie) großen historischen Aufgaben zu. Leider sind die hervorragendsten Arbeiten dieses Künst-

Niederländer: Teniers, Mieris, Ruysdael, Rembrandt, ganz besonders aber einige Ryckaert, van Herp, van der Helst, Metzu, Ostade, Bega, Hobbema, Jan Hackaert etc. von seltener Schönheit.

lers verlorengegangen. Abildgaards lohnendste Aufgabe nämlich, nachdem er von einem mehrjährigen Aufenthalt in Italien zurückgekehrt war, hatte darin bestanden, das *alte* Christiansburger Schloß mit historischen Gemälden im großen Stil auszuschmükken, Bilder, von denen einzelne allegorischer Natur, die andern der vaterländischen Geschichte entlehnt waren. Alle diese großen Arbeiten verbrannten aber, nur kleinere Bilder wurden gerettet und befinden sich jetzt (nebst andern, die später von ihm gemalt wurden) im *neuen* Christiansburger Schloß, wo sie eben einen Teil der Gemäldegalerie ausmachen. Als sein Bedeutendstes – mit wie vielem Recht, steht dahin – gelten die *Entwürfe* zu den vier großen allegorischen Weltgeschichtsbildern (Urzustand, Weltherrschaft Roms, Herrschaft der römischen Hierarchie, Reformation), die seinerzeit das sogenannte »Potentaten-Gemach« des Schlosses schmückten. Die Bilder selbst sind verbrannt, nur die Entwürfe existieren noch. Die Würdigung solcher Arbeiten hat für den Laien stets seine besondere Schwierigkeit, und zwar deshalb, weil, wenn er nicht *sehr* vieles derart sehen und vergleichen konnte, er meistenteils seine Unzulänglichkeit fühlen wird, über das Maß wirklicher Erfindung, das darin waltet, zu entscheiden. Erkennbarer für jeden als Schöpfungen eines originellen Geistes sind hingegen fünf kleinere Ölbilder desselben Meisters, die man als *Illustrationen* zu Holbergs berühmter Erzählung von »Niels Klim« bezeichnen darf.* Kupferstecher Clemens, damals

* Der volle Titel dieses seinerzeit in sieben Sprachen übersetzten, jetzt halbvergessenen Buches ist: »Niels Klims unterirdische Reisen«. Holberg verspottet darin, mit ebensoviel Grazie wie Humor, das Hofleben, die Staatseinrichtungen, die Indolenz der Philister und die verschiedenen philosophischen Systeme. Niels, der Held des Buchs, ist ein armer Predigtamtskandidat zu Bergen in Norwegen. Er fällt durch eine Höhle bis in den Mittelpunkt der Erde, wo sich – wie ein kleiner Kern in der Erdschale – der Planet Nazar befindet. Besonders fesselt ihn das Fürstentum Potu und dessen gleichnamige Hauptstadt. Er wird später unterirdischer Kaiser. Nach fünfzehn Jahren kehrt er, als ein Flüchtling, durch dieselbe Höhle zurück und wird Küster an

auch dem Kopenhagener Künstlerkreise zugehörig, stach sie in Kupfer. (Alle diese Stiche befinden sich in der Ausgabe, die *Baggesen* 1789 vom »Niels Klim« herausgab.)

Was nun die fünf kleinen Ölbilder selber angeht, so führen dieselben folgende Titel: 1) Niels Klim träumt vom Küster in der Fanöer Kirche, als eine Viehherde durch ihr Gebrüll ihn weckt. 2) Niels Klim hat Audienz beim Fürsten in Potu. 3) Niels Klim ist Zeuge, wie ein Potuaner, der einen guten Vorschlag gemacht hat, im Triumph davongetragen wird. 4) Niels Klim sieht die Potuaner am Tage des rätselhaften Gottes in einer dunkeln Höhle zu stiller Andacht versammelt. 5) Niels Klim, als Gefangener im Philosophenland, wird von des Laien Hausfrau bewirtet und erfährt, was seiner wartet. Diese fünf kleinen Bilder – Überreste einer längeren Reihe – scheinen mir weit mehr als andere gerühmtere Arbeiten Abildgaards, z. B. als sein »Philoktet« und sein »Ossian« (die ebenfalls der Christiansburger Galerie angehören), jenes Maß von *Eigenart* aufzuweisen, das doch immer vorzugsweise und namentlich mehr als alle äußerliche Kunstvollendung ins Gewicht fallen wird, wenn es sich um die *Gründung einer Schule* handelt. Die Originalität des Holbergschen Buches kam unzweifelhaft einer originellen künstlerischen Behandlungsweise auf halbem Wege entgegen, aber der Satz bleibt wahr: die Eigenartigkeit des Künstlers zeigt sich vorweg in der *Wahl seiner Stoffe*.

Abildgaard war ein solcher eigenartiger Künstler. Zu allem andern, was ihm nachgerühmt wird, zu Korrektheit der Zeichnung, zu einem Kolorit, das an Tizian und Paul Veronese erinnert und

der Kreuzkirche zu Bergen. Als solcher schreibt er seine Memoiren. Soviel Frisches und Originelles dieser satirische Roman hat, so ist es doch keine Frage, daß Swifts Werke, besonders »Gullivers Reisen« und die »Weissagungen Isaak Bickerstaffs«, dabei großen Einfluß auf Holberg geübt haben. Dieser schrieb sein Buch in *lateinischer* Sprache, und seine eigentliche Popularität verdankt »Niels Klim« erst der dänischen Übersetzung, die Baggesen (zum Teil sehr frei) davon angefertigt.

das emsige Studium besonders dieser beiden Meister verrät, war ihm vor allem, je nach den Stoffen, die er wählte, abwechselnd eine düster-phantastische und dann wieder eine heitere und selbst dem Humoristischen zugeneigte Behandlung eigen. Hierin war er durchaus original. Die fünf Illustrationen zu Niels Klim zeigen beides: Phantasie und Humor. Es lag hier unzweifelhaft eine Kraft vor, bedeutend genug, eine »dänische Schule« zu gründen. Dennoch scheiterte sie. Abildgaard bildete *Schüler*, aber keine Schule. Wie das Feuer sein Bestes zerstört hat, so haben 50 Jahre auch seinen Namen und seinen Ruhm verzehrt, und Fachleute abgerechnet, werden wenige von ihm wissen. Jedenfalls forscht niemand mehr einem Zusammenhang nach zwischen ihm und der Malerei von heut, und was sich heute »dänische Schule« nennt, das hat keine Beziehung weder zu Abildgaard noch zu irgendeinem andern Stück eigenartig dänischer Kunst, sondern rechtfertigt seinen Namen rein *äußerlich*, wie wir gleich sehen werden, nicht durch eine selbständige Kunstform.

Diese neueste »dänische Schule« hat, wie alles, was einem im jetzigen Dänemark entgegentritt, seinen Ursprung in den politischen Verhältnissen des Landes. Das sich selbst vergötternde Dänentum, das 1848 mit Hall und Orla Lehmann ans Ruder kam, schuf auch mittelbar diese Malerschule. Es wurde Mode, nur »dänisch« zu sein. Ein Vorschlag, der zur Zeit der Macdonald-Affäre in englischen Blättern gemacht wurde: »nicht mehr den Rhein und die Alpen, sondern nur noch das schottische Hochland und die Seen von Westmoreland zu bereisen«, dieser Vorschlag, der in England nur obenhin, in flüchtiger Verstimmung gemacht wurde, hier in Dänemark wurde er mit ernster Miene durchgeführt, und die Vorstellung wurde genährt: wir sind uns selbst genug; unsere Geschichte, unser Volksleben, unsere Landschaft bieten Stoff genug für Generationen von Malern; tun wir das Ausland (d. h. Deutschland) in den Bann; kehren wir bei uns selber ein, bei uns und unsern skandinavischen Brüdern!

So entstand eine »dänische Schule«. Nicht *alles*, was derselben zugehört, ist spezifisch dänisch, aber doch beinahe, und aufzählend, was von der Hand der hervorragendsten jüngeren Maler des Landes sich auf Schloß Christiansburg befindet, geb ich den Lesern selbst Gelegenheit, sich ein Urteil zu bilden über dieses seltene Maß von Exklusivität. Die Namen der Maler, unter denen Marstrand, Constantin Hansen, Sörensen, Lund und Sonne als die besten gelten, füg ich jedem Bilde in Parenthese bei.

Marine- und Landschaftsmaler. Vormittag an der Küste von Helsingör (E. Larsen). Westküste von Jütland; Kirche von Farringe im Hintergrund. Sommermorgen auf der Reede von Helsingör. Felsenklippen bei Bohuslehn, nördlich von der Festung Marstrand (alle drei von C. F. Sörensen). Djupa-Tal und Wasserfall, bei Rönneby in Bleking (von F. C. Kjärschou). Gegend bei Jägerspriis, Seeland. Winternachmittag am Sunde. Aussicht bei Horsens in Jütland. Sommerabend in einem seeländischen Dorf (alle vier von W. Kyhn). Torfmoor bei Frederiksborg. Im Walde bei Frederiksborg. Wasser im Walde von Saebygaard, Vendsyssel, Jütland. Blick über die Scherenklippen bei Elleholm in Bleking (alle vier von G. Rump). Die alte Eiche mit dem Storchnest bei Jägerspriis. Dronninge-Mölle auf der Nordküste von Seeland. Blick über den Skarrit-See im Delhovedwald (alle vier von P. E. Skovgaard).

Die *Genremaler* haben ihre Stoffe fast ausschließlich der nächsten Umgebung von Kopenhagen entnommen (Insel Amager, Seeland, schwedische Küste etc.). Einzelne, die ihre Aufgabe tiefer gefaßt und sich an uralt poetische Gebräuche des Landvolks angelehnt, an Gebräuche, in denen noch der heidnische Kultus des alten Skandinaviens nachklingt, haben sehr Schönes geleistet. Vorzüglich sind die beiden hierhergehörigen Bilder J. W. Sonnes: »St. Johannisfest in Tisvilde und Wallfahrt nach St. Helenens Grab und Quelle« und »Der Krankenschlaf auf Helenens Grab bei Tisvilde«. Um diese Bilder klingen die Zauber altdänischer Romantik. Sie sind vielleicht das Beste, das die moderne »dänische Schule« hervorgebracht hat.

Die *Historienmaler*. Seeschlacht in der Kiöjebucht 1677 (A. Melby). Dänische Soldaten rings um ein Wachtfeuer im Walde, in der Nacht vom 23. auf 24. April 1848 (N. Simonsen). Vorgehende Schützen; Episode aus der Schlacht von *Fridericia* (F. C. Lund). *Düppel* am 5. Juni 1848. »Im Vordergrund rücken die Dänen vor, nachdem sie die Preußen vom ersten Knick vertrieben haben.« *Schlacht bei Idstedt* am 25. Juli 1850 (beide von J. W. Sonne).* – Diese fünf Sachen sind selbstverständlich nur eine *Probe*. Bilder ähnlichen Inhalts finden sich vielfach in den Schlössern und sind überhaupt zahlreich über das Land verbreitet.

Daß alles das, was sich heutzutage »dänische Malerschule« nennt, erst eine Art politisches Produkt der letzten zwanzig Jahre ist, ergibt sich deutlich, wenn man die 180 Bilder der däni-

* Ein wie großes Gewicht man auf die *nationale* Entwicklung dieses spezifisch *dänischen* Teils der Galerie legt, geht am besten aus der Aufmerksamkeit hervor, die selbst der Katalog den Schlachtstücken widmet. Während bei allen andern Bildern der Name des Bildes einfach angegeben ist, folgt bei den Schlachtbildern immer eine lange Beschreibung. So heißt es bei dem obengenannten Idstedtbilde wie folgt: »Der Angriff des Feindes auf Zentrum und rechten Flügel ist zurückgeschlagen. Von den Höhen an der großen Fahrstraße, wo die Batterien Marcussen und Lunn im Pulverdampf stehen, hat man einen Überblick über das Schlachtfeld in südlicher und südwestlicher Richtung. Links steht Dorf Idstedt in Flammen; hinter dem Dorf der Idstedter Wald und an der äußersten Ecke desselben Idstedt-Krug. Rechts hat man den Blick über Bögemosen und die brennenden Wohnungen. Der Rauch der feindlichen Artillerie zieht sich über die ›schwarzen Berge‹; seine Infanterie weicht nach vergeblichem Angriff überall zurück und wird von unsern Truppen auf dem rechten Flügel verfolgt. Zur äußersten Linken befindet sich der Oberstkommandierende General Krogh mit mehreren seiner Stabsoffiziere. Ganz im Vordergrund Gefangene unter Bedeckung und Verwundete, welche verbunden und fortgeschafft werden. Tote, Sterbende, fliehende Landleute.« So ausführlich der Katalog. Ganz im Einklang damit ist die Haltung des Publikums. Alles strömt diesen Bildern zu und verweilt vor denselben, am liebsten vor solchen, »wo sich die Preußen zurückziehen«. Szenen kommen vor und lebhafte Deklamationen, die einen an die Säle von Versailles erinnern, wo Zuaven und andere troupiers oft laut das Wort führen.

schen Abteilung in zwei Hälften teilt, und zwar (wiewohl sie alle neu sind, d. h. diesem Jahrhundert angehören) in ältere und neuere. Prüft man nun die älteren Bilder auf ihre *Stoffe*, auf die behandelten Gegenstände, so wird man ohne Mühe wahrnehmen, daß bis 1840 oder selbst bis 1848 im wesentlichen dasselbe gemalt wurde, was bei uns gemalt zu werden pflegt: Szenen aus dem Leben der Patriarchen, Simson und Delila, David und Goliath, Judith und Holofernes; Neapel, Capri, Ischia, Campagna, Marcusplatz und Heidelberger Schloßruine. Erst das Jahr 1848 zog einen festen Strich unter diesen traditionellen Kosmopolitismus, und alles, was seitdem gemalt worden ist, kommt, wenige Ausnahmen abgerechnet, über Seeland und Südjütland nicht hinaus. Auch hier *Eiderdanismus,* das Danewerk, der vorgeschobene Riegel gegen die Welt da draußen, namentlich gegen die *deutsche* Welt. Daß andererseits diese Einkehr bei sich selber einen *Fortschritt* bedeutet, kann niemand bereitwilliger gestehen als ich; nur haben die Dänen auch hier übertrieben und jene Exklusivität geltend gemacht, die nun einmal vom Übel ist.

Noch einmal also: es gibt dänische Maler, die *dänische Stoffe* behandeln, aber es gibt keine »dänische Malerschule«, wenigstens keine moderne. Eine Malerschule, sie führe einen Namen, welchen sie wolle, basiert nie auf dem »Was«, sondern immer auf dem »Wie«; die Art der zu wählenden Stoffe steht erst in zweiter Linie, in erster Linie steht das *Malen selbst*. Wie malen nun die dänischen Maler der Gegenwart? Mit dieser Frage schließe ich. Sie malen *gut*, aber ohne *markante Eigentümlichkeiten*. Der Sund, die dänische oder schwedische Küste, eine seeländische Fischerfamilie, die Reede von Helsingör – alle diese Bilder, wenn sie jemals ihren Einzug in die Säle einer deutschen Ausstellung halten sollten, würden von niemandem als Fremdlinge erkannt werden, man würde sie hinnehmen als Bilder dieses oder jenes Schülers von Achenbach, von R. Jordan und anderer Düsseldorfer. Die *Eigenart*, die das Kennzeichen einer »Schule« ist, sie fehlt; aber an Technik, an poetisch liebevoller Versenkung in den Gegenstand (wobei ich namentlich an die sehr ausgezeichneten Bilder von Sonne und Sörensen denke) ist kein Mangel. Dies ist zugestanden. So bereit ich nun aber auch bin, diesen wie andern Bildern des Jungdänentums die vollste, jede Krittelei vermeidende Gerechtigkeit widerfahren zu lassen, so werden doch die Dänen selber schwerlich umhin können, diese ihre ganze Richtung lediglich als »kleines Genre« anzusehen. Selbst wenn sie größer darin wären als andere, was sicherlich *nicht* der Fall ist, so wär es immer noch eine Größe innerhalb der Kleinheit. Wie die Dinge nun einmal liegen, müssen sie uns die Bemerkung zugute halten, daß die »Apokalyptischen Reiter« [von Peter von Cornelius] und die »Hunnenschlacht« [von Wilhelm von Kaulbach] – einer ganzen Galerie ähnlicher großer deutscher Bilder zu geschweigen – schwer genug wiegen, um die Gesamtproduktion der »dänischen Schule« wie eine Feder in die Luft zu schnellen.

VI

Tivoli und Alhambra

Das Thorwaldsen-Museum und das Museum für nordische Altertümer sind der Stolz des Kopenhagners; Tivoli und Alhambra aber sind seine Freude. Die beiden Museen sind ihm Gewissenssache, die beiden Vergnügungslokale Herzenssache. Tausende leben, denen die Lichter von Tivoli zugleich als Lichtpunkt ihrer Existenz erscheinen.

Über diese Lokale zu schreiben, bin ich insoweit so ungeeignet wie möglich, als sie mir alle (sie mögen sein, wie und wo sie wollen) wenig sympathisch sind; andererseits bring ich wenigstens ein gutes Vergleichungsmaterial mit, indem ich ziemlich alles gesehen habe, was Paris und London, Hamburg und Berlin von solchen Feenpalästen mit Goldleisten und Blechmusik aufzuweisen haben. Um mich übrigens gleich von der mildesten Seite zu zeigen, schicke ich den Satz vorauf: diese Kopenhagner Lokale sind die besten unter ihresgleichen. Vauxhall, Cremorne-Gardens, Jardin d'Hiver, Kroll etc. stehen dagegen zurück; Vauxhall und Cremorne-Gardens kommen ihnen am nächsten.

Was nun zunächst meinen heimatlichen »Kroll« angeht, so verschwindet er neben Tivoli und Alhambra schon räumlich. Kroll, ohne ihm zu nahe treten zu wollen, ist eigentlich ein bloßer Saal mit einigen Bäumen drum herum; das Haus ist alles, der Park ist nichts. Ganz anders die Kopenhagner Etablissements. Beide dehnen sich über eine verhältnismäßig weitgestreckte Fläche aus, die namentlich im Tivoli, dem älteren der beiden Lokale, voll malerischer und, wenn ich mich des Ausdrucks bedienen darf, voll szenischer Eigentümlichkeit ist. Die Herrichtung erfolgte nämlich auf einem Teil der alten Festungswerke, so daß der Baumeister, der die ganze Anlage leitete, durch glückliche Benutzung von Wall und Graben eine Szenerie aufzubauen wußte, die – von landschaftlich ansprechenden Zügen abgesehen – ganz besonders wie geschaffen ist für jegliche Art von Schaustellungen. Wo man dem ehemaligen Festungsgraben sein Wasser gelassen hat, da gibt es Inseln und kleine Brücken, die zu diesen Eilanden hinüberführen; wo der Graben trockengelegt wurde, da ziehen sich entweder Alleen und Schlängelwege schluchtartig durch denselben hin oder Bühnen, Tänzerbuden und Polichinelltheater wechseln innerhalb dieser Talsenkung ab, auf deren amphitheatralisch ansteigenden Seitenwänden (ehemalige Festungswälle) sich nun Tausende von Zuschauern sammeln und des bequemsten Überblicks genießen können. Was auf diesen Bühnen, ebenso wie in den Konzertsälen und Wahrsagerbuden, in den Tempeln und Eremitagen geboten wird, ist freilich das allerorten Vorkommende, und wenn sich der Festkuchen, der hier gebacken wird, doch vielleicht von dem andernorts Üblichen in etwas unterscheidet, so liegt es nicht daran, daß er sich irgendwie aus *neuen* Ingredienzien zusammensetzte, sondern lediglich an dem Umstand, daß von *allen* Zutaten, die überhaupt existieren, auch nicht eine hier vergessen ist. Fechtmeister und Boxer, Seiltänzer und Kunstreiter, ikarische Spiele und Kautschukproduktionen, Hornmusik und Lumbysche Konzerte, Rutschbahnen und Karussell, Kraftprüfer und Brettschaukeln, Schießbahnen und Kegelbahnen, Wasserkorso und Feuerwerke – alles ist hier beisammen, alles, was nur jemals auf Messen und Jahrmärkten ein dankbares Kleinpublikum unterhalten oder die Seelen sensationsbedürftiger Residenzler mit flüchtigem Staunen erfüllt hat.

Das Interesse, das mir diese Dinge abgewinnen konnten, war begreiflicherweise ein geringes, und nur die Sehenswürdigkeiten *dritten* Ranges, denen das Publikum am wenigsten zudrängte, gewährten mir ein bescheidenes Maß von angenehmer Zerstreuung. »Harlekin und Columbine« unterhielten mich fünf Minuten; länger fesselten mich die *Volkslieder*, die in einem sogenannten Teepavillon gesungen wurden. Von diesem ein paar Worte.

Diese Teepavillons sind überhaupt behagliche Plätze, doppelt behaglich an einem frischen Septemberabend, der kalt genug ist, um sich für einen Monat älter ausgeben zu können. Wir nahmen Platz unter den andern Gästen, Matrosen, Soldaten, Bürgersleuten, die an kleinen Tischen ihren Toddy (ein schottisches Getränk aus Whiskey und Wasser) tranken und beim Schluß jedes Liedes, unangekränkelt von kritischen Bedenken, ihren robustesten Beifall klatschten. Dieser Beifall galt zwei jungen Schwedinnen, die auf einer Art Empore, zwischen einem Klavier- und einem Gitarrenspieler, ihren Sitz aufgeschlagen hatten. Die eine, voll Embonpoint, sang Bravourarien aus »Il Trovatore« und »Robert dem Teufel«; die andere, hübscher und schlanker, hatte nur Volkslieder auf ihrem ersichtlich beschränkten Repertoire. Beide waren in *Rot und Weiß* gekleidet, zu Ehren Dänemarks, denn Rot und Weiß sind die Danebrogsfarben. Die Gesangsstücke waren allerliebst und ließen die Frage gar nicht in mir aufkommen: wo denn die Lieder eigentlich herstammten? Erst mein Begleiter machte mich darauf aufmerksam, daß es *schwedische* Lieder seien, und zwar *geflissentlich*, da seit Ausbruch des Krieges in Tivoli und Alhambra keine deutschen Lieder mehr gesungen würden; »man darf es nicht wagen, ein Sturm des Unwillens würde losbrechen«. Daß man auch unsere Lieder in den Bann tun könnte, daran hatte ich freilich nicht gedacht; indessen tritt einem die fanatische Abkehr gegen alles Deutsche allerorten so sichtbar entgegen, daß es mich schließlich nicht wundernehmen konnte, auch von der Achterklärung gegen Schubert und Schumann, gegen Taubert und Kücken zu hören. Mit dieser Abwehr gegen das Deutsche geht eine Art götzenhafter Kultus Hand in Hand, der mit »Gamle Danmark« getrieben wird. Nationale Selbstverherrlichung überall, also natürlich auch in Tivoli und Alhambra. Das beständige Sichspiegeln in eigener Größe, wie es dem Dänentum längst zum Bedürfnis geworden ist, haben die »Krolls von Kopenhagen« einerseits zu einer Einnahmequelle für sich selbst, andererseits zu einer immer neuen Eitelkeitsquelle für die Nation zu machen gewußt.

Diese Art des Heraufschraubens ist unzweifelhaft verwerflich und gefährlich, wie die Ereignisse dieses letzten Jahres gezeigt haben; wenn es denn aber einmal geschehen soll, so muß man es den Kopenhagner Entrepreneuren lassen, daß sie ihre Teufels- und Eitelkeitselixiere aus dem Grunde zu brauen verstehen. Selbst die Franzosen könnten darin von ihnen lernen.

An dem Tage, wo ich »Alhambra« besuchte, war »großer Abend«; es gab also ein Extra. Alle Anzeigeblätter hatten bereits eine Überraschung in Aussicht gestellt. Worin bestand diese? Inmitten des Gartens erhob sich zunächst aus vielen tausend Lampen eine Art Lichtpalast, der die Inschrift trug »Gamle Minder« (alte Erinnerungen). Unter den Klängen eines Marsches wogte das Volk in den strahlenden Hauptgang dieses Palastes hinein, dessen Lichtwände zugleich eine Art *Ahnengalerie dänischen Ruhmes* waren. *Dieser* Abend galt den Trägern der Kunst und Wissenschaft. Tycho de Brahe, dann Oerstedt, Weyse, Thorwaldsen, so folgten an 20 große Transparentbilder, die alles umfaßten, was das kleine Land an Naturforschern, Dichtern, Komponisten,

Malern und Schauspielern Bedeutsames hervorgebracht hat. Zu meiner Schande gestehe ich, daß ich die gute Hälfte davon nicht kannte. Andere Abende bringen andere Ruhmesreihen: Feldherrn und Seehelden, Sieger von Bornholm und Sieger von Idstedt; aber was immer es sein möge, der dänische Besucher muß das gestärkte Bewußtsein mit nach Hause nehmen können, daß es mit »Gamle Danmark« etwas ganz Besonderes sei.

Diese krankhafte Pflege des Nationalen ist der einzige Zug, wodurch sich, neben der Reichhaltigkeit ihres Repertoires, diese Kopenhagener Lokale von den Lokalen anderer Hauptstädte sachlich unterscheiden; allerdings noch durch einen andern, nicht die Schaustellungen selbst betreffenden Zug, den ich schließlich nicht unterschätzen will. Tivoli und Alhambra sind nämlich ungleich *anständiger* als alles andere derart, was ich in den verschiedenen Hauptstädten Europas kennengelernt habe. Weil in Kopenhagen das *gesamte Volk*, unterschiedslos, diesen Lokalen zuströmt, erhalten sie etwas von dem Frischen und Gesunden, das überall da zu finden ist, wo das Volk als Ganzes auftritt und nicht als Bruchteil. Eine einzelne »Volksschicht« kann schlecht sein, nie das Ganze, dem jede Schicht als Bruchteil angehört. – Tivoli und Alhambra sind Vergnügungsorte, aber Vergnügungsorte, die jeden Tag ein »Volksfest« feiern. Sie sind größer, reicher, bunter als alle ähnlichen Lokale; was aber ihre wirkliche Zierde ist – sie haben eine reinere Luft.

VII

Der Tiergarten. Die Eremitage

Tivoli und Alhambra sind neueren Datums; der »Tiergarten« aber ist eine alte Firma, die, über allen Modegeschmack hinaus, sich neben dem jungen Nachwuchs nicht nur behaupten, sondern diesen auch überleben wird. Die Natur dauert eben länger als die Mode; sie ist keinen Zufälligkeiten unterworfen. Es ist überall so.

Der Kopenhagener Tiergarten fordert schon seines Namens halber zu einer Parallele mit andern »Tiergärten« auf, namentlich mit dem Berliner. Er unterscheidet sich sehr wesentlich von diesem, der längst ein bloßer Park geworden ist und jede Spur von Waldesfreiheit verloren hat. Das soll ihm kein Vorwurf sein; aber der Kopenhagener »Dyrehave« ist eben anders. Zunächst liegt er nicht vor den Toren der Stadt, sondern anderthalb Meilen davon entfernt, zum zweiten ist er viermal größer als sein Berliner Namensvetter, und zum dritten ist er noch ein wirklicher *Tier*garten, ein Jagdgrund, auf dem schlecht gerechnet 3 000 Hirsche gehegt und gepflegt werden. Eigentliche »Anlagen« hat er nicht, keine »Wasserparks« und keine »Goldfischteiche«. Dafür hat er den Sund zu seiner Rechten und eine Laubholzvegetation, wie sie an wenig Orten schöner gefunden wird. Zu den schönsten Buchen gesellen sich uralte Eichen, und im Garten des Försters steht beispielsweise ein Baum, dessen Umfang 16 Ellen beträgt und in dessen hohlem Stamme etliche Fuder Torf Platz finden können. Es heißt, er sei 2 000 Jahre alt.

Zur Winterszeit ist es still im »Dyrehave«, und Herbst und Frühling bringen ihm nur spärlichen Besuch, aber im Juni und Juli, ganz besonders um Mittsommerzeit, in der Woche, die zwischen Johannistag und dem 2. Juli liegt, ist halb Kopenhagen »draußen im Wald«. Diese Woche führt deshalb eigens den Namen »Dyrehavstid«. Die Kopenhagener hängen mit einer Hingebung an dieser Johannisfeier, daß man sich versucht fühlen könnte, etwas von einer altgermanischen Naturverehrung darin zu entdecken. Es ist jedenfalls bemerkenswert, daß sich nur bei den reingermanischen Völkern Nordeuropas, bei den Engländern, Schotten und Skandinaven, diese Johannisfeste mit einer an Kultus grenzenden Intensität erhalten haben. Unsere »Pfingstfahrten« sind sicherlich im nächsten Zusammenhang damit; aber sie sind doch nicht dasselbe, wenn sie auch ein ähnliches sind. Bei uns wirken hundert andere Motive mit: es wird eine Sängerfahrt, ein Schützenfest daraus, man zieht ins Freie, weil's die andern auch tun oder weil Musik ist oder weil getanzt wird. Die Skandinaven aber ziehen hinaus, ein ganzes Volk, um dem König Sommer zu huldigen. Die skandinavische »Mittsommerzeit« (in Stockholm wird sie ebenso begangen) ist das volle Seitenstück zum Weihnachtsfest und ebenso unerläßlich, ebenso von uralter Sitte, von einem dunkeln religiösen Drange getragen wie das »Fest des Jul«.

Schön wie Dyrehave selbst, so schön ist auch die Fahrt hinaus. Zur Linken Wald und Gärten und ansteigende Hügel, zur Rechten der Sund und hundert weiße Segel, so geht der Weg an Villen und Gärten vorbei, die uns bis an die Südgrenze des Tiergartens begleiten. Der erste Punkt, den wir erreichen, ist Charlottenlund; bis hierher ist eine Meile. Nun folgen rasch aufeinander: Skovshoved und Hvidöre, Bellevue und Klampenborg, Örtlichkeiten, die vor fünfzig oder hundert Jahren wenig mehr waren als ein Fischer- oder Forsthaus, inzwischen aber zu Vergnügungsorten und fashionablen Badeplätzen herangewachsen sind. Am nördlichen Ausgang des Tiergartens liegt Skodsborg, wo der letztverstorbene König Friedrich VII. in einer Art Schifferzelt alljährlich einige Sommermonate zuzubringen pflegte. Wir unserseits halten bei Klampenborg, an der Südlisière des Waldes.

Klampenborg (auch Eisenbahnstation) ist überhaupt Station für alle diejenigen, die nicht nördlicher hinauf ihre Fahrt fortsetzen, sondern das Sundpanorama, das der Strandweg ihnen bietet, mit Waldlandschaft vertauschen wollen. Man biegt links ein in den dichten Buchenwald, fährt eine kurze Strecke unter den grünen Laubengängen hin und erreicht alsbald eine offene Stelle, eine große Waldwiese, die den Namen die »Plaine« führt. Es ist alter historischer Grund und Boden. Ein Teil derselben hieß früher der Kjämpering und war etwa dasselbe, was in England seinerzeit Runnymede war, die Stelle, auf der Gericht gehalten wurde. Der Anblick, den diese »Plaine« bietet, ist von großer und eigentümlicher Schönheit, zumal um die Zeit des Sonnenunterganges.

Wir traten aus dem Walde heraus, als eben der Sonnenball nach links hin über den Wipfeln hing, und ringsum eingefaßt von einem halb in Nebel verschwindenden Kranz von Buchen, lag auf eine halbe Meile hin nichts anderes vor uns als Wiese, Sonnenglanz und Einsamkeit. Mitten aus dieser stillen Insel, halb schon in Dunkel gelegen, halb noch von der Sonne beschienen, stieg ein Schloß auf – die *Eremitage*.

Dieser gingen wir zu. Wir mochten tausend Schritt gegangen sein, als die lautlose Stille, die bis dahin geherrscht hatte, plötzlich unterbrochen wurde. Das dumpfe Schreien eines Hirsches traf aus nächster Nähe unser Ohr, und ein Sechzehnender, ruhig uns musternd, schritt gravitätisch über den Weg hin. Nun belebte sich das Bild mehr und mehr; wir traten in den Rayon ein, der die Eremitage unmittelbarer umgibt, und hier, in vollster Friedlichkeit, die weitgestreckte Wiesenlandschaft bunt unterbrechend, grasten Hirsche in größeren und kleineren Rudeln, sich einigend und wieder sich trennend, die alten ernst und langsam einherschreitend, die jungen unter wunderlichen Kapriolen ihre Spiele spielend. Ich versuchte zu zählen und kam bis achthundert, aber jenseits der Linie, die ich mir gezogen hatte, grasten noch weitere Rudel, so daß ich nicht zuviel sage, wenn ich von tausend Stück Rotwild spreche, die hier neben- und durcheinander ihre Weide suchten. Einige Rudel standen ganz nah, und ihre Schaufeln und Zacken, die sich dunkel von dem roten Abendhimmel abhoben, ließen eben keinen Zweifel darüber, daß es Hirsche waren; ich würde sonst die hunderte, die den Mittel- und Hintergrund des Bildes füllten, für eine weidende Schaf- und Rinderherde im bunten Durcheinander gehalten haben. Es schienen überwiegend junge Tiere zu sein, viele waren weiß oder weiß gefleckt.

Um sich von dem eigentümlichen Reiz berührt zu fühlen, der wie ein Stück Waldeszauber um diese Tiere her ist, muß man sie in der Nähe sehen und nicht auf Entfernungen hin, weil ihnen alsdann eben alles das verlorengeht, was sie vor dem Alltagstier, vor dem prosaischen Bewohner unserer Hürden und Ställe, voraushaben. So in nächster Nähe hatte König Friedrich Wilhelm IV. den Anblick dieser Tiere, als er im Jahre 1844 auf Besuch in Kopenhagen und selbstverständlich auch in dem berühmten »Tiergarten« war. Er stand im Portal der Eremitage, und während Jagdbediente und allerhand Treibervolk Spalier bildeten, wurden 3 000 Hirsche, man könnte sagen in Sektionen und Halbzügen, an ihm vorbeigetrieben. Es war eine rechte Dyrehaverevue. Die klugen Tiere verrieten keine Spur von Scheu, einige nahten sich vertraulich dem königlichen Herrn, der, nach seiner Art, poetisch warm bei diesem ganz eigentümlichen Schauspiel wurde und seine Freude, einmal über das andere, in lauten Exklamationen äußerte. Die Leute in der Eremitage erzählen davon bis diesen Tag.

Dieses Jagdschloß auf der Heide, das seinen Namen Eremitage mit einer gewissen Berechtigung führt, hatten wir inzwischen erreicht. Es ist ein mäßig großer Bau, etwa in der Mitte des vorigen Jahrhunderts von Christian VI. aufgeführt, und zeigt den damals üblichen Stil. Das Erdgeschoß wird vom Kastellan und seinen Leuten bewohnt, die hier eine Art Sommerwirtschaft eingerichtet haben, während die Zimmer des oberen Stockwerks für die Besuche des Hofes reserviert bleiben. Man darf sie aber in Augenschein nehmen. Es sind vier kleine Räume, die sich, von rechts und links her, an einen großen Mittelsaal lehnen. Dieser Mittelsaal ist schön, nicht durch seine Kamine, seine Plafondreliefs oder durch irgend andere Einzelheiten seiner Schnörkelornamentik, sondern lediglich durch die Aussicht, die er gewährt. Hohe Balkonfenster gestatten, und zwar von jedem Punkt des Saales aus, einen weiten Blick in die Landschaft, und je nachdem das Auge dem östlichen oder westlichen Panorama sich zuwendet, begrenzt entweder der blaue, segelschimmernde Sund oder die stille Fläche des Fure-Sees (eines großen seeländischen Binnenwassers) das prächtige Bild.

Die Eremitage, in allem übrigen, wenn man von dem prächtigen Panorama absieht, ein ziemlich trostloser Aufenthalt, hat wenig Aussicht, unter der Regierung Christians IX. ein bevorzugter Aufenthalt zu werden, wie er es in gewissem Sinne unter der vorigen Regierung war. Es hängt das mit den völlig veränderten Verhältnissen des Hofes zusammen. Der gegenwärtige König residiert entweder in Christiansborg oder in Frederiksborg, jedenfalls immer in königlichen Schlössern, in fürstlichen Räumen, die ihn jeden Augenblick in den Stand setzen, im Einklang mit seiner Würde die Repräsentation zu üben, Feste zu feiern, Minister und Gesandte zu empfangen. Nicht so der vorige König (Friedrich VII.). Alles Repräsentieren war ihm eine Last, ein Greuel, und *matrosenhaft*, wie er in allen Stücken war, so war er es auch in seiner Wohnung. Er bewohnte kein Schloß, sondern, wie schon erwähnt, eine Art Schifferzelt, vielleicht richtiger einen Kajütenpavillon, den er sich zu Skodsborg, eine Meile nördlich von Klampenborg, unmittelbar am Sunde hatte errichten lassen. Dieser Pavillon war so klein, daß selbst die Gräfin Danner nicht Raum darin fand und in einem nachbarlichen Hause ihre Wohnung nehmen mußte. Alle diese Lokalitäten, im Badesaisonstil, reichten natürlich nicht aus, um eine größere Anzahl von Personen zu empfangen, und so wurde denn bei allem, was einem Regierungsakte oder einer Staatsaktion ähnlich sah, die nachbarliche »Eremitage«, die in einer halben Stunde von Skodsborg aus zu erreichen war, zu Hilfe gezogen. Namentlich pflegten die Ministerconseils, unter Vorsitz des Königs, hier abgehalten zu werden, und viele jener Beschlüsse sind hier gefaßt worden, die in Verkennung der realen Machtverhältnisse des Landes den eben beendeten Krieg heraufbeschworen und den Verlust dreier Provinzen im Gefolge gehabt haben. Hier, an dem runden Tisch in der Mitte des großen Saales, perorierten Hall und Monrad und sprachen ihre ceterum censeo: »Dänemark bis zur Eider.« Hier fiel manche Sentenz, im Einklang mit dem berüchtigten Worte Orla Lehmanns: »Wir wollen's den Schleswig-Holsteinern blutig auf den Rücken schreiben, daß sie *Dänen* sind«, jenes selben Orla

Lehmanns, der, von deutschen Eltern geboren, dennoch nicht müde wurde zu spotten: »Deutsch war die Sprache meiner Mutter, aber Dänisch ist meine Muttersprache.«

Auch wohl General de Meza, wiewohl außerhalb des Kabinetts stehend und der demokratisch-eiderdänischen Wirtschaft von Anfang an abgeneigt, wird hier mehr denn einmal Zeuge der stattfindenden Verhandlungen gewesen sein, namentlich wohl derjenigen, die dem unheilvollen Entschlusse der Einverleibung Schleswigs vorausgingen. Er wird, wenn wir ihn richtig beurteilen, der darauf hinzielenden Politik vielleicht nicht energisch widersprochen, aber schwerlich sie geschürt haben. Er war einer der wenigen, die sich nicht in Illusionen bewegten.

Da sich mir weiterhin schwerlich wieder Gelegenheit bietet, auf de Meza zurückzukommen, so stehe an dieser Stelle, was ich, während meines Kopenhagner Aufenthalts, über ihn in Erfahrung gebracht habe. – Er ist ein Mann in den Siebzigern, klein, gelb, schmächtig, mit einer gewissen Eleganz gekleidet, Spitzenmanschetten am Ärmel. Dänemark hat keinen besseren Soldaten, keinen begabteren Feldherrn, aber in erster Reihe ist er eine *künstlerisch* angelegte, vornehme Natur. Schade, daß sich zu seiner Genialität ein gewisser Spleen und zu seinem Spleen wiederum ein leiser Beisatz von Geckenhaftigkeit gesellt. Er ist leidenschaftlicher Musiker und Komponist. Seine Nerven sind so fein, daß ihm der Straßenlärm ein Greuel ist, und wenn er durch die geräuschvolle Ostergaade geht, so hält er sich nach Möglichkeit die Hände vor den Ohren. Das ist der de Meza in stillen Tagen. In der Schlacht aber stört ihn kein Kanonendonner; je größer das Getös, je ruhiger wird er. Empfindlich wie gegen Straßenlärm ist er auch gegen Zugluft. Die Kopenhagner erzählen scherzhaft von ihm: »Er kann es nicht aushalten, daß im Nebenzimmer die Kommode aufsteht.« In der Kampagne aber schläft er auf bloßer Diele. Das furchtbarste sind ihm frischgescheuerte Stuben; er wickelt sich dann in seinen Mantel und legt sich ins Freie. Nach dem Rückzuge vom Danewerk setzte er sich in Flensburg gleich ans Klavier und komponierte weiter an einem Kriegsmarsch, der ihn während der letzten Tage beschäftigt hatte. Erst die preußischen Husaren unterbrachen sein Spiel. Später darüber zu Rede gestellt, daß er den Rückzug nicht persönlich geleitet habe, antwortete er ruhig: »Ich hatte alle Dispositionen getroffen; sie auszuführen war nicht meine Sache.« Die Kopenhagner haben ihn abgebildet, wie er vom Danewerk zurückreitet, ein Fortepiano vor sich, auf dem er spielt. Die späteren Untersuchungen gegen ihn haben klar erwiesen, daß die ihm anvertraute dänische Armee seiner im rechten Momente gegebenen Rückzugsordre einzig und allein ihre Rettung verdankt. Nur der *eine* Vorwurf trifft ihn, daß er die Danewerkstellung überhaupt für haltbar hielt oder sich doch das Ansehen gab, als ob er sie dafür halte. Die Unzulänglichkeit der dänischen Kräfte für eine solche Aufgabe mußte keinem bekannter sein als ihm. Vielleicht glaubte er, als Politiker und Patriot, ein Vertrauen und eine Sicherheit zeigen zu müssen, die er als Militär unmöglich hegen konnte. – Soviel über de Meza.

Die Eremitage ist seit dem Todestage Friedrichs VII. völlig verwaist; sein Nachfolger hat sie seit seiner Thronbesteigung nicht betreten; vielleicht wird er es nie; denn an das einsame Jagdschloß, das inmitten der »Plaine« aufragt, knüpfen sich Erinnerungen, die schwerlich den Wunsch lebendig machen, seine Schwelle zu überschreiten.

VIII

Schloß Rosenborg

Der Norden hat einige *Zauberschlösser*. Zu diesen gehören in erster Reihe: Edinburgh Castle, Frederiksborg und Schloß Helsingör. Alle drei sind ebensosehr durch ihre Lage wie durch Sage und Geschichte ausgezeichnet, und eine gewisse Phantastik der

Formen kommt hinzu, um sie uns beinahe mehr noch als »Schlösser der Romantik« wie als Königsschlösser erscheinen zu lassen. Freilich, wie die Romantik selber, bedürfen sie eines gewissen clair obscur; das Licht ist der Feind der Phantastik, und Edinburgh Castle, Frederiksborg und Helsingör* sind am schönsten unter Nebelschleiern, wenn die Schloßfenster von der untergehenden Sonne oder spät am Abend von hundert Lichtern schimmern.

Zu diesen Zauberschlössern des Nordens gehört auch Schloß *Rosenborg*. Wohl eingedenk oft gemachter Erfahrungen, wie ich sie vorstehend ausgesprochen, machte ich meinen ersten Besuch um die Dämmerstunde. Die Sonne war eben unter, ein grauer Ton lag über Schloß und Park, dazu völlige Stille ringsum. Die Schildwacht neben der Statue König Christians stand so regungslos wie die Statue selber, kein Windzug ging, die Pappeln, die blaßgelben Malven am Staket, nichts rührte sich; nur Resedaduft, von den Gartenbeeten her, lag betäubend um das Schloß her, dessen rote Wände, kleinfenstrig und mit vorspringenden Schnörkeltürmen, in den Abendhimmel aufstiegen. So schön habe ich Schloß Rosenborg nicht wiedergesehen.

Meinen zweiten Besuch machte ich etwa eine Woche später, neun Uhr früh, bei heller Morgensonne. Eine solche Beleuchtung kann das Zauberschloß nicht ertragen. Eine gewisse Dürftigkeit

* Helsingör ist so recht ein Ort, ein Name, an dem man gewahr werden kann, daß nichts so populär macht als die Weihe der Dichtung. Was wäre Helsingör ohne »Hamlet«? Selbst die Wucht der Geschichte verschwindet daneben. Was war dieser Ort nicht alles durch die Jahrhunderte hin? was ist an dieser Stelle nicht alles geschehen? Und doch, was die Welt davon kennt, das ist nicht Schlacht, nicht Friedensschluß, das ist die in Stahl gekleidete Gestalt König Hamlets, die winkend, zögernd die Bastion entlangschreitet und verschwindet. Die Dänen selbst lassen die Geschichte fallen und huldigen dem Genius des Dichters. Die Dampfschiffe, die zwischen Kopenhagen und Helsingör fahren, sie führen Shakespeare entlehnte Namen; auf dem »Horatio« fuhr ich selbst, an der Landungsbrücke, wo wir anlegten, lagen »Hamlet« und »Ophelia« und sahen einander an. Andere Dampfer fuhren an uns vorüber; vielleicht »Rosenkranz« und »Güldenstern«.

des Fachwerkbaus tritt einem bei Tagesschein unvermeidlich entgegen; die kleingegitterten Fenster, ihres Märchenzaubers entkleidet, erweisen sich plötzlich als kleine Fenster und weiter nichts, und die Schnörkeltürme, die bei Dämmer und Mondlicht wie Wunder wirkten, werden bei Morgensonne zu bloßen Wunderlichkeiten, die von aller Schönheit etwa so weit entfernt sind wie das Kopenhagner Börsengebäude, dessen Turmspitze, wie schon erzählt, aus vier zusammengeflochtenen Drachenschwänzen sich aufrichtet.

Der Tagesschein ist der Romantik von Schloß Rosenborg so wenig günstig wie irgendeinem andern der genannten nordischen Zauberschlösser; aber dieser zweite Besuch galt auch keiner Wiederbelebung jener ersten Eindrücke, kaum einer wiederholten Musterung seines Äußern überhaupt, sondern lediglich dem Innern des Schlosses, den Kunstschätzen und Kuriositäten, die es umschließt. Diese Kunstschätze in Augenschein zu nehmen, bedarf es einer vorgängigen Anmeldung bei einem der Beamten des königlichen Haushalts; man zahlt drei dänische Taler und erhält eine Eintrittskarte. Dieser Preis ist ziemlich hoch gegriffen (wenigstens jenseits des sonst Üblichen), aber man zahlt diese Summe gern, weil man dafür des Vorzugs teilhaftig wird, in jener oft selbstpersiflierten und doch unser Bestes umschließenden Eigenschaft als »gebildeter Mensch« von einem andern gebildeten Menschen mußevoll freundlich umhergeführt zu werden, während der Besuch königlicher Schlösser einem im allgemeinen die Entsagung auferlegt, als eine bloße befilzschuhte Nummer in eine ähnlich ausgerüstete Herde von Besuchern eintreten zu müssen. Kopenhagen macht eine Ausnahme von dieser Regel, und zwar nicht nur im Rosenborger Schloß. Im Altertumsmuseum machen die Professoren Thomsen und Worsaae, zwei Männer von europäischem Ruf, mit entgegenkommender Liebenswürdigkeit die Honneurs und werden nicht müde, überall da, wo sie ein leises Verständnis oder auch ein bloßes unaffektiertes Interesse wahrnehmen, auf die Schätze aufmerksam zu machen, die sie als den Stolz der Sammlung und ihrer selbst betrachten. Ähnlich im Rosenborger Schloß. Ein Kollegienassessor führte mich von Zimmer zu Zimmer; als er wahrnahm, daß es mit meinem Dänischen schlecht stehe, ließ er mir die Wahl zwischen Französisch und Englisch. Nur deutsch lehnte er ab zu sprechen, »weil er« (wie er vorgab) »desselben nicht mächtig sei«. Es mag dies kleinlich sein; aber man kann es den Dänen am Ende kaum verdenken. Jeder von uns, *der auf sich hält*, würde es nicht viel anders machen.

Das erste Zimmer (Parterre), in das man geführt wird, ist das Sterbezimmer Christians IV. Ältere Zimmer hat das Schloß nicht, da es erst unter der Regierung des eben genannten Königs, und zwar 1604 gebaut wurde. Es war sein Sommerschloß, und er lebte hier glückliche Tage mit »Christine Munk«, ehe ihn Hofintrigen, gegen den Ausgang seiner Regierung hin, um die rührende Liebe dieser Frau brachten. Als sie in ihrem Gefängnis die Nachricht vom Tode des Königs empfing, rief sie weinend: »König Christian, wer hätte gedacht, daß ich noch Tränen für dich hätte!« Fast alle dänischen Könige haben historisch namhafte Mätressen gehabt, die zum Teil nicht wenig dazu beigetragen haben, dem Leben dieser Fürsten einen gewissen romantischen Schimmer zu leihen. Unter allen diesen ist Christine Munk die liebenswürdigste und lauterste. Sie war übrigens aus vornehmer dänischer Familie, und ihr Verhältnis zum König war kein bloßes Liebesverhältnis, sondern das einer unebenbürtigen Ehe. Ehen zwischen Königen und den Töchtern des Adels waren im Mittelalter überhaupt viel häufiger als jetzt; das bekannteste Beispiel ist das Heinrichs VIII. von England, dessen vier letzte Frauen (Anna Bulen, Kate Seymour, Kate Howard und Katharine Parr) Töchter des englischen hohen Adels, zum Teil sogar der Gentry waren.

Alle Schlösser, die der beinahe sechzigjährigen Regierung Christians IV. ihre Entstehung verdanken, haben eine große Ähnlichkeit untereinander, und wie vieles vom Standpunkt theoretischer Schönheit aus gegen dieselben gesagt werden mag, sie zählen nichtsdestoweniger bis diese Stunde zu den bedeutendsten architektonischen Schöpfungen, die der Norden aufzuweisen hat. Es sind die in diesem Briefe schon vielgenannten Bauten: Schloß Helsingör, Schloß Frederiksborg, die Kopenhagner Börse und Schloß Rosenborg. Alle vier sind eminent malerisch. Ihren Stil habe ich in einem früheren Briefe bereits als Rokokogotik bezeichnet, ein Ausdruck, den ich aufrechterhalten möchte, da die sonst übliche Bezeichnung »germanische Renaissance« einzelne der charakteristischen Züge dieses Stils nicht genugsam zu betonen scheint, nämlich den *Giebel* und den *Spitzturm*.

Frederiksborg und Schloß Helsingör wurden schon unter Frederik II., dem Vater Christians IV., begonnen, letzterer aber führte beide Bauten erst glänzend hinaus, glänzender und prachtvoller, als manchem Adeligen im Lande wünschenswert erscheinen mochte. Christian IV., als er hörte, daß man seine Bauleidenschaft tadle, ließ an das Portal des Frederiksborger Schlosses eine Anzahl kleiner Schuhe annageln, zum Zeichen, daß er die Kinderschuhe ausgezogen habe. Überhaupt liebte er es, darauf hinzuweisen, daß er in fünfzigjähriger Regierung die Kunst des Regierens gründlich gelernt habe, und wenn jüngere Reichsratsmitglieder sich eine leise Opposition erlaubten, so pflegte er ruhig zu antworten: »Ich habe dies bereits mit deinem *Großvater* besprochen.«

Was nun die »Rosenburg« ebendieses selben Königs Christian angeht, so erinnert sie mit ihren Giebeln und Türmen, mit ihrem Rokokoschmuck und dunkelrotem Mauerwerk zumeist an Schloß Frederiksborg, nach dessen Vorbild sie unverkennbar aufgeführt worden ist. Doch reicht die Nachahmung weder in Pracht noch Schönheit an das Vorbild heran. Die Aufgabe der Rosenburg war auch wohl nur die, ein Sommeraufenthalt zu sein; schon der Name deutet darauf hin. König Christian bewahrte diesem Sommerschloß bis in seine letzten Lebensjahre eine besondere Vorliebe, und als er fühlte, daß es zu Ende gehe, brach er, trotz bitteren Frostes, am 21. Februar 1648 von Schloß Frederiksborg auf, um noch zu guter Zeit die Rosenburg zu erreichen. Er bettete sich in das Zimmer, das bis auf diesen Tag des Königs Namen führt, und bereitete sich auf sein letztes Stündlein vor. »Hier liege ich als ein Gefangener Gottes«, sprach er fest vor sich hin; dann, als er die Hand des Todes fühlte: »Nun gilt es!«

Aus dem Zimmer Christians IV. tritt man in das Zimmer Friedrichs III.; andere Zimmer folgen, immer im Einklang mit der dänischen Geschichte, in der sich von alters her, insonderheit aber seit der Epoche, in die die Erbauung der Rosenburg fällt, die Christiane und die Friedriche beständig untereinander abgelöst haben. Im ganzen haben seit Christians IV. Tagen fünf Christiane und fünf Friedriche in Dänemark regiert, weshalb wir denn auch zehn Königszimmer zu passieren haben. In diesen zehn Zimmern befinden sich ebenso viele Glasschränke, in denen wir den verschiedenen Krönungsanzügen der verschiedenen Könige begegnen. Vielleicht existiert eine so vollständige Sammlung von historischen Königskostümen nicht zum zweitenmal. Neben den Schränken stehen Tische und Stühle (alles der bestimmten Regierungszeit eines bestimmten Königs angehörig), und auf diesen Tischen, die abwechselnd von Ebenholz oder Elfenbein, von Walroß oder Bernstein, von Mosaik oder Tulaer Arbeit sind, liegen nun in buntem Gemisch jene hundert Dinge umher, die diesen oder jenen Fürsten durch das Leben geleitet und Gegenstände seiner Neugier oder seiner Passion, seines tagtäglichen Gebrauchs oder seiner müßigen Unterhaltung gewesen sind. Was auf den Tischen nicht Platz hat, steht oder hängt an den Wänden entlang. Jeder, der in Schlössern und Museen seinen Umgang gehalten hat, kennt diese Dinge: Trinkhörner und Schachfiguren, Gemmen und Steine, Siegelringe und Breloques, Spieluhren und Pendulen mit Glockenspiel, Porzellanservice und Alabastergruppen, Stockdegen mit Schußapparat, Schildpattkästchen und Emailledosen, Rubingläser und Ordensbänder und tausend ähnlicher Dinge mehr.

Was indessen all diesen Dingen an dieser Stelle einen besondern Wert verleiht, weit über die üblichen »Kunstkammern« anderer

Residenzen hinaus, das ist die Art ihrer Aufstellung, die *strenge Scheidung nach Regierungsepochen*. Während andere Kunstkammern, die zum Teil über reichere Details verfügen, sich damit begnügen, ein Raritätenladen im großen, ein buntes, unentwirrbares Durcheinander zu sein, begegnen wir hier einer *systematischen Anordnung*, einer Gliederung des Materials. Wer Muße mitbringt, *muß* hier lernen; daß andererseits ein flüchtiger Besucher, wie ich es war, dieses Vorzugs verlustig geht, beweist nichts gegen die Vorzüglichkeit der Sammlung oder die Art ihrer Anordnung.

Alle Kopenhagner Maler und Poeten (wenn ihnen überhaupt das Verlangen darnach innewohnt) haben es in der Tat vor vielen andern leicht und bequem, sich mit dem Hausrat vergangener Epochen vertraut zu machen, mit all den hundert äußerlichen Dingen, deren volle Kenntnis und Beherrschung, wie jeder weiß, auch dem *idealen* Gehalt eines Kunstwerkes zugute zu kommen pflegt.

Während des Umgangs im Schloß hatte ich den Versuch gemacht, einzelnes, das mich vorzugsweise interessierte, zu notieren. Ich hatte bald Gelegenheit, diese Vorsicht zu preisen. Ich gebe hier meine Aufzeichnungen einfach wieder.

1) Ein Schiffsanker (nicht größer als ein mäßiger Bootsanker), der das Leben König Christians V. rettete. Dieser befand sich zu Schiff unterhalb Bornholm, als ein wütender Sturm losbrach. Alle ausgeworfenen Anker brachen oder wurden losgerissen, und jeder an Bord erwartete den Untergang. Da trat König Christian selbst an den Bug des Schiffes und schleuderte mit fester Hand den kleinen Bootsanker ins Meer. Seine zwei eisernen Haken hielten das Schiff wie durch ein Wunder. Der Anker trägt jetzt folgende Inschrift:

Gott hielt mich und ich hielt Christian V.,
Da ein verzweifelter Sturm in der Ostsee ihn bedrängte.
Leben und Tod zweier Reiche hingen von zwei eisernen
  Haken ab,
Darum werde ich hier zum ewigen Andenken stehen.

2) Ein Ölgemälde, etwa zwei Fuß im Quadrat, das *Christi Verhöhnung* darstellt. Mit diesem Bilde hat es folgende Bewandtnis. Christian IV. hatte auf Schloß Rothenburg eine Vision. Er sah den verspotteten Heiland. Dies ergriff ihn so, daß er die Erscheinung, die er gehabt hatte, bildlich darstellen ließ. Auf einem Zettel steht von des Königs eigener Hand: »Disser Gestaldt ist miir den 8. December auf dem Hause Rothenburg Morgens früe gezeigt der Hohn und Spott, so unser Erlöser und Seligmacher Christus Jesus unserenthalben gelitten, bei währendem Gebet zu Gott für die Not der ganzen Evangelischen Kirche Anno 1625.« (Soll also heißen: Als ich zu Gott betete etc., hatte ich diese Vision.)

3) Kleidungsstücke, welche derselbe König Christian IV. während der berühmten Seeschlacht bei Fehmarn trug, in der er das rechte Auge verlor. Dazu Halskragen, Manschetten, Taschentuch, auf denen man noch Blutflecke erkennt. (Der Schrank, der dies umschließt, ist also der Vorläufer des berühmten Glasschreins im Greenwichhospital, der die zerschossenen Uniformstücke aufbewahrt, die Nelson in der Schlacht bei Trafalgar trug.)

4) Eine Art *Revolverbüchse* aus dem Jahr 1646. Mit dreißig Schüssen von hinten zu laden. Auf dem Lauf ist eingegraben:

Zu Wehr und Ernst, zu Lust und Possen
Wird dreißigmal aus mir geschossen.
Komm Büchsenfreund und schau und sag,
Ob mir ein Rohr wohl gleichen mag.

5) Ein hohes *Champagnerglas*, in das folgende Reimzeilen eingeschliffen sind:

Wer mit Bacchus kommt ins Spiel,
Seh sich vor und trau nicht viel.
Nimmt er dir den Kopf nur ein,
Sind die Füße nimmer dein.

6) Ein Erinnerungsbecher an die *Steenbockzeit*; in Preetz (Holstein) 1713 verfertigt. Der Becher ist aus *russischen Kopeken* gemacht. Um die Inschrift zu verstehen, diene folgendes. Graf Magnus Steenbock, einer der besten Generale Karls XII., griff, während dieser König in türkischer Gefangenschaft war, die Dänen mit 20 000 Mann an, schlug sie zunächst bei Helsingborg, dann bei Gadebusch und verbrannte Altona. In dieser Stadt ist sein Name ein Schrecken. Weiter in Holstein vordringend, wurde er von einem vereinigten russisch-sächsisch-dänischen Heere bei Tönningen umstellt und gefangengenommen. Die Inschrift des Bechers lautet:

> Naer (nach der) Gadebuscher Schlacht, als Steenbock
>   Tönning nahm,
> De Zaar mit seinem Swarm to-erst in Holsten kam,
> Und als der Sachsen Heer dat ganze Land dorchstreken,
> Ward ick to Preetz gemakt ut *Russischen Kopeken*.
> Tom Denkmal dat de Schutz des Höchsten wunderbar
> De düssen Ort und Stift bedeckt in der Gefahr,
> Dat in der groten Angst hier kener dürft versinken,
> O Kinder, preiset Gott, so oft Ii geiht to drinken.

7) Ein Porträt Feldmarschall *Steenbocks*. Von ihm selbst. In seiner Gefangenschaft zu Tönningen fertigte Graf Magnus Steenbock dieses Bild. In der Hand hält er ein Blatt Papier, auf dem geschrieben steht: »Herr, laß deinen Gefangenen los.« 1713, als sich König Friedrich IV. in Schleswig aufhielt, schickte ihm der gefangene Marschall von Tönningen aus dieses Bild, das also um Freiheit bitten sollte. Sie wurde ihm aber *nicht* gewährt. Er kam bald darauf nach Kopenhagen, wo er 1717 in der Zitadelle Frederikshavn starb.

Außer den zehn Königszimmern befindet sich noch ein Thronsaal und ein sogenanntes »Spiegelcabinet« im Rosenborger Schloß. Das letztere, dessen billiger Witz darin besteht, daß *alles* Spiegel ist, auch der Fußboden, stammt wahrscheinlich aus einer späteren Zeit, wo derlei Frivolitäten – denn darauf läuft es hinaus – mehr im Schwange waren. Für den Durchschnittsbesucher bildet dieses Cabinet allerdings einen Hauptanziehungspunkt. Wunderbare Anekdoten kursieren darüber, deren kleinste ausreicht, Damen von einem Besuch dieses Zimmers abzumahnen, namentlich heutzutage wieder, wo der weitgespannte Reifrock der Zeit Ludwigs XV. durchaus seinen Meister gefunden hat. Schließlich, wie in der Regel mit solchem frivolen Zauberapparat, ergibt sich, daß er doch eigentlich den Dienst versagt. Phantasie und die kursierenden Anekdoten müssen das Beste tun.

Der Thronsaal hat wohl seine Bedeutung verloren; ich glaube nicht, daß noch große Staatsaktionen darin in Szene gehen. Wie alles in diesem Schloß, so ist auch dieser Saal nur noch Kuriosum. Zwölf Hautelissetapeten, auf denen die dänischen Land- und Seesiege Christians V. ihre Darstellung gefunden haben, hängen an den Wänden umher; außerdem befinden sich hier die berühmten beiden silbernen Löwen, die vor dem dänischen Throne Wache halten, auch der Thronsessel mit einer Lehne von *Einhorn*. Bei jeder großen Zeremonie, namentlich bei Krönungsfeierlichkeiten, schafft man all diese Gegenstände dorthin, wo gerade die Zeremonie stattfindet, das letztemal (bei der Krönung Christians IX.) nach Schloß Christiansborg, dem eigentlichen Stadtschloß des Königs.

Der Besuch in der Rosenburg hatte etwa zwei Stunden gedauert; als ich wieder ins Freie trat und die frische Parkluft einatmete, machte ich den Versuch, den Hausrat zehn dänischer Könige, der eben an mir vorübergegangen war, zu rekapitulieren und das Geschaute in meiner Vorstellung ebenso zu gliedern, wie es die zehn Zimmer des Schlosses gegliedert enthalten. Es wollte nicht glücken. Ich nahm meine Notizen zur Hilfe; aber ich scheiterte. Die Gemmen und Steine, die Dosen und Tassen, alles klapperte durcheinander, und schließlich öffneten sich alle zehn Schränke, und die Krönungsanzüge von zehn Königen tanzten wie in einem Gespenstertanz aus einem Zimmer in das andere.

Mir blieb, allen Gruppierungsversuchen zum Trotz, nur die Vorstellung übrig, eine ungeheure Menge von Siegelringen, von Petschaften und Bambusrohren gesehen zu haben. Ich überzeugte mich zu meiner Beschämung, daß Schloß Rosenburg, trotz systematischer Anordnung seiner Schätze, ein Platz ist, der eben studiert und nicht bloß gesehen sein will, und wiewohl ich persönlich diesen Schloßbesuch um keinen Preis *nicht* gemacht haben möchte, so mahne ich doch andere – denn nicht jeder ist ein Raritätenkrämer – zur Vorsicht und empfehle ihnen, ehe sie sich dem Kollegienassessor anvertrauen, sich ernstlichst die Frage vorzulegen: ob nicht zwei Stunden im Park doch schließlich besser seien als zwei Stunden im Schloß. Wer für Meißner Porzellan ist, der wag es und trete ein, aber wer für Rosen und blaßgelbe Malven ist, der bleibe draußen.

Roskilde

1. Die Stadt Roskilde. Der Dom. Sein Alter und Baustil

Unter den Nachbarstädten Kopenhagens, die jeder gesehen haben muß, der überhaupt der dänischen Hauptstadt seinen Besuch machte, stehen *Helsingör* und *Roskilde* obenan. Welchen von beiden der Preis gebührt, ist schwer zu sagen; wer den Landschaftssinn hat, gehe nach Helsingör, wer den historischen Sinn hat, gehe nach Roskilde. Dort das Sund-Panorama und ein Schloß, das die Phantasie selber gebaut zu haben scheint; hier eine flache Landschaft ohne besonderen Reiz, aber in ihr der Roskilder Dom mit seinen hundert Särgen und in den hundert Särgen die Geschichte des Landes Dänemark.

Roskilde liegt vier Meilen von der Hauptstadt. Man erreicht es leicht, da die Korsoer Bahn, die ganz Seeland von Ost nach West durchschneidet, an Roskilde vorüberführt. Seinen uralten Namen führt es von König *Roe*, einem Bruder von König Helge; Roskilde heißt also »Roes Quelle« und nicht Rehquelle oder rote Quelle, wie, ohne Kenntnis des Dänischen, mitunter angenommen wird. Das Städtchen selbst ist unbedeutend und besteht – wenn man von ein paar Winkeln und Gassen absieht – aus einer einzigen Straße, deren Verkehr auf wenig Wohlhabenheit schließen läßt. Doch täuscht dies leicht in Dänemark, in Stadt wie Land. Der Trieb, das Haus zu mehr als einer Behausung zu machen, ist in die Gemüter der Dänen noch nicht eingezogen, und sie bauen überall um Schutzes und in den wenigsten Fällen um Schönheits willen. Selbst Kopenhagen, das sei hier eingefügt, macht keine Ausnahme davon. Es wird wenig Städte von gleicher Größe und gleichem Reichtum geben, die sich, ein Dutzend öffentlicher Gebäude abgerechnet, mit einem solchen Minimum von architektonischer Schönheit begnügen.

Roskilde hat etwa 2000 Einwohner und erinnert in Schlichtheit und Anspruchslosigkeit an kleine märkische Städte wie Kremmen, Werneuchen, Fehrbellin, während Städte wie Ruppin, Prenzlau, Fürstenwalde vergleichsweise schon wie Residenzen daneben erscheinen. Dies, und manches andere noch, läßt einen doch auf Schritt und Tritt erkennen, daß man in nördliche Gegenden eingetreten ist, wo der Mensch, wie eine Vegetation des Südens, rar zu werden beginnt. Die Küstenstädte freilich können vorübergehend die Täuschung hervorrufen: es sei hier wie anderswo; aber eine Meile landeinwärts – und die Täuschung zerrinnt. Die Wasserstraßen, auch im Norden, steigern an einzelnen begünstigten Plätzen das Leben des Landes, aber sie steigern es mehr scheinbar als wirklich; – das Wachstum ist eminent lokal. Alles strömt *einem* Punkte zu, der Küstenstadt, der Hauptstadt, und weil das arme Hinterland, eben weil es ein unfruchtbares Nordland ist, nicht Kraft genug hat, immer neue Menschen-Saaten zu treiben, so verarmt und verödet es völlig, und der Volksreichtum der einzelnen Stadt geht Hand in Hand mit der Entvölkerung des Landes oder doch ganzer Provinzen. So ist es beispielsweise in Schottland, wo Glasgow die Hochlande mehr und mehr entvölkert, und so ist es auch in Dänemark, wo Kopenhagen alles Leben der Inseln mehr oder weniger absorbiert. Überhaupt bieten Schottland und Dänemark vielfache Vergleichungspunkte dar, ganz besonders aber in der Eigenart ihrer kleinen Städte. Roskilde hat ganz das Aussehen von Linlithgow, vier Meilen von Edinburgh, und als ich die Straße der alten dänischen Bischofsstadt entlang der weltberühmten »Domkirke« zuschritt, deren spitze Türme von Westen her über die Häuser wegragten, rief die frappante Ähnlichkeit des Bildes mir jenes schottische Städtchen mit seiner Kirche und seinem Schloß (drin Maria Stuart geboren wurde) wieder lebhaft vor die Seele.

Roskilde ist nichts, aber seine Domkirche ist alles. Man erblickt sie schon, wiewohl nicht auf weite Entfernung hin, von der Eisenbahn aus, und der Eindruck, den sie zunächst macht, ist der eines mächtigen *gotischen* Baues; zwei Spitztürme schließen das Schiff nach Westen hin ab, ein dritter Turm, von entsprechender Form, wächst aus der Mitte des Baues auf, und zahlreiche Giebel, namentlich der Kapellen, Wappen- und Kapitelhäuser, die den ganzen Westteil der Kirche umstehen, vervollständigen den Eindruck, daß es ein *gotischer* Dom sei, dem wir uns nähern. Dieser erste Eindruck trügt aber. Diese Giebel und Türme, die in die Ferne wirken, sind nur Anfügungen aus einer späteren Zeit, während die ursprüngliche alte Domkirche nicht nur als ein romanischer Rundbogen-Bau ins Leben trat, sondern den entsprechenden Charakter auch durch die Jahrhunderte hin völlig intakt zu bewahren gewußt hat. Die ganze Osthälfte der Kirche: das Querschiff, der hohe Chor und vor allem der Außenbau, der sich hufeisenförmig um den hohen Chor herumlegt, zeigen einen konsequent durchgeführten *Rundbogenstil* bis diesen Tag. Der Total-Eindruck, den die Kirche hervorruft, ist nicht überwältigend, wie der Anblick einzelner anderer Dome, des Mailänder, des Kölner oder der Kathedralen von Amiens und Canterbury, aber er ist imposant und gefällig zugleich. Der hohe Chor drückt Würde, die ungewöhnlich schlanken Spitztürme der Westhälfte drücken Schönheit und Leichtigkeit aus. Das Material ist Backstein. Das Dach war ursprünglich mit Blei gedeckt; nach dem großen Brande von 1523 ist ein Kupferdach an die Stelle getreten. Was die Größenverhältnisse angeht (Länge 275 Fuß, Breite 84, Höhe 82), so ist der Roskilder Dom neben dem Dom von Upsala die bedeutendste Kirche des Nordens. Länger um einige Fuß sind die Dome von *Aarhuus* und *Drontheim,* breiter ist die Domkirche zu Ribe, aber an Höhe und vor allem an *Gesamterscheinung* kommt dem Roskilder Dome kein anderer gleich.

Ehe wir durch das Südportal in die Kirche eintreten, schicke ich eine Geschichte dieser Kirche voraus; zunächst ihre *Vorgeschichte*. Wir müssen bei ihr verweilen, wenngleich sie nur halb sagenhaft in die wirkliche Geschichte hineinragt.

2. Die Vorgeschichte des Roskilder Doms von 975–1047

Die Anfänge des Roskilder Doms waren sehr klein. Was sich in frühster christlicher Zeit an Stelle desselben erhob, war ein einfacher Holzbau, vielleicht den Holzkirchen ähnlich, denen man noch jetzt in einzelnen Teilen Norwegens begegnet. Bestimmte Aufzeichnungen fehlen. Die *Schicksale* des Doms, in dieser seiner primitivsten Form, finden sich in den alten dänischen Königsbüchern verzeichnet.

Harald Blaatand (Blauzahn) führte die Roskilder Holzkirche im Jahre 975 auf und weihte sie der heiligen Dreieinigkeit. Die Ereignisse, die zu diesem Kirchenbau führten – der der erste christliche Kirchenbau in ganz Nordland war –, werden von den Chronisten wie folgt erzählt: Harald Blaatand, nachdem er die von Heinrich dem Vogler errichtete Markgrafschaft Schleswig angegriffen und Burg und Stadt zerstört hatte, geriet in Krieg mit Heinrichs Nachfolger, dem Kaiser Otto I. Die Deutschen überschwemmten die ganze Halbinsel, drangen vor bis hoch in Jütland hinauf, und Otto selbst warf seinen Speer in den Limfjord; die Stelle, wo er es tat, heißt bis diesen Tag der Ottesund. Harald Blaatand, unterlegen im Kampf, nahm darauf Dänemark vom Kaiser zu Lehn, oder, wie die alten Schriftsteller sich anschaulich aussprechen: der Dänenkönig *empfing das Reich und das Christentum* aus der Hand Ottos des Großen. Dies war 948. Harald Blaatand, nunmehr ein Christenkönig, schritt auf Seeland zur Errichtung eines christlichen Gotteshauses. So entstand die Roskilder Kirche. Dänische Schriftsteller setzen den Bau derselben um 975; doch ist dies wahrscheinlich zu spät. Bei derselben Gelegenheit wurde die Residenz der dänischen Könige von *Leire* nach *Roskilde* verlegt. Leire, das in den alten Balladen viel genannte, existiert noch; es ist ein Gehöft, etwa eine halbe Meile von Roskilde entfernt. Bis zu Harald Blaatands Zeiten wurden daselbst, wenn wir den Mitteilungen Ditmars von Merseburg Glauben schenken dürfen, alle 9 Jahre 99 Menschen geopfert. Diesem Greuel war nun ein Ziel gesetzt. Aber freilich, die umgestaltende Kraft der Heilslehre drang nur langsam durch. »Gott-Christus ist groß, aber die alten Götter sind doch größer«, so hieß es damals in Nordland. Harald Blaatand selbst, so deuten die Chronisten an, sei eigentlich derselben Meinung gewesen. Nur gegen das Ende hin stand er fest im Glauben. Er starb 980 in Jumne (wahrscheinlich das bekannte *Julin*), nachdem er vor seinem Sohne und Nachfolger Svend Tveskjaeg hatte fliehen müssen. Die Geschichtsbücher erzählen als Ursache dieser Auflehnung, König Harald habe auf den Grabhügel, den er dem Gedächtnis seiner Mutter Thyra Danebod (zu Jellinge bei Kolding) errichten ließ, so viel Fleiß verwandt, daß die Bauern, die den Hügel aufschütten mußten, unzufrieden mit dem Könige wurden. An die Spitze dieser Unzufriedenen stellte sich nun Svend Tveskjaeg, so daß die Pietät des Vaters mittelbar die Ursach für die Impietät des Sohnes wurde. Svend ging nach Wiborg und wurde zum Könige ausgerufen. Harald blieb arglos am Grabhügel der Mutter, wo eben eine große Maschine Steine und Erdreich herbeizuschaffen hatte, und fragte einen Vorüberreitenden, ob er je eine Maschine gesehen habe, die mehr Erde wegschaffe? Dieser antwortete: »Ja, gestern in Wiborg. *Dein Sohn zog das ganze Reich nach sich.*«

Harald Blaatand wurde später heiliggesprochen. Seine Gebeine, die nach Roskilde gebracht worden waren, wurden wir Reliquien verehrt und aller Zerstörungen ungeachtet, die über die Kirche hereinbrachen, dieser, durch Jahrhunderte hin, erhalten. Jetzt ist nur noch das *Grab* da, in dem die Gebeine 1415 (mutmaßlich) aufs neue beigesetzt wurden. Ich komme darauf ausführlicher zurück.

Harald Blaatands Sohn und Nachfolger war Svend Tveskjaeg, d. h. *Gabelbart*, Barba furcata. Er stützte sich auf die heidnische Partei im Lande und stieß seinen Vater vom Thron, wie wir gesehen haben. *Zugleich verbrannte er die Roskilder Kirche*. Aber die Zeit war da, wo dem Christentume der Sieg nicht dauernd streitig gemacht werden konnte. Svend Tveskjaeg selbst trat etwa ums Jahr 1000 zur neuen Lehre über, die er zu Anfang seiner Regierung mit Feuer und Schwert verfolgt hatte. In seinem Herzen scheinen aber auch ihm die alten Götter lieber gewesen zu sein. Die Kirche zu Roskilde, nachdem sie zwanzig Jahre lang in Asche gelegen, wurde 1002 *zum zweiten Male aufgeführt*. An selbiger Stelle, im selbigen Stil, *wieder ein Holzbau*. Svend Gabelbart starb mitten in seinen Siegen 1014. Das war in *England*, und sein Tod wird wie folgt erzählt: Er saß im Zelt und verspottete, was auch für seine bloße *Halb*-Bekehrung zu sprechen scheint, den heiliggesprochenen König Edmund, der unter den Engländern besonderer Verehrung genoß, als plötzlich das Gespenst Sankt Edmunds in vollem Harnisch und mit blanker Waffe an ihn herantrat. Der König erschrak und rief um Hilfe. Aber ehe die Hilfe kommen konnte, empfing er eine tödliche Wunde, an der er die Nacht darauf starb. Seine Söhne brachten ihn nach Roskilde zurück, wo er neben der Leiche seines Vaters (Harald Blauzahn) beigesetzt wurde. Die Geistlichkeit, die keinen vollen Glauben in sein wirkliches Bekehrtsein setzen mochte, scheint demgemäß auch kein Interesse gehabt zu haben, seinen Grabstein besonders auszuzeichnen oder seine Gebeine sorglich zu hegen, so daß, im Gegensatz zu Harald Blaatand, kein Pfeilergrab im hohen Chor irgend länger die Stätte bezeichnet, wo seine irdischen Überreste ruhen. Er war übrigens ein großer König und mehr noch als durch seine Eroberungszüge in England durch den großen Seesieg berühmt, den er über die Norweger unter König Olaf Tryggeson gewann. Über diesen Olaf Tryggeson noch ein Wort. Olaf Tryggeson, auch *Kragebeen* geheißen, weil er aus dem Gebein der Krähen zu wahrsagen liebte, war der tapferste Seefahrer seiner

Zeit. Als er in der Schlacht mit Svend Gabelbart gewahr wurde, daß der Sieg seinem Gegner zufalle, spannte er noch einmal den Bogen, aber der Bogen zerbrach. Was bedeutet's? fragte der König sinnend. Das bedeutet, erwiderte einer der Seinen, »*daß Norwegen unter deinen Händen zerbrochen ist*«. Danach sprang König Olaf mit vollem Harnisch über Bord, damit er nicht in die Hände der Feinde falle.

3. Roskilde unter den beiden ersten Bischöfen, von 1047–1088

Svend Tveskjaeg starb 1014. Ihm folgte Kanut der Große, und einige Geschichtsbücher erzählen, daß schon unter der Regierung dieses Königs die Holzkirche zu Roskilde in einen *Steinbau* umgewandelt worden wäre. Nach allgemeiner Annahme indes erfolgte dieser Umbau erst 20 Jahre später, und zwar unter Svend Estridsen, der der Sohn der schönen Estrid, einer Schwester Kanut des Großen, war. Svend Estridsen regierte von 1047 bis 1076. Zu Anfang seiner Regierung wurde Mönch Wilhelm, ein Engländer von Geburt, vom Könige zum Bischof von Roskilde ernannt, und dieser, aus seiner Heimat her an den Anblick mächtiger Kirchen und Abteien (Waltham, Canterbury, Winchester etc.) gewöhnt, fand so wenig ein Genüge an dem, was Roskilde bot, daß er beschloß, auch in der dänischen Bischofsstadt eine wirkliche Kathedrale aufzuführen. Dies geschah. Etwa um 1066, also zur selben Zeit, wo Wilhelm der Eroberer in England landete, war der Umbau vollendet; – eine Steinkirche war an die Stelle des ursprünglichen Holzbaues getreten. Welcher Art diese älteste Roskilder Steinkirche war, ist schwer zu sagen. Im allgemeinen wird angenommen, daß es eine dreischiffige, rund gewölbte Basilika gewesen sei, ein schwerer, stattlicher Bau, dessen Mauerwerk sich großenteils noch jetzt in der westlichen Hälfte der Kirche erkennen lasse. Die Ausschmückung der Kirche war von

Anfang an reich und prächtig. Die Freundschaft, in der Bischof Wilhelm zu Svend Estridsen stand, erleichterte jenem seine Aufgabe. Diese Freundschaft, nachdem sie manche harte *Probe* bestanden, dauerte bis in den Tod. Saxo berichtet darüber.

»Einstmalen schien es«, so erzählt er, »daß ein Bruch zwischen dem König und dem Bischof unvermeidlich geworden sei. Hofleute hatten, überm Gastmahl, in bloßer Laune des Weines, vom Könige Übles gesprochen, und dieser, dem es hinterbracht worden war, hatte sie sämtlich am Altar niederhauen lassen, zu dessen Stufen die Bedrohten geflohen waren. Bischof Wilhelm war entschlossen, diesen Frevel zu strafen. Als andern Tages Svend Estridsen erschien, um die Messe zu hören, ging ihm der Bischof bis an das Portal entgegen, wehrte ihm den Eingang und stieß den König, der vordringen wollte, mit seinem Krummstab zurück. Zugleich tat er ihn in den Bann. Dies war die Stunde, in der das Herz des Königs geprobt wurde. Aber er bestand die Probe. Er legte ein Büßerkleid an und erschien andren Tages wieder am Portal, kniete nieder und bat um Einlaß. Als dem Bischof Kunde gebracht wurde, daß der König reumütig geworden sei, löste er den Bann und führte ihn zum Hochaltar, wo Svend Estridsen beichtete. Seit diesem Vorfall blieb ihre Freundschaft unerschüttert.« Den Tod beider aber erzählen die Chronisten wie folgt: Als Bischof Wilhelm hörte, daß der König gestorben und seine Leiche auf dem Wege nach Roskilde sei, befahl er, daß im Kirchenchor zwei Gräber Seit an Seite gegraben würden, und ging dann dem Zuge entgegen. Unterwegs ließ er einen Baum fällen und einen Sarg daraus höhlen. Als er nun bald darauf den Leichenzug auf der Hügelkuppe traf, kniete er nieder an der königlichen Bahre, und als man ihn wieder aufrichten wollte, fand man, daß er tot sei. Sie wurden Seit an Seite begraben, in den zwei Gräbern, die Bischof Wilhelm hatte graben lassen. Dies war 1074.

Das Land erhielt einen neuen König und einen neuen Bischof. Der neue König war *Knud* der Heilige, der neue Bischof war *Svend Norbagge*. Dieser vollendete die Kirche. Der reichen, aber in ihren Formen höchst einfachen Basilika Bischof Wilhelms fügte er einen Chorbau an (im Rundbogenstil), *den jetzigen hohen Chor*. Dieser hohe Chor ist, im Gegensatz zu den drei Längsschiffen der ehemaligen Basilika, durch beinah acht Jahrhunderte hin in seinen architektonischen Formen unverändert geblieben, weshalb er – was er doch in Wahrheit nicht ist – den Eindruck macht, der *älteste* Teil der Kirche zu sein. Die Aufführung desselben erlitt übrigens eine mehrjährige Unterbrechung, und zwar dadurch, daß in der Nacht, die der Einweihung des neuen Teils der Kirche vorherging, Wand und Deckengewölbe einstürzte. Bischof Svend, so scheint es, war vor allem begierig, keine Zweifel an der architektonischen Kunst seiner Baumeister (wahrscheinlich ebenfalls englische Mönche) aufkommen zu lassen, und so entstand folgende Sage, die Saxo Grammaticus erzählt. In der Nacht, da der Chor einstürzte, sah der Sakristan einen Mann in Mönchstracht auf sich zuschreiten, einen Priester, in dem er alsbald den Bischof Wilhelm erkannte. Der Sakristan gedachte zu fliehen, aber die Stimme des Bischofs hielt ihn fest. Dieser klagte nun, daß man ihn zunächst in seiner Grabesruhe gestört habe, alles aus Eitelkeit, um an der Stelle, wo sein Stein liege, eine prächtige Kanzel aufzurichten. Vor allem aber sei er voll Zorn darüber, daß alle Schritte Bischof Svends dahin gerichtet seien, sich selbst als *alleinigen* Baumeister dieser Kirche auszugeben. Dies solle er nicht ungestraft tun, und er (Bischof Wilhelm) sei jetzt erschienen, um Rache zu üben und den neuen Teil der Kirche niederzubrechen. Darauf schlug Bischof Wilhelm dreimal mit seinem Stabe an die Wand, die unter Krachen zusammenstürzte. – Svend Norbagge, der durch diese Legende seine und seiner Mönche Baumeister-Ehre gerettet sah, schritt sofort zur Wiederaufrichtung des eingestürzten Baues. 1084 erfolgte die Einweihung zu Ehren des heiligen Lucius und der Dreieinigkeit. *Beide* Namen verblieben der Kirche das ganze Mittelalter hindurch.

In deutschen Kunstgeschichten begegnet man gemeinhin der Ansicht, daß der Dom zu Roskilde mehr oder weniger nach dem

Vorbilde des Braunschweiger Domes aufgeführt worden sei. Dies ist mindestens nicht sehr wahrscheinlich. Alle Berichte stimmen darin überein, daß Svend Norbagge, der nachweisbar 1088 starb, den hohen Chor des Roskilder Domes aufgeführt habe. Es liegt kein Grund vor, diese Angaben zu bezweifeln. Die Aufführung des Braunschweiger Domes aber unter Heinrich dem Löwen fällt beinah hundert Jahre später. Außerdem ist nicht zu übersehen, daß in jenen Jahrhunderten der Verkehr zwischen Dänemark und England ein beständiger, der Verkehr mit Deutschland ein höchst geringer war. Andererseits muß zugegeben werden, daß der hohe Chor zu Roskilde eine beinah vollendete Stil-Schönheit zeigt, wie sie einzelne der ziemlich gleichzeitigen englischen Bauten, z. B. die Kapelle im White-Tower und die Abtei-Kirche von Waltham, *nicht* aufzuweisen haben. Um diese Frage indes endgültig zu entscheiden, würde es nötig sein, *alle* englischen Rundbogen-Kirchen jener Epoche zu kennen, und nur erst wenn *jede* an Schönheit hinter Roskilde zurückbliebe, würde man ein Recht haben, die dänischen Überlieferungen anzuzweifeln. Bis dahin seh ich den Irrtum mehr auf *deutscher* Seite, schon deshalb, weil es die Deutschen bisher wie unter ihrer Würde gehalten haben, die skandinavische Kunst ernsthaft in Erwägung zu ziehen.

4. Die Geschichte des Doms von Bischof Svends Tod bis zu Christian I., dem ersten Oldenburger. Von 1088–1448

Als Bischof Svend Norbagge 1088 starb, hatte der Roskilder Dom dieselbe Grundform, in der wir ihn bis diesen Tag erblikken. Wenn aber die Jahrhunderte ihm diese *Grundform* weder nehmen konnten noch wollten, so waren sie doch allezeit bemüht, im *einzelnen* ihn zu modeln und modisch zu machen, d. h. ihm das jedesmalige Kleid dieser oder jener bestimmten Epoche anzuziehen. Dies Kleid war, etwa die ersten 100 Jahre abgerechnet, von 1088–1446 das *gotische*. Es glückte indes nicht, wie ich schon angedeutet habe, dem alten romanischen Bau etwas Erhebliches anzuhaben, und so mußten sich die Bischöfe jener gotischen Epoche – unter denen ebenfalls passionierte Baumeister gewesen zu sein scheinen – damit begnügen, dem Rundbogen-Dom nach Möglichkeit gotische *Außenbauten* anzufügen. Türme, Wappen- und Kapitel-Häuser und wenigstens die Mehrzahl der Kapellen stammen aus dieser Zeit.

Insonderheit wuchsen während dieser Epoche das Ansehn und der Reichtum des Doms, seine Bischöfe wurden – mehr denn vorher oder nachher – die ersten Männer des Landes. Auf allen Blättern der Geschichte begegnet man ihnen, freilich zumeist auf den blutigen. Es war die Zeit, wo die Bischöfe lieber den Panzer als das Kirchenkleid trugen. Bischof *Peter* von Roskilde blieb in der großen Schlacht bei Fodwig (1135), wo außer ihm, nach dem Berichte Saxos, vier Bischöfe und vierhundert Priester auf dem Schlachtfelde lagen. Seinem Nachfolger, dem Bischof Rikke, wurde von Herzog Oluf mit einem Hiebe der Kopf abgetrennt, als der Bischof vorsichtig den Kopf durch das Gitterfenster steckte, um mit dem Herzog zu unterhandeln. Mord und Rache lösten sich untereinander ab; aber – das Ansehen wuchs. Je mehr Blut, je mehr Geschichte. Nichtsdestoweniger fehlt dieser Epoche etwas: *Roskilde hörte auf, der Begräbnisplatz der dänischen Könige zu sein*. Der Vorgang aber, der auf beinah drei Jahrhunderte hin Roskilde um dies Vorrecht brachte, war folgender.

Der fünfte und jüngste von den Söhnen Svend Estridsens, unter dessen glänzender Regierungszeit Roskilde-Dom gebaut worden war, war Niels (Nikolaus). Er bestieg den Thron, wie seine vier Brüder vor ihm; seinen Neffen aber, *Knud* mit Namen, machte er zum Herzog von Schleswig. Herzog Knud, so scheint es, war einer jener Glänzenden und Glücklichen, denen Glück und Glanz zuletzt zum Verderben werden. Sie übersehen *einen* Feind – den Neid. Niels' Sohn, Magnus, von der Sorge gepeinigt, seinen Vetter

Herzog Knud, über kurz oder lang, die Hand auch nach der Königs-Krone ausstrecken zu sehen, lockte schließlich den Herzog, der kein Arg hatte, in ein Gehölz, wo sie sich besprechen und alle Streitigkeiten ausgleichen wollten. Das war in der Nähe von Roskilde. Herzog Knud kam. Als sie sich umarmten, bemerkte Knud, daß sein Vetter Magnus einen Harnisch unter den Kleidern trage, und er fragte ihn, warum er sich gepanzert habe. Prinz Magnus aber antwortete nur: »Komm, Bruder, laß uns niedersitzen.« Als sie saßen, hob Magnus an: »Nun laß uns das Los werfen, welcher von uns beiden nach meines Vaters Tode das Reich erben soll.« Als der Herzog ausweichend antwortete: »er wünsche, daß König Niels ein langes Leben haben möge«, sprang Magnus auf ihn zu, faßte ihn bei den Haaren und zerspaltete ihm den Kopf. Diese Untat weckte einen allgemeinen Groll gegen die Anstifter des Mordes, besonders in Roskilde, wo der Herzog eine starke Partei hatte. Diese Partei hieß die »deutsche Partei«. Bewaffnete Anhänger des Herzogs drangen alsbald bis vor den König und forderten, daß Knud in der Roskilder Kirche feierlich beigesetzt würde. Aber König Niels schlug es ab. Die Gründe werden verschieden erzählt. Die einen sagen: Niels habe aus Haß gegen den Herzog mit »nein« geantwortet; andere aber berichten (und dies scheint das Richtigere), daß der bereits alternde König in Roskilde, wo viel Volk zusammenströmte, einen Aufstand gefürchtet und deshalb die Forderung abgelehnt habe. Gleichviel, die Beisetzung in der Roskilder Kirche erfolgte *nicht*, und Herzog Knud Laward (dies war sein Beiname) wurde nach der benachbarten Abtei von Ringsted gebracht. Die Folge war, daß von da ab, auf drei Jahrhunderte hin, *Ringsted* der Begräbnisplatz der dänischen Könige wurde. Denn alle Könige, die während dieses Zeitabschnittes über Dänemark herrschten, waren Könige aus der Dynastie *Knud Laward*. Und alle wollten ruhen, wo ihr Ahnherr ruhte.

Um zu erkennen, wie groß die Lücke sei, die dadurch in der Geschichte des Roskilder Domes entsteht, ist es nur nötig, die

Namen derer zu nennen, die während jener drei Jahrhunderte in Ringsted-Abtei (einige freilich auch in anderen alten Kirchen Dänemarks) begraben wurden. Es sind dies in erster Reihe die drei *Waldemare*, Waldemar der Große, Waldemar der Siegreiche und Waldemar Atterdag (Anderntag), so geheißen, weil er Groll und Rache, Urteil und Entschlüsse, alles bis auf den andern Tag verschob. Es sind dies ferner die in Lied und Ballade viel besungenen Frauen, Königin Dagmar und Königin Berengaria, die beiden Gemahlinnen Waldemars II., und es sind dies endlich drittens die beiden feindlichen Brüder König *Erich* und König *Abel*, deren Geschichte sich wie ein finstres Drama liest. Alle diese, und viele andere mit ihnen, fehlen in Roskilde; die glänzendsten Namen, die Träger des romantischen Interesses, sie haben anderen Orts ihre letzte Ruhestätte gefunden. Erst das Jahr 1413 bezeichnet einen Wendepunkt.

In diesem Jahre starb die »schwarze Margarethe«, die Königin über drei Reiche, die Gründerin der kalmarischen Union, die Erbauerin des Danewerks, die Semiramis des Nordens. Sie wurde, wahrscheinlich in Gemäßheit ihres letzten Willens, in der Klosterkirche zu Sorö (auch auf Seeland), an der Seite ihres Vaters, Waldemar Atterdag, beigesetzt. Aber Peter Jensen, Bischof von Roskilde, gewillt, seiner Domkirche das alte Vorrecht wiederzuerobern, zog, als er davon hörte, mit starkem Gefolge gen Sorö, ließ den Sarg mit Gewalt fortholen und führte ihn nach Roskilde, wo er seinen nunmehrigen Platz im hohen Chor der Kirche erhielt. Zwanzig Jahre später wurde über ihrem Grabe das große Marmor-Denkmal aufgerichtet, das bis diese Stunde eine besondere Zierde der Kirche ist. Es heißt, daß es von einem Nürnberger Meister herrühre; der Name ist unbekannt. Thorwaldsen soll Worte hoher Bewunderung für diese Arbeit gehabt haben. Die Königin ruht auf einem mächtigen Piedestal wie auf einem Paradebett, und nach Seite der Komposition hin bietet das Monument nichts Besonderes. Während der Reformationszeit haben bilderstürmerische Volksmassen die sämtlichen, halblebensgroßen Figuren, die das Piedestal umstanden, sowie den Marmor-Baldachin, der über dem Ganzen war, zerstört. Unmittelbar nach ihrem Tode genoß diese Königin eines so hohen Ansehens im Lande, daß der Bischof von Upsala schreiben konnte: Haec regina tantae celebritatis extitit apud Danos, ut eam aestiment sanctam (Sie ist bei den Dänen so berühmt, daß man sie für eine Heilige hält). Indes wenig mehr als hundert Jahre hatten ausgereicht, das Andenken daran im Volke hinschwinden zu lassen, und Königin Margarethens Grab wurde entweiht, als ob sie nie ein Gegenstand der Pietät gewesen wäre.

5. Die Domkirche unter den Oldenburgern von 1448–1864

Königin Margarethe starb 1412; einzelne Zwischenregierungen kamen; 1448 bestieg Christian I., zugleich der erste König aus dem Hause Oldenburg, den dänischen Thron. Von diesem Zeitpunkt an wurde Roskilde wieder, was es in seiner ersten Zeit gewesen war: *der Begräbnisplatz der Könige*. Nur drei Oldenburger ruhen an andrer Stätte. Es sind dies: König Hans, derselbe, der in der berühmten Schlacht bei Hemmingstedt von den Ditmarsen geschlagen wurde; König Christian II., der, nachdem er das Stockholmer Blutbad angerichtet, 20 Jahre lang in Schloß Sonderburg gefangen saß; und König Friedrich I., der in seiner nur 10jährigen Regierung die Einführung der Reformation glücklich durchsetzte. Letzterer, König Friedrich I., ist im Dom zu Schleswig, König Hans und König Christian II. sind in der Sankt Knuds-Kirche zu Odense (auf Fünen) begraben. Alle andern Könige aus dem Hause Oldenburg, 12 an der Zahl, ruhen im Dom zu Roskilde.

Den Reigen eröffnet Christian I. Da sich kein Denkmal über seiner Gruft erhebt, auch kein Grabstein aufzufinden war, der irgendwie seinen Namen oder seine Namensziffer getragen hätte, so war es lange Zeit zweifelhaft, ob er überhaupt in Roskilde begraben sei oder nicht. Erst seit 1847 hat man darüber Gewißheit erlangt. In genanntem Jahre wurde der mit Fliesen gedeckte Fußboden in der Heiligen-Dreikönigs-Kapelle behufs eines Umbaus aufgenommen, und etwa fußtief unter dem Fußboden stießen die Arbeiter auf zwei Grabgewölbe, von denen man bis dahin keine Kenntnis gehabt hatte. In Gegenwart König Christians VIII. und unter Heranziehung aller historischen und archäologischen Autoritäten des Landes wurden diese Grabgewölbe geöffnet, in denen man zwei Särge von Tannenholz fand, beide mit Juchtenleder umkleidet. Auf dem größeren Sarge lag ein Schlachtschwert, das man nach einer vorhandenen Zeichnung als das zweihändige Schwert König Christians erkennen konnte; man fand aber bei Öffnung des Sarges noch sicherere Anzeichen. Der Schädel zeigte deutliche Überreste von dem *kastanienbraunen* Haar, das einst einen besondern Schmuck König Christians ausgemacht hatte, und im Ober- und Unterkiefer steckten noch alle Zähne des Königs, *mit Ausnahme von zwei Schneidezähnen*, die er, wie die Geschichtsbücher seiner Zeit berichten, in der Schlacht von Brunkeberg durch einen Hakenbüchsenschuß verloren hatte. Dies schien das Entscheidende, und einstimmig gab die Kommission das Urteil ab, daß dies die irdischen Überreste König Christians I. und seiner Gemahlin Dorothea von Brandenburg seien. Die Wirren der Zeit, namentlich unter Christian II., waren wohl Ursach, daß keine Errichtung eines Monumentes stattgefunden hatte.

Wenn die Epoche von 1088–1448 diejenige war, die, übrigens nur mit geringem Erfolg, dem ursprünglich romanischen Rundbogen-Bau den gotischen Stempel aufzudrücken suchte, so haben die letzten vier Jahrhunderte den Versuch gemacht, der romanisch-gotischen Architektur noch ein drittes Element hinzuzufügen: die *Renaissance*. Dem aufmerksamen Beobachter wird es auch in der Tat nicht entgehen, wie dieselbe den Charakter einzelner Teile des Domes (z. B. das große Hauptportal, Konges Port geheißen) umgestaltet und in einen mehr oder weniger bedenklichen Widerstreit mit den überlieferten Grundformen des Domes gebracht hat; – aber diese widerstreitenden, zum Teil rokokohaften Details drängen sich dem Auge nicht geradezu auf und verschwinden, namentlich wenn man das Innere der Kirche vom großen Hauptportal aus überblickt, innerhalb des mächtigen Pfeilerwaldes, wie Schwalbennester an den Fenstern und Simsen. Möglich, daß ausgangs des vorigen oder auch noch zu Anfang dieses Jahrhunderts diese Renaissance-Details bemerkbar hervorgetreten sind – die Neuzeit, mit ihrem Stilbewußtsein und ihrer Pietät gegen das *ältest*-Ursprüngliche, hat jedenfalls unter den Zutaten und Ornamenten einer späteren Epoche aufgeräumt. Wie jetzt die Dinge sich darstellen, darf man sagen: die Renaissance der Oldenburger hat den alten Dom nur eben berührt. – Wir treten jetzt in das Innere desselben ein.

6. Das Innere der Kirche

Wir treten nun durch das große Portal (Konges Port) in das Innere der Kirche ein. Es macht einen bedeutenden, aber keinen bewältigenden Eindruck. Daß dieser Eindruck nicht mächtiger ist, schiebe ich auf zweierlei: auf die weiße *Tünche* und auf die *Kahlheit* der drei Schiffe. Beide herrschen nicht absolut, aber doch mehr als wünschenswert. Die weiße Tünche (seit der Restauration von 1828) tritt mit einer gewissen Dezenz auf, und die feinsinnige koloristische Art, wie man überall an Pfeilern und Gewölben die vorspringenden Ecken, also alle Profile der Kirche, mit roten Linien durchzogen hat, könnte mit dieser Art der Ausschmückung fast überhaupt versöhnen. In der Tat, bedenklich wird die unleugbare Nüchternheit des Tons erst durch die sie begleitende sachliche *Kahlheit*. Die Schiffe haben keinen rechten Inhalt, keinen monumentalen Schmuck. Wäre Farbenfülle da, so ließe man sich die Kahlheit, wäre sachliche Fülle da, so ließe man sich die Nüchternheit der Farbe gefallen. Aber das Zusammenwirken beider schwächt den Eindruck einer Schönheit, die wir freilich als Schönheit gelten lassen müssen, die aber der bezaubernden Wärme des Lebens entbehrt. Leeren, schmucklosen Längsschiffen begegnet man allerdings bei sehr vielen mittelalterlichen Kirchen, und die berühmte Westminster-Abtei, an die der Roskilder Dom (namentlich auch seiner Mausoleums-Bestimmung halber) sonst so vielfach erinnert, hat von dieser Kahlheit der Längsschiffe noch ein gut Teil mehr als der Dom, der uns hier beschäftigt. Aber jeder, der das prächtige Mittelschiff der Westminster-Abtei durchschritten hat, wird den Eindruck gehabt haben, er passiere eine aus Pfeilern aufgeführte Avenue, die der *eigentlichen* Kirche erst zuführe. Anders in der seeländischen Kathedrale. In dieser wirken die Schiffe nicht als Aufgang, sondern als integrierender Teil, und die innerhalb derselben aufgestellten Gegenstände: Taufbecken, Orgel, Kirchenstühle etc., sowenig sie ausreichend sind, die Kahlheit zu beseitigen, drükken doch andrerseits das Bestreben aus, diese mächtige Halle in *unmittelbaren Zusammenhang* mit dem Rest der Kirche gebracht und darnach beurteilt zu sehen. Erst dadurch empfindet man eine gewisse Leere.

Das Interessanteste, dem man an dieser Stelle, d. h. also innerhalb der drei Längsschiffe, begegnet, ist die *astronomische Uhr*. Ihr *humoristischer* Apparat, wenn ich mich dieses Ausdruckes bedienen darf, ist nicht mehr recht im Gange, aber dies Beiwerk, wie es seinerzeit all die großen Kirchenuhren zu haben pflegten, scheint hier von besonders geschickter Hand hergestellt worden zu sein. Ein Lieblingsgegenstand des mittelalterlichen Humors war bekanntlich das Heraustreten der Kurfürsten (oder auch der Apostel) mit dem Glockenschlag und ihr sich Verneigen vor dem Kaiser bez. vor dem Heiland selbst. Hier in Roskilde kämpfte statt dessen Sankt Jürg mit dem Drachen. Immer wenn die Uhr voll schlug, begann das Pferd des heiligen Georg auf das am Boden liegende Ungeheuer zu stampfen, das nun, zu weitrer Ergötzung, zu zischen und zu schreien begann.

Die andern Sehenswürdigkeiten der Längsschiffe sind ohne besondres Interesse. Es bleiben uns von der Kirche noch: der hohe Chor, die Grabsteine und die Kapellen. Das erste, wo wir nunmehr eintreten, ist

7. Der hohe Chor

Der hohe Chor, nachdem er seine Bedeutung als Chorherrn-Sitz verloren hatte, wurde 1683 zur Grabkapelle eingerichtet. Es stehen hier die Grabmonumente Christians V. und Friedrichs VI. sowie die Marmorsarkophage ihrer beiden Gemahlinnen. An dem Sarkophage Christians V. befindet sich, basreliefartig, eine Darstellung seiner Schlachten und Siege: die Belagerung Hamburgs, die Eroberung Wismars, die Seeschlacht in der Kjögebucht und die Wegnahme von Marstrand.

Mehr im Hintergrund erhebt sich das bereits erwähnte prächtige Monument der Königin Margarethe; zwischen all diesen Denkmälern aber, durch seinen Goldglanz sie überstrahlend, steht der reiche *Altarschrein*, der mit zu den vorzüglichsten Schätzen der Kirche zählt. Seine Erwerbung war eigentümlich. Zur Regierungszeit Friedrichs II. (des Erbauers von Frederiksborg* und Schloß Helsingör) passierte ein holländischer Kaufmann den Sund. Er hatte diesen Altarschrein an Bord und gab den Wert desselben, als er die Ladung des Schiffs (des Sundzolls halber) klarieren mußte, so niedrig an, daß man den König davon in Kenntnis setzte. Dieser kaufte nun den Schrein für ein Geringes und stellte ihn in der eben vollendeten Frederiksborger Kapelle auf. Unter seinem Nachfolger Christian IV. kam der Altar nach Roskilde. Er enthält 33 Darstellungen aus der Lebens- und Leidensgeschichte Christi und zählt zu den größten und

* In der Nacht vom 16. auf den 17. Dezember 1859 niedergebrannt, aber seitdem, äußerlich und innerlich, in alter Form und Einrichtung wiederhergestellt. Es ist das schönste Schloß des Nordens, ein Märchenbau, wie von der Phantasie selber aufgeführt.

schönsten, die man überhaupt besitzt; nur der im Dom zu *Schleswig* befindliche, von Hans Brüggemann herrührend, ist umfangreicher und vollendeter. Der Schleswiger Altar ist zwar unvergoldet und unbemalt, aber das steigert vielleicht nur seinen Wert, wiewohl es ursprünglich nicht Absicht gewesen sein mag, ihm den damals üblichen Goldschmuck vorzuenthalten. Was das Roskilder Kunstwerk angeht, so sind Name des Künstlers und Jahr der Anfertigung unbekannt; man setzt es in den Anfang des 16. Jahrhunderts.

Im hohen Chor befinden sich auch die *vier* (eingangs bereits erwähnten) *Pfeilergräber*, in denen die Gründer und Erbauer der Kirche ruhen: Harald Blaatand, Svend Estridsen, Bischof Wilhelm, dazu (im vierten Grabe) Margarethe Fredkulla, d. h. die Friedensbringerin. Alle vier waren nicht ursprünglich an dieser Stelle beigesetzt; erst 1420 sammelte Bischof Jens Andersen, derselbe, der die Leiche der Königin Margarethe mit Gewalt von Sorö-Abtei nach Roskilde führte, die irdischen Überreste der vier Genannten und errichtete ihnen Gräber in den vier starken *Hauptpfeilern* des hohen Chors.

Alle erhielten ein Bild und eine Inschrift. Die Bilder, in Wasserfarben auf Kalk gemalt, haben sich teilweis erhalten; die Inschriften völlig. An dem Harald Blaatand-Pfeiler erblickt man eine symbolische Darstellung, die auf den Martyrtod des Königs und den Sieg des Christentums über das Heidentum hindeutet. Der künstlerische Wert ist gering, die Farben, wiewohl vielfach abgesprungen, sind merkwürdig gut erhalten.

1825 wurden diese vier Pfeilergräber geöffnet; in dreien fand man Gebeine, in dem Grabe Harald Blaatands *nicht*. Die Vermutung ist ausgesprochen worden, daß schon 1420, als Jens Andersen dies eigentümliche Mausoleum ins Leben rief, die Gebeine Harald Blaatands nicht mehr vorhanden gewesen seien. Doch möchte ich diese Ansicht kaum teilen. Erst mußte der Bischof doch die irdischen Überreste haben, ehe er dazu schreiten konnte, Pfeilergräber herzurichten. Sollte aber der Blaatand-

Pfeiler, lediglich wie ein Monument, durch *Bild* und *Inschrift* an den ersten Gründer der Kirche erinnern, so war es wiederum nicht nötig, in den Pfeiler ein Grab zu mauern. Da dies geschehen, so halte ich es für wahrscheinlich, daß auch das Harald Blaatand-Grab seinen Inhalt gehabt hat, so gut wie die drei andern. – Voraussichtlich sind diese Gräber zu verschiedenen Malen geöffnet worden.

8. Die Grabsteine

Roskilde-Dom ist vor allem reich an Grabsteinen, wiewohl die *alte* Stein-Generation dem neuen Nachwuchs fast überall hat Platz machen müssen. Nur wenige Steine gehen bis vor das 16. Jahrhundert zurück. Nichtsdestoweniger ist kein Mangel da an Bischöfen und Pröpsten, an Rektoren und Pastoren, an Bürgermeistern und Ratsherren, die hier in langen Reihen liegen und als letztes, was die Erde ihnen gab, ihren Stein gefunden haben. Wir verweilen nur bei wenigen.

Da ist zunächst, im nördlichen Seitenschiff, der Grabstein des Saxo Grammaticus. Der Norden hat keinen Mann aufzuweisen, an dessen Ruhestätte wir dankbareren Sinnes zu verweilen hätten. Das Beste, was wir von Sage und Geschichte des alten Nordlands wissen, von den Tagen grauer Vorzeit an bis zu den glänzenden Tagen Waldemars des Großen – wir wissen es durch *ihn*. Treu, zuverlässig in allem, so weit die Historie reicht, poetisch, wo die Sage beginnt – ist er die eigentlichste Nordlandsquelle, die für uns fließt. Der glänzenden Epoche, in der er lebte, verdanken wir überhaupt eine ganze Anzahl auf geistigem Gebiet ausgezeichneter Männer: *Absalon* oder Axel, Erzbischof zu Lund, *Espern Snare**, erster Minister Waldemars I. und Bruder

* *Espern Snare* (d. h. Espen Schlinge) genoß fast eines gleichen Ansehns wie sein Bruder, der Erzbischof. Er war reich, erbaute Schloß Kallundborg und schenkte 14 Dörfer an das Kloster zu Sorö, das unter den Begräbnisplätzen der dänischen Könige den vierten Rang einnimmt,

des Erzbischofs Absalon, *Saxo*, Propst zu Roskilde, und *Svend Agensen*, wahrscheinlich Propst zu Sorö oder Ringsted, beide Geschichtsschreiber. *Holberg*, in seiner dänischen Reichshistorie, bemerkt über Saxo: »Er hat die *dänische Chronik* geschrieben, welche durch ganz Europa bekannt und wegen ihrer zierlichen lateinischen Schreibart überall als ein Meisterstück angesehen ist. Er schrieb diese Chronik auf Veranlassung des Erzbischofs Absalon. Was den Inhalt angeht, so sind die ersten Bücher voll *ungereimter Fabeln*, die acht letzten Bücher aber kann man für eine der besten Historien halten. Er wurde, wegen seiner Gelehrsamkeit, der Grammatiker (Grammaticus) genannt.« Soweit Holberg. Dies Lob ist ziemlich nüchtern. Heute gelten uns die Bücher »voll ungereimter Fabeln« mindestens ebensoviel wie die wirklichen Geschichtsbücher. Holberg schrieb dieses Urteil in den Tagen der Aufklärung, wo Sagen und Märchen ihren niedrigsten Kurs hatten. Jetzt entzückt uns wieder die poetische Fülle, die in den »ungereimten Fabeln« steckt.

erst Roskilde, dann Ringsted, dann die St. Knuds-Kirche in Odense, dann Sorö. Wenn Erzbischof Absalon Gott diente, so diente Espern Snare, wie sich das Volk erzählte, dem Teufel. Der Teufel holte ihn auch zuletzt, nachdem er zuvor durch geschickte Praktiken seinen Meister überlistet hatte. Von diesem Espern Snare führte das eine dänische Panzerboot den Namen, das, während des letzten Krieges, vielfach neben dem Rolf Krake genannt wurde. – Auch über die mythische Gestalt *Rolf Krakes* an dieser Stelle noch ein Wort, da die verschiedensten Ansichten darüber zirkulieren, was und wer Rolf Krake gewesen sei. Sein Vater war König Helge. Dieser Helge (denn es gibt verschiedene) ist der Ödip des Nordens, nur umgekehrt. Ödip wird unwissentlich der Gemahl seiner Mutter, Helge wird unwissentlich der Gemahl seiner Tochter Irsa. Als er es erfährt, versinkt er in Schwermut. Der Sohn dieser Ehe zwischen Vater und Tochter ist *Rolf Krake*. Krake heißt Zwerg; er erhielt diesen Beinamen, weil er zwergenhaft klein war. Er galt nichtsdestoweniger als der größte und hochherzigste König des Nordens, und als Olaf der Heilige später gefragt wurde, welchem von den alten heidnischen Königen er am ehesten folgen möchte, antwortete er: dem Rolf Krake. (Auch Staerk-odder, ein drittes Panzerschiff der Dänen, ist der Name eines Fabelhelden, der durch seine riesige *Kraft* berühmt war.)

Der Grabstein Saxos ist eine einfache Schieferplatte in Form eines zugeschrägten Oblongs. Ob sie je eine Inschrift hatte, ist schwer zu sagen; jedenfalls war sie schon im 16. Jahrhundert weggetreten. Bischof Lago Urne ließ deshalb eine Tafel in die Wand einfügen, die mit folgenden Worten beginnt:

Qui vivens alios aeternum vivere fecit
Saxo Grammaticus mortuus hic recubat.
Er, der lebend andre lebend machte,
Saxo Grammaticus ruht im Tode hier.

In demselben Seitenschiff liegt der Grabstein des Chorherrn *Sören Olsen*, ein Stein, auf dem sich ein *Skelett befindet mit einer Schlange um den Hals*. Wahrscheinlich hat dies Bild eine christlich symbolische Deutung und heißt einfach: die Sünde schafft den Tod oder, plastischer ausgedrückt: die Sünde erwürgt uns. Aber dem Volke, das hier wie überall romantisch gesonnen ist, hat diese Erklärung nicht genügt, und sie erzählen sich folgendes: Sören Olsen, als er eine Reise ins Ausland antrat, ließ seiner Tochter eine Summe Geldes zurück mit dem Befehl, es an Arme zu schenken, wenn er nicht zurückkehren sollte. Sie aber, statt zu gehorsamen, ließ sich eine schwere Goldkette von dem Gelde machen, freilich zu ihrem schweren Leid. Denn als sie die Kette das erste Mal um den Hals legte, wurde die Kette zu einer Schlange, die alles wegfraß, was die Dirne zum Munde führen wollte. So starb sie vor Hunger.

Die älteste Inschrift in der Kirche geht bis auf das Jahr 1128 zurück und steht auf dem Grabstein des Reichsrats Helge, der unter König Niels (desselben Königs, der die Leiche des ermordeten Knud Laward nach Ringsted bringen ließ) in Diensten war. Die Kirche muß sich übrigens seit langer Zeit mit dem bloßen Faksimile der Inschrift behelfen; der Originalstein ist dem Museum für nordische Altertümer in Kopenhagen einverleibt worden. Sie ist nur merkwürdig wegen ihres hohen Alters, nicht wegen ihres Inhalts.

Der letzte Grabstein, dessen wir erwähnen, liegt im Gange vor der Sakristei. Er hat nie eine Inschrift gehabt, und der Sage nach ist ein *Hengst* unter demselben begraben, mutmaßlich das Lieblingsroß eines Bischofs. Das Volk hat dies, voll gerechter Entrüstung, immer als eine Entweihung des heiligen Orts empfunden, und sooft in alten Zeiten Kirchenbesucher über diesen Grabstein hinschritten, pflegten sie darauf zu spucken. – Jetzt ist die Sache tot, und der Groll ist gestorben.

9. Die Grabkapellen

Viele Grabkapellen – darunter auch die Grabkapellen der vier alten, nun ausgestorbenen Familien: Krag, Hahn, Krabbe und Trolle – umstehen von zwei Seiten her den alten Dom; nur aber die drei großen Anbaue, in denen die *Oldenburger* ruhen, interessieren uns an dieser Stelle. Es ist schwer, wenn man von der Architektur dieser Grabkapellen absieht, über den eigentlichen Inhalt derselben zu berichten, weil sich die hier ruhenden Könige, ihre Namen, ihre Taten und ihre Marmorbilder untereinander so ähnlich sehen; wenigstens glauben wir es. Für den freilich, der sich mit dänischer Geschichte beschäftigt hat, sind diese Christiane und Friedriche nicht ähnlicher untereinander als die Hohenzollern, die Habsburger, die Braunschweiger, aber – wer beschäftigt sich mit dänischer Geschichte? Selbst der 16jährige Kampf, der eben jetzt zur endlichen Losreißung der Herzogtümer von Dänemark geführt hat, hat an diesem Verhältnis nichts Wesentliches ändern können. Dänische Geschichte ist eine Spezialität, eine Liebhaberei, keine Schul-Disziplin, kein Erfordernis der Bildung.

Dazu kommt noch ein anderes. Wenige wagen sich überhaupt heran, das ist notorisch; aber auch für diese wenigen, natürlich die Fachleute abgerechnet, ist *wagen und gewinnen nicht immer ein und dasselbe*. Wer nicht fachmäßig ernst herantritt, wird mehr

Wirrsal als Wissen ernten, und daran ist allerdings die schon angedeutete *Namens-Uniformität* der dänischen Könige sehr wesentlich schuld. Schlosser, wenn ich nicht irre, hat die Könige die Krücken genannt, mit deren Hilfe der Schlechtbewanderte seine Wanderung durch die Geschichte anzutreten pflege. Das ist gut; aber wenn diese Krücken helfen sollen, müssen es auch wirkliche Krücken sein, nicht Rohrstäbe, die einem unter der Hand zerbrechen. Acht Christiane, acht Friedriche – welche Stützen gewähren diese Namen! Keine. Unter allen Unterscheidungs-Kennzeichen ist die *Zahl* die kümmerlichste, die poesieloseste, sie gibt kein Bild, keine Vorstellung, sie gibt nichts als sich selbst. Es ist unglaublich, wie sich Historiker – die doch immer halbe Poeten sein müssen – darüber haben täuschen können. So finde ich in einem dänischen Geschichtsbuche folgendes: »Mit Waldemar Atterdag hörte auch die *Un*sitte auf, den dänischen Königen einen volkstümlichen Namen zu geben, und die *Zahl* trat statt dessen in ihr Recht.« Die Zahl hat gar kein Recht. Wie leicht hätte man es, verhältnismäßig, sich unter den sechzehn Oldenburgern mit ihren zwei typischen Namen zurechtzufinden, wenn sie ebenso volkstümliche Unterscheidungs-Beinamen führten wie die Svends, die Haralds, die Waldemare einer früheren Epoche. An der Spitze stehen die Erichs: Erich Lam (das Lamm), Erich Barn (das Kind), Erich Ejegod (der Herzensgute), Erich Harefod (Hasenfuß), Erich Plogpening (Pflugpfennig), Erich Glipping (der mit den Augen zwinkert), Erich Mendved (»beim heiligen Mann«, etwa wie Heinrich *Jasomirgott* in unserer deutschen Geschichte). Der grausig-schönste Beiname ist *Oluf Hunger,* weil, solange dieser König herrschte, *Hungersnot* im Lande war. Die Oldenburger haben solche Beinamen *nicht*, und so erschwert denn allerdings der Gleichklang ihrer Namen den Bericht über Dinge, die erst durch klar dahinterstehende Persönlichkeiten Leben und Interesse gewinnen. Mit diesen Schwierigkeiten hat mein Bericht zu kämpfen.

Die älteste und, wie mir scheinen will, schönste unter den

oldenburgischen Grabkapellen ist die *Heiligedreikönigs-Kapelle*. Christian I., der erste Oldenburger, ließ sie im Jahre 1464 aufführen, aber nicht als eine Art Mausoleum, sondern lediglich als eine kirchliche Kapelle, in der Seelenmessen für verstorbene Mitglieder des königlichen Hauses gehalten werden sollten. Noch einmal, der Zweck dieser Kapelle war *Gottesdienst*, nicht Beisetzung.

Etwa hundert Jahre später änderte sich dies. Die Reformation entfernte die fünf Altäre, die Freskomalereien an Wand und Decke wurden übertüncht, und ehe das 16. Jahrhundert schloß, war aus dem bunten, reichgeschmückten Bau, der eine *gotische Kirche im kleinen* war, eine nüchterne Grabkapelle geworden, die nichts anderes an Schönheit aufwies als die prächtigen Grabmonumente, die inzwischen in ihr errichtet worden waren.

So lag, etwa seit dem Tode Friedrichs II. (1588), die Heiligedreikönigs-Kapelle wie ein vergrabener Schatz da; selbst der Ruf ihrer besonderen Schönheit war im Laufe der Jahrhunderte verlorengegangen. Erst unserer Zeit fiel es zu, den Schatz wieder zu heben. Man entdeckte, daß die alten Wand- und Deckenmalereien der Kapelle unter der aufgetragenen Tünche völlig frisch geblieben waren, und mit geschickter Hand den dünnen Auftrag von Wand und Decke wieder lösend, glückte es, diese prächtige Kapelle in ihrer ganzen mittelalterlichen Schönheit wiederherzustellen. Die weiße Tünche hatte den Zauber jahrhundertelang verdeckt – aber auch geschützt.

Die Kapelle ist nicht groß; vier Gewölbe ruhen auf einem Mittelpfeiler, so daß der ganze Bau palmenartig aus einem einzigen schlanken Schaft emporzuwachsen scheint. Diese graziöse Schönheit ist aber nicht die Eigentümlichkeit dieser Kapelle, ihre Besonderheit ist der Farbenzauber, den sie übt. *Sie ist ein Mosaik aus Bildern*. Bilder aus der Lebens- und Leidensgeschichte Christi, der Heiligen Drei Könige, Heiligenbilder, Apostel, Madonnen, Wappenbilder (darunter auch das brandenburgische) lösen sich untereinander ab, überall aber, wo in Ecken und Gewölbekappen eine leere Stelle geblieben, da ranken sich auf farbenreichem Grunde Blumen und Laubgewinde, und zwischen ihnen schweben musizierende Engel. Aus einer der Blütendolden wächst gotisch-phantastisch ein Narrenbild hervor und schüttelt die Schellenkappe und schwingt das Tamburin. Der Eindruck dieser Farbenbuntheit ist zauberhaft, ein Teppich, dessen Farben uns entzücken, lange bevor wir uns klar darüber geworden sind, was sie bedeuten.

Nach dieser Seite der *Farbenwirkung* hin liegt die Bedeutung der Heiligendreikönigs-Kapelle. *Ich habe nichts Ähnliches gesehen.* Sie ist angetan, den Streit zu schlichten, ob die volle Buntheit der gotischen Kirchen wiederherzustellen sei oder nicht. Ich bekenne, daß ich jahrelang meine Zweifel darüber gehegt habe; diese Kapelle aber entscheidet zugunsten der Farbe. Sie zeigt unter allen Umständen, wie die Farben wirken *können.* Viele ähnliche Restaurationen (namentlich auch in den belgischen Kirchen) haben unleugbar Befremdliches; die Heiligedreikönigs-Kapelle aber überführt. *Sie ist ein chef d'œuvre gotischer Kunst.*

In dieser Kapelle ruhen, wie schon an anderer Stelle gesagt, die Gebeine Christians I. (*ohne* jegliches Denkmal), und die prächtigen Grabmonumente Christians III. und Frederiks II. erheben sich neben der unscheinbaren Gruft ihres Ahnherrn, des ersten Oldenburgers. Prächtig, wie diese Grabmonumente sind, so sind sie doch andererseits zu typisch-traditionell, als daß ihre Beschreibung gerechtfertigt wäre. Schwarz-marmorne Sarkophage, abwechselnd eine ruhende oder betende Rittergestalt (mal Marmor, mal Alabaster) und über dem Ganzen ein leichterer oder schwererer Baldachin. Eigenartiges bringen in der Regel nur die *Basreliefs.* So ist es auch hier. Die Reliefs am Sarkophage Frederiks II. sind eine Erzählung seiner Siege im Lapidarstil. Dithmarschens Eroberung 1559; Elfsborgs Eroberung 1563; Halmstads Belagerung 1563; Bahuus Belagerung 1566; Aggerhuus Belagerung 1567; Warbergs Belagerung 1567; – diese sechs Ruhmes-

Töchter umstehen den Sarg des Königs. Mannigfach eingefügt in den Marmor sind die Buchstaben T. I. W. B., d. h. »Treu ist Wild-Bret«. Dies war die Devise des Königs und zugleich sein Lieblingsausruf, etwa nach Art von ventre saint gris. »Wildbret« war zudem der Name seines Favorithundes, und es heißt, der König habe durch seinen Lieblingsspruch eine Art ironisches Mißtrauensvotum gegen alle geheuchelte Loyalität ausdrücken wollen. So hatte auch das Wohnzimmer des Königs in Schloß *Frederiksborg* (von ebendiesem Könige gebaut und nach ihm benannt) eine Tapete, auf der die Figur des Favorithundes beständig wiederkehrte. Am Halsband desselben stand das bekannte T. I. W. B.

Die *zweite* Grabkapelle aus der oldenburgischen Zeit ist die *Kapelle Christians IV.*, im Jahre 1617 auf Befehl ebendieses Königs vom Baumeister Hans Steenwinkel aufgeführt. Der Bau war aber noch nicht beendet, als Christian IV. starb, und dem berühmtesten Könige aus dem oldenburgischen Hause fiel das Los zu, in einer schmucklosen, nur im Gröbsten zum Abschluß gekommenen Kapelle beigesetzt zu werden. Auch kein Grabmonument wurde ihm errichtet; – hereinbrechende Kriegsnöte entzogen die Mittel dazu. So standen die Dinge 200 Jahre lang. Erst König Christian VIII. (derselbe, der, wie wir gesehen haben, 1847 nach der Gruft und den Gebeinen Christians I. forschen ließ) beschloß, die alte Schuld zu zahlen und seinem Ahnherrn eine würdige Ruhestätte zu bereiten. Thorwaldsen wurde beauftragt, das lebensgroße Bildnis Christians IV. im Modell herzustellen (er tat es), und die bedeutendsten Historienmaler Dänemarks: Eddelien, Constantin Hansen und Jakob Kornerup, erhielten Auftrag, die bis dahin kahle Kapelle mit Gemälden aller Art zu schmücken. Sie gingen ans Werk. Die vier Kappen des großen Deckengewölbes zeigen nunmehr auf Goldgrund ebensoviel *allegorische* Darstellungen, an den Friesen hin läuft eine dänische Porträtgalerie von Berühmtheiten aus der langen und glänzenden Regierungszeit Christians IV., an den zwei Hauptwänden der

Kapelle aber nehmen zwei große historische Bilder die Aufmerksamkeit des Eintretenden in Anspruch. Die Gegenstände dieser Bilder sind so gewählt, daß das eine die *Gerechtigkeit* des Königs, das andre seine siegreiche *Tapferkeit* zur Erscheinung bringt. Auf dem erstern Bilde erblicken wir den König auf seinem *Thron*, vom dänischen Reichsrat umgeben, wie er den Reichsratmann Christoph Rosenkrantz wegen Fälschung und Gelderpressung zum Tode verurteilt – ein Ereignis, das seinerzeit, angesichts der Privilegien des dänischen Adels, eine ähnliche Sensation hervorrief wie die Hängung Schlubhuts unter König Friedrich Wilhelm I. Das zweite Bild, dem erstern gegenüber, stellt die große Seeschlacht bei Fehmarn dar, in der der damals schon 70jährige König die schwedische Übermacht besiegte, aber durch einen Splitterschuß sein rechtes Auge verlor. Aus der langen Reihe der Porträts, die sich teils auf diesen Wandbildern, teils auf den Friesen vorfinden, nenne ich mit Übergehung der Reichskanzler und der Mehrzahl hoher Würdenträger nur folgende: Tycho de Brahe; Christopher *Walkendorf*, der den Tycho de Brahe stürzte; *Hannibal Sehstedt*, Statthalter in Norwegen und Gemahl der ältesten Tochter des Königs von der schönen Christine Munk; *Jürgen Wind*, Reichsadmiral, der die Flotte in der Schlacht bei Fehmarn befehligte und 16 Tage später an seinen Wunden starb; *Arild Hvidtfeld,* Reichskanzler und berühmter dänischer Geschichtsschreiber; *Andreas Soerensen Wedel*, Gelehrter und Sammler der alten dänischen Volksweisen; *Hans Steenwinkel*, Baumeister; *Carl von Mander*, berühmter Historienmaler.

Die Wirkung, die diese Kapelle auf den Eintretenden ausübt, ist der der Heilgendreikönigs-Kapelle in mancher Beziehung verwandt, wenigstens momentan. Bild drängt sich an Bild; dabei Fülle, Zusammenklang der Farben. Aber der Eindruck einer Ähnlichkeit schwindet bald. Der gotische Bau aus der Zeit Christians I. hat eben ganz den *Kapellen*-Charakter, die Kapelle Christians IV. dagegen hat überwiegend den Charakter einer *histo-*

rischen Galerie; jene wirkt *kirchlich*, diese künstlerisch; jene will Stimmung geben, bloße Akkorde und mahnt freundlich von Betrachtung des einzelnen ab, diese fordert das Studium der Einzelnheiten heraus. Erst aus diesen Einzelnheiten erwächst der Reiz. Auch daß die Grabmonumente fehlen, schafft einen Unterschied. Nur die *Bronze*-Statue Christians IV. (ebenjene Arbeit Thorwaldsens) erhebt sich in der Kapelle, die den Namen jenes berühmten Königs trägt.

Die *dritte* Grabkapelle ist die neueste und größte; sie heißt die Kapelle *Friedrichs V.* Ihr Stil ist der romanische. Die Stuck-Friese, die vier Gurtbogen, die Kuppeln und Säulen mit ihren Kapitälen sind mit brillanter Technik durchgeführt, und das klare Licht, das einfällt, gibt dieser Kapelle etwa das Ansehn jener an antike Formen sich anlehnenden Kirchen, wie Schinkel sie zu bauen liebte: hell, lichtvoll, verständlich, etwas nüchtern.

Hier ruhen die Oldenburger, die seit Anfang des vorigen Jahrhunderts auf dem dänischen Thron gesessen haben: der fried- und prunkliebende Christian VI.; der wohlwollende, den Künsten und Wissenschaften zugeneigte Friedrich V. (Bernstorff, Klopstock); der in Wahnsinn gefangene Christian VII. (Struensee und Brandt); der hochherzige Friedrich VI., der zweimal der Übermacht Englands trotzte und – unterlag (Seeschlacht und Bombardement von Kopenhagen); der dänisch-nationale Christian VIII., der das aufglimmende Feuer durch weise Mäßigung dämpfte, bis der offne Brief aufs neue es schürte; endlich der antideutsche Friedrich VII., unter dem die Flamme durchbrach; seine Thronbesteigung das Signal zum Kampfe wie sein Tod das Signal zu endlicher Befreiung! Alle diese Könige ruhen hier beieinander. Daneben Königinnen, Prinzen und Prinzessinnen, alle in Sarkophagen oder tief eingesargt und ein Marmormonument über der Gruft. Der Tod sitzt hier in Pomp auf seinem Thron und überblickt seine Ernte. Vielleicht weil sie *zu* reich ist, wendet sich das Auge davon ab.

Vertrocknete Kränze lagen noch auf dem Sarkophage Friedrichs VII., als ich eintrat. Lobsprüche, Worte der Liebe und Verehrung waren eingeschnitten in den Sarg; – er *soll* ein Held, ein Liebling sein, die Nation *will* es. Wohlan, es sei. Aber andre Tage werden kommen und strenger über den »Matrosen-König« zu Gericht sitzen. Und dem strengen Gericht wird ein gleichgültiges Schweigen folgen. Eh noch sein Eichensarg verfällt, wird sein Name verfallen sein, vergessen von denen, die auch dann noch den alten Bau Svend Norbagges andächtig durchschreiten und an dem namenlosen Schiefer-Grabsteine Saxos in dankbarer Erinnerung verweilen werden.

Frederiksborg

In der Politik ging inzwischen alles ruhig seinen Gang. Erst für Anfang Dezember war ein neuer Ansturm geplant, hinsichtlich dessen die Meinung der Prinzessin dahin lautete, daß für diesmal, und zwar aus Klugheit, dem Ansturme nachzugeben sei; im selben Augenblicke, wo Hall gehe, werde das Land auch schon einsehen, was es an ihm gehabt habe. Dieser Ansicht schloß sich der prinzliche Hof natürlich an, und Holk war eben im Begriff, in eben diesem Sinne an Christine zu schreiben und ihr die staatsmännische Bedeutung Halls auseinanderzusetzen, als Pentz eintrat.

»Nun, Pentz, was gibt mir so früh schon die Ehre ...«

»Große Neuigkeit.«

»Louis Napoleon tot?«

»Wichtiger.«

»Nun, dann muß das Tivoli abgebrannt oder die Nielsen katarrhalisch affiziert sein.«

»Es hält sich zwischen beiden: wir gehen morgen nach Frederiksborg.«

»Wir? wer sind ›wir‹?«

»Nun, die Prinzessin und alles, was ihr zugehört.«

»Und morgen schon?«

»Ja. Die Prinzessin ist nicht für Halbheiten, und wenn sie etwas vorhat, so müssen Plan und Ausführung wo möglich zusammenfallen. Ich bekenne, daß ich lieber hiergeblieben wäre. Sie kennen Frederiksborg noch nicht, weil Sie sich als dänischer Kammerherr der Aufgabe, dänische Schlösser *nicht* kennenzulernen, mit einer merkwürdigen Nachhaltigkeit unterzogen haben. Und weil Sie Frederiksborg noch nicht kennen, so können Sie's drei Tage lang dort aushalten oder im Studium von allerlei Krimskrams, von Perückenbildern und Runensteinen, auch wohl drei Wochen lang. Denn es gibt manches derartige da zu sehen: einen Elfenbeinkamm von Thyra Danebod, einen Haarbüschel à la Chinoise von Gorm dem Alten und einen eigentümlich geformten Backzahn, in betreff dessen die Gelehrten sich streiten, ob er von König Harald Blauzahn oder von einem Eber der Alluvialperiode herstammt. Ich persönlich bin für das erstere. Denn was heißt Eber? Eber ist eigentlich gar nichts, schon deshalb nicht, weil die historische Notiz im Katalog immer die Hauptsache bleibt und über einen Eber meistens nur sehr wenig, über einen halb sagenhaften Seekönig aber sehr viel zu sagen ist. Ich bin Ihres Interesses für derlei Dinge ziemlich sicher, und als Genealoge werden Sie die Haraldblauzahnschen Verwandtschaftsgrade zu Ragnar Lodbrock oder vielleicht sogar zu Rolf Krake feststellen können. Also für Sie, Holk, ist am Ende gesorgt. Aber was mich angeht, ich bin nun mal mehr für Lucile Grahn und für Vincent und, wenn es nicht anders sein kann, selbst für eine ganz alltägliche Harlekin-Pantomime.«

»Glaub's«, lachte Holk.

»Ja, Sie lachen, Holk. Aber wir sprechen uns wieder. Ich redete da vorhin was von drei Wochen; nun ja, drei Wochen mögen gehen, aber sechs und richtig gerechnet beinah sieben – denn die Prinzessin schenkt einem keine Stunde und hat kein Fiduzit zum neuen Jahr, wenn sie das alte nicht in Frederiksborg zu Grabe geläutet hat –, sieben Wochen, sag ich, das ist mutmaßlich auch für Sie zuviel, trotzdem Pastor Schleppegrell ein Charakter und sein Schwager Doktor Bie eine komische Figur ist. Mißverstehen Sie mich übrigens nicht, ich weiß recht gut, was ein Charakter, und noch mehr, was eine komische Figur unter Umständen wert ist; aber für sieben Wochen ist das alles zuwenig. Und wenn es nicht schneit, so regnet es, und wenn Regen und Schnee versagen, so stürmt es. Ich habe schon viele Windfahnen quietschen und viele Dachrinnen und Blitzableiter klappern hören, aber solch Geklapper wie in Frederiksborg gibt es nirgends mehr in der Welt. Und hat man Glück, so spukt es auch noch, und ist es keine tote Prinzessin, so ist es eine lebendige Kammerfrau oder eine Hofdame mit wasserblauen Stechaugen ...«

»Ach, Pentz, daß Sie nichts sprechen können, ohne dem armen Fräulein einen Tort anzutun. Denn die Hofdame mit den Stechaugen, das soll doch natürlich die Rosenberg sein. Wären Sie nicht fünfundsechzig und wüßt ich nicht, daß Sie zu andern Göttern schwören, ich glaubte wahrhaftig, Sie wären in Ebba verliebt.«

»Das überlasse ich andern.«

»Erichsen?«

»Versteht sich, Erichsen.« Und er lachte herzlich.

Tags darauf, gerad um die Mittagsstunde, hielten zwei Wagen vor dem Palais der Prinzessin, deren Dienerschaft mitsamt dem Gepäck schon eine Stunde vorher, und zwar unter Benutzung der nach Helsingör führenden Eisenbahn, aufgebrochen war. Man verteilte sich in den zwei Wagen wie damals auf der Rückfahrt von der Eremitage her, im ersten Wagen saß die Prinzessin mit der Schimmelmann und Ebba, im zweiten die drei Herren. Es war ein sonnenloser Tag, und graue mächtige Wolkenmassen zogen am Himmel hin. Aber der Ton, den diese Wolkenmassen der Landschaft gaben, ließ den Reiz derselben nur um so größer erscheinen, und als man den Fure-See, der etwa halber Weg war, an seinem Ufer hin passierte, hob sich Ebba von ihrem Sitz und konnte sich nicht satt sehen an der stahlfarbenen leisgekräuselten Fläche, die die drüberhin fliegenden Möwen mit ihren Flügeln fast berührten. Das Ufer stand in dichtem und weit in den See hineinwachsendem Schilf, und nur dann und wann kamen Weiden, deren blätterlose Zweige bis tief herab hingen. An der andern Seite des Sees aber zog sich ein dunkler Waldstrich, drüber ein Kirchturm aufragte. Dazu tiefe Stille, nur unterbrochen, wenn aus dem Walde ein vereinzelter Schuß fiel oder das Gerassel des auf tausend Schritt Entfernung vorüberfahrenden Eisenbahnzuges hörbar wurde.

Ebba machte diese Fahrt zum ersten Mal. »Ich kenne den Süden nicht«, sagte sie, »aber er kann nicht schöner sein als das hier. Alles wirkt so geheimnisvoll, als berge jeder Fußbreit Erde eine Geschichte oder ein Geheimnis. Alles ist wie Opferstätte, gewesene oder vielleicht auch noch gegenwärtige, und die Wolken, die so grotesk drüber hinziehn – es ist, als wüßten sie von dem allen.«

Die Prinzessin lachte. »Daß ich ein so romantisches Fräulein um mich habe! Wer hätte das gedacht; meine gute Rosenberg mit ossianischen Anwandlungen! Oder, um ein Wortspiel zu wagen, meine Ebba auf Edda-Wegen.«

Ebba lächelte, weil sie sich in ihrer romantischen Rolle selber ein wenig fremd vorkommen mochte; die Prinzessin aber fuhr fort: »Und das alles schon angesichts dieses Fure-Sees, der doch eigentlich nur ein See ist wie hundert andre; was steht uns da noch bevor, wenn wir erst in Frederiksborg an unserem Reiseziel sein werden, den Esrom-See zur Rechten und den Arre-See zur Linken, den großen Arre-See, der schon Verbindung hat mit dem Kattegat und dem Meer. Und er friert auch nie zu, die Schmalungen und die Buchten abgerechnet. Aber was spreche ich von den Seen, die Hauptsache bleibt doch immer das Schloß selbst, mein liebes, alte Frederiksborg, mit seinen Giebeln und Türmen und seinen hundert Wunderlichkeiten an jedem Tragstein und Kapitell. Und wo sich andre Schlösser mit einem einfachen Abzugsrohr begnügen, da springt in Frederiksborg die Dachrinne zehn Fuß weit vor, und an ihrem Ausgange sitzt ein Basilisk mit drei Eisenstäben im weitgeöffneten Rachen, und an den Stäben vorbei schießt das Wasser auf den Schloßhof. Und wenn dann das Wetter wechselt und der Vollmond blank und grell darübersteht und alles so unheimlich still ist und das ganze höllische Getier aus allen Ecken und Vorsprüngen einen anstarrt, als ob es bloß auf seine Zeit warte, da kann einem schon ein Grusel kommen. Aber dieser Grusel ist es gerade, der mir das Schloß so lieb macht.«

»Ich dachte, Frederiksborg wäre eins von den ›guten Schlössern‹, ein Schloß ohne Spuk und Gespenster, weil ohne Blut und Mord und vielleicht überhaupt ohne große Schuld und Sünde.«

»Nein, da hoffst du mehr, als dir mein schönes Frederiksborg erfüllen kann. Ohne Blut und Mord, das möchte sein. Aber ohne Schuld und Sünde! Meine liebe Ebba, was lebt zweihundert Jahr ohne Schuld und Sünde! Mir schwebt gerade nichts vor, nichts, wo man schaudert und klagt, aber an Schuld und Sünde wird's nicht gefehlt haben.«

»Ich möchte doch beinah widersprechen dürfen, gnädigste Prinzeß«, sagte hier die Schimmelmann. »Ebba, denk ich, hat recht, wenn sie von einem ›guten Schlosse‹ spricht. Unser liebes Frederiksborg ist doch eigentlich nur ein Museum, und ein Museum, denk ich, ist immer das Allerunschuldigste ...«

»... was es gibt«, lachte die Prinzessin. »Ja, das sagt man und ist auch wohl die Regel. Aber es gibt auch Ausnahmen. Altar, Sakristei, Grab und natürlich auch Museum – alles kann entheiligt werden, alles hat seine Sakrilegien erlebt. Und dann bleibt auch immer noch die Frage, *was* ein Museum alles beherbergt und aufweist. Da gibt es oft wunderliche Dinge, von denen ich nicht sagen möchte, sie seien unschuldig. Oder zum mindesten sind sie trüb und traurig genug. Als ich noch eine junge Prinzessin war, war ich einmal in London und habe da das Beil gesehen, womit Anna Bulen hingerichtet wurde. Das war auch in einem Museum, freilich im Tower, aber das ändert nicht viel; Museum ist Museum. Im übrigen, wir wollen unserer lieben Ebba nicht unser schönstes Schloß verleiden, unser schönstes und mein Lieblingsschloß dazu, denn ich habe, durch viele Jahre hin, immer gute Tage darin verlebt. Und wie's auch sein mag, gruselig und gespenstig oder nicht, du, liebe Ebba, sollst es wenigstens sicher darin haben, denn ich habe mich für deine Unterbringung im Turm entschieden.«

»Im Turm?«

»Allerdings im Turm, aber nicht in einem Turm mit Schlangen. Denn unter dir wird dein schwedisches Mädchen wohnen und über dir Holk. Ich denke, das wird dich beruhigen. Und jeden Morgen, wenn du ans Turmfenster trittst, hast du den schönsten Blick auf See und Stadt und auf den Schloßhof und alles, was ihn umgibt, und wenn sich meine Wünsche erfüllen, so sollst du glückliche Stunden in deinem Turmverlies verleben ... Ich weiß auch schon, was ich dir als Julklapp beschere.«

Während sie noch so sprachen, waren sie bereits bis weit über die Nordostecke des Fure-Sees hinaus und näherten sich auf der fast gradlinigen Chaussee, deren Ebereschenbäume hier und da noch in roten Fruchtbüscheln standen, mehr und mehr dem Ziel ihrer Reise: Schloß Frederiksborg. Was zunächst sichtbar wurde, war freilich nicht das Schloß selbst, sondern das dem Schlosse vorgelegene Städtchen Hilleröd, und als sie bis dicht heran waren und schon zwischen den Mühlen und Scheunen des Städtchens hinfuhren, begann ein schwaches Schneetreiben. Aber eine Brise, die sich plötzlich aufmachte, vertrieb die Schneeflocken wieder, und als der Wagen der Prinzessin auf den Hilleröder Marktplatz hinauffuhr, klärte sich's mit einem Mal auf, und ein Stück blauer Himmel wurde sichtbar, darunter ein verblassendes Abendrot. Inmitten dieses Abendrots aber stand das hohe, turmreiche Schloß Frederiksborg und spiegelte sich still und märchenhaft in einem kleinen vorgelegenen See, der den schmalen Raum zwischen dem Städtchen und dem Schloß ausfüllte. Hinter dem Schlosse lag der Park, der mit einigen vorgeschobenen Bäumen von links und rechts her bis an den See herantrat, herrliche Platanen, deren vom Herbstwind abgeschüttelte Blätter zahlreich auf der stillen Seefläche trieben. Inzwischen war auch der zweite Wagen herangekommen, und Holk, der sich, weil auf Landfahrten alles erlaubt sei, wohlweislich den Platz neben dem Kutschersitz gewählt hatte, sprang jetzt herab, um an den Wagenschlag der Prinzessin zu treten und ihr auszusprechen, wie ländlich idyllisch dieser Marktplatz und wie schön der Anblick des Schlosses sei, Worte, die der Prinzessin sichtlich wohltaten und einer gnädigen Antwort gewiß gewesen wären, wenn nicht im selben Augenblicke, von einem dem Platz zunächstgelegenen Hause her, ein andrer Herr ebenfalls an den Wagenschlag der Prinzessin herangetreten wäre. Dieser andre war Pastor Schleppegrell von Hilleröd, ein stattlicher Funfziger, der seine Stattlichkeit durch seinen langen Predigerrock noch um ein erhebliches gesteigert sah. Er küßte der Prinzessin die Hand, aber mit mehr Ritterlichkeit als Devotion, und betonte dann seine Freude, seine Gönnerin wiederzusehen.

Nordische Königsnamen
Gedichte

Luren-Konzert

In Kopenhagen, groß und gesperrt,
Am Saal-Eingange stand: *Luren-Konzert.*

Und an meinen Gastfreund jener Tage
Richte voll Neugier ich die Frage:
»Sage, was meint das? Bis Fausts Lemuren
Reicht es gerade. Doch was sind Luren?«

»Luren, in Tagen der Goten und Geten,
Hießen unsre Nordlands-Trompeten,
Hörner waren's, von sieben Fuß Länge,
Schlachtruf waren ihre Klänge,
Die Luren, lange vor Gorm dem Alten,
Übers Moor und über die Heide schallten ...
Wo der Steindamm sich hinzieht, stieben die Funken,
In den Sumpf ist Roß und Troß versunken,
Und versunken, unter die Binsen und Gräser,
Waren zuletzt auch die Lurenbläser.
Da lagen sie. Bis zu zweitausend Jahren
Sind Nebel und Wind drüber hingefahren,
Eines Tags aber grub man und Schwert und Knauf
Und die Luren auch stiegen wieder herauf,
Herauf aus dem Moorgrund unterm Rasen,
Und auf diesen Luren wird heute geblasen.«

Eintret ich. Im Saal, an Estrad und Wand,
Sitzen schöne Frauen, die Fächer in Hand;
Luftig die Kleider, kokett die Hüte,
Vorn an der Brust eine Heidekrautblüte,
So sitzen sie da; Lorgnon und Gläser
Richten sich auf die Lurenbläser.

Das sind ihrer drei. Blond-nordisch ihr Haar,
Keiner über dreißig Jahr,
An die Brüstung jetzt sind sie herangetreten,
Hoch heben sie langsam ihre Trompeten,
Und die Luren, so lang in Tod gebunden,
Haben aufs neue Leben gefunden.

Es fallen die Schwerter, es klappen die Schilde,
Walküren jagen, es jagt Brunhilde,
Von der Toten hochaufgetürmtem Wall
Aufwärts geht es nach Walhall.

Und nun verklingt es; die Köpfe geneigt,
Lauscht noch alles, als alles schon schweigt.

Draußen am Eingang, groß und gesperrt,
Las ich noch einmal: *Luren-Konzert*.

Nordische Königsnamen

»... Da (so heißt es in hochgelahrten Schriften)
Begann das heillose *Beinamen*-Stiften,
Statt Zahlen, die klarer doch und reeller,
Kam Auceps, Finkler, Vogelsteller,
Kam Löwe, Rotbart. Und gar nicht lange,
Gab's einen »mit der gebissenen Wange«,
Dazwischen, blasphemisch und wie zum Spott,
Sogar einen Heinrich Jasomirgott.

So ging es in Deutschland. Anderswo
War's, wenn nicht schlimmer, ebenso;
Geschmacklos war die ganze Zeit,
Und die *Dänen* waren die Führer im Streit.
Thyra Dänentrost oder »Danebod«,
Erik Seelensgut oder »Eiegod«,
Erik Hasenfuß oder Laufgeschwind,
Erik Lamm, Erik Pommer, Erik Kind,
Erik Pflugpfennig, Erik Pfaffentort,
Erik Mendved oder Manneswort,
Erik Glipping, der mit den Wimpern glippt,
Erik Kipping, der die Münzen kippt,
Ein Glück, daß der Eriks nicht mehr gewesen,
Wir würden sonst noch viel Schlimmeres lesen.«

So die Hochgelahrten, die Weisen und Alten.
Ich kann es für so schlimm nicht halten,
Geschicht und Dichtkunst sind zweierlei Zünfte,
Mir gefällt nicht der »Erste«, der »Dritte«, der
»Fünfte«,
Zahlen und wieder Zahlen bloß,
Scheinen mir tot und charakterlos.
Ragnar Pechhos und Iwar Klaftergriff,
Haben schon andern Schneid und Schliff.
Harald Blauzahn und Rolf Krake der Zwerg,
Helfen schon anders über den Berg,
Swend Gabel- und Hakon Borkenbart,
Das sind Namen nach meiner Art,
Fleckauge, Schönhaar, Sigurd Ring,
Alles schon ein ander Ding,
Gorm Grymme, Frede Harde-Schnut,
Olaf Hunger vor allem gefällt mir gut,
Und zum letzten: Olaf Kragebeen, –
Tretet vor und verneigt euch und laßt euch sehn.

Hakon Borkenbart

(Fragment)

Der König Hakon Borkenbart
Hat Roß und Ruhm, hat Waff und Wehr
Und hat allzeit zu Krieg und Fahrt
Viel hohe Schiff auf hohem Meer;
Es prangt sein Feld in Garben,
Er aber prangt in Narben,
In Narben von den Dänen her.

Es wallt im Wind sein graues Haar,
Er liebt die Schlacht und liebt den Wein,
Doch nie, trotz seiner siebzig Jahr,
Ward ihm zu Sinn, als müß er frein;
Heut zieht er aus in Sorgen:
Er liebt Schön-Ingeborgen,
Des Königs Sala Töchterlein.

Schon grüßt ihn fern so Turm wie Schloß,
Und lächelnd plötzlich blickt er drein;
Er spricht herab von seinem Roß:
»Und bin ich alt, so mag ich's sein!
Und wär ich alt zum Sterben,
Auch Ruhm und Narben werben,
Und werben gut wie Jugendschein ...«

Gorm Grymme

König Gorm herrscht über Dänemark,
Er herrscht die dreißig Jahr,
Sein Sinn ist fest, seine Hand ist stark,
Weiß worden ist nur sein Haar,
Weiß worden sind nur seine buschigen Braun,

Die machten manchen stumm,
In Grimme liebt er drein zu schaun, –
Gorm Grymme heißt er drum.

Und die Jarls kamen zum Feste des Jul,
Gorm Grymme sitzt im Saal,
Und neben ihm sitzt, auf beinernem Stuhl,
Thyra Danebod, sein Gemahl;
Sie reichen einander still die Hand
Und blicken sich an zugleich,
Ein Lächeln in beider Augen stand –
Gorm Grymme, was macht dich so weich?

Den Saal hinunter, in offner Hall,
Da fliegt es wie Locken im Wind,
Jung-Harald spielt mit dem Federball,
Jung-Harald, ihr einziges Kind,
Sein Wuchs ist schlank, blond ist sein Haar,
Blau-golden ist sein Kleid,
Jung-Harald ist heut fünfzehn Jahr,
Und sie lieben ihn allbeid.

Sie lieben ihn beid; eine Ahnung bang
Kommt über die Königin,
Gorm Grymme aber den Saal entlang
Auf Jung-Harald deutet er hin,
Und er hebt sich zum Sprechen, – sein Mantel rot
Gleitet nieder auf den Grund:
»Wer je mir spräche, ›er ist tot‹,
Der müßte sterben zur Stund.«

Und Monde gehn. Es schmolz der Schnee,
Der Sommer kam zu Gast,
Dreihundert Schiffe fahren in See,
Jung-Harald steht am Mast,
Er steht am Mast, er singt ein Lied,

Bis sich's im Winde brach,
Das letzte Segel, es schwand, es schied, –
Gorm Grymme schaut ihm nach.

Und wieder Monde. Grau-Herbstestag
Liegt über Sund und Meer,
Drei Schiffe mit mattem Ruderschlag
Rudern heimwärts drüber her;
Schwarz hängen die Wimpel; auf Brömsebro-Moor
Jung-Harald liegt im Blut –
Wer bringt die Kunde vor Königs Ohr?
Keiner hat den Mut.

Thyra Danebod schreitet hinab an den Sund,
Sie hatte die Segel gesehn;
Sie spricht: »Und bangt sich euer Mund,
Ich meld ihm, was geschehn«;
Ab legt sie ihr rotes Korallengeschmeid
Und die Gemme von Opal,
Sie kleidet sich in ein schwarzes Kleid
Und tritt in Hall und Saal.

In Hall und Saal. An Pfeiler und Wand
Goldteppiche ziehen sich hin,
Schwarze Teppiche nun mit eigener Hand
Hängt drüber die Königin,
Und sie zündet zwölf Kerzen, ihr flackernd Licht,
Es gab einen trüben Schein,
Und sie legt ein Gewebe, schwarz und dicht,
Auf den Stuhl von Elfenbein.

Ein tritt Gorm Grymme. Es zittert sein Gang,
Er schreitet wie im Traum,
Er starrt die schwarze Hall entlang,
Die Lichter, er sieht sie kaum,
Er spricht: »Es weht wie Schwüle hier,

Ich will an Meer und Strand,
Reich meinen rotgoldenen Mantel mir
Und reiche mir deine Hand.«

Sie gab ihm um einen Mantel dicht,
Der war nicht golden, nicht rot,
Gorm Grymme sprach: »Was niemand spricht,
Ich sprech es aus: er ist tot.«
Er setzte sich nieder, wo er stand,
Ein Windstoß fuhr durchs Haus,
Die Königin hielt des Königs Hand,
Die Lichter loschen aus.

Harald Harfager

Da sprach König Harald (Harfager zubenannt):
»Wißt, ich habe Boten an Rynhild ausgesandt,
An Rynhild, Blaatands Tochter. Und ziehet sie morgen ein,
Unter meinen Frauen allen soll fortan auch Rynhild sein.«

Sprach es König Harald. Und auf und ab im Saal,
Im Schlosse zu Drammen, saßen die Großen allzumal,
Und dazwischen in lachender Jugend und wie Kinder anzuschaun
Saßen blond und stolz und glücklich Harald Harfagers neunundzwanzig Fraun.

Und als der König gesprochen, alles flüsterte leis,
Aber plötzlich schwieg das Flüstern, Olaf Thureson trat in denKreis,
Olaf Thureson, Haralds Bote. Vor den König tritt er und spricht:
»Ich bringe Rynhilds Antwort, Rynhilden aber bring ich *nicht.*

In der Marmorhalle zu Roskild, meine Botschaft zu
hören bereit,
Stand sie, Korallen im Goldhaar, an König Blaatands Seit,
Längst war ihr Kunde gekommen, um wessentwill' ich
kam,
Und sie lachte, dieweil sie die Spange wie spielend von ihrem
Arme nahm.

›König Harald ist Herr über Norweg, über Norwegs Frauen
auch,
Aber euer Brauch in Drammen ist nicht in Roskilde Brauch,
Und liebt ich ihn, wie ich ihn hasse, meine Liebe hätte nicht Eil,
Ein ganzes Herz will Rynhilde, nicht eines Herzens
dreißigsten Teil.‹«

Olaf Thureson sprach's. Wie Freude zuckt's um die Lippe
der Fraun,
Aber rot auf Haralds Stirne war das Zornesmal zu schaun,
Er rief: »Und wirken nicht Worte, so wirke denn das Schwert,
Noch nie hat König Harald ein Königskind umsonst begehrt.«

Und er stieg hinab zum Strande. Segelfertig Schiff um Schiff;
Am ersten Tage vorüber an Skagens Horn und Riff,
Am zweiten: Nebel und Windstill, alle Segel schlaff und matt,
Aber sieh, mit Ruderschlage geht es süderwärts in das
Kattegatt.

Und am dritten Tag ein Windstoß und zerrissen die
Nebelschleir,
Und am blauen Himmel die Sonne. »Die Sonne, die schickt
uns Frejr.
Frejr will den Weg uns zeigen.« Und mit Waffenklirrn an
Bord
Und bei Kriegeshörnerblasen läuft Harald ein in Roskilde-
Fjord.

Hoch oben aber am Saaltor, auf der Treppe von Roskild,
In Ruhe steht König Blaatand und neben ihm Rynhild.
Und sie zählen die Nordlandsschiffe, hundert Segel fast, –
Am Bug steht König Harald. Kriegswimpel flattern hoch am Mast.

»Krieg bringt er.« Aber plötzlich ... welch Wunder, das Wandel schuf,
Es schweigt das Waffenklirren und es schweigt der Schlachtenruf,
Es schweigt der Hörner Blasen, – nur Zimbeln und Schalmein,
»Harald kommt nicht, um zu fechten, Harald kommt, um minniglich zu frein.«

Und sieh, hinan die Stufen steigt er und beugt sein Knie:
»König Blaatand, deine Tochter, in Demut werb ich um sie,
Meinen Stolz hat sie bezwungen. Und meiner Krone Glanz,
Ich will ihn *teilen* mit Rynhild. Aber mein Herze hat sie *ganz*.«

Olaf Kragebeen

Olaf *Kragebeen* blickt auf Land und See:
»Stavanger-Fjord liegt noch in Schnee,
Schnee die Felsen und Schnee die Bucht,
Und doch ist der Winter schon auf der Flucht,
Von Westen weht's, – einen Frühlingston,
Ich fühl ihn in Luft und Sonne schon,
Und das Meer ein Spiegel ... Steig ich zu Schiff?
Überrasch ich den Feind auf Kongens-Kliff?
Ihr, meine Räte zu Land und See,
Schreibt euren Rat mir in den Schnee,
Laßt mich eure Zeichen erspähn,
Ihr, meine Weisen, ihr meine *Krähn*.«

Und kaum gerufen, so sind sie da,
Setzen sich um ihn, fern und nah,
Aber was er auch lockend tu,
Keine, keine hüpft auf ihn zu,
Wenden sich all, ihrer Füße Spur,
Abgewandt, rückwärts führt sie nur,
Rückwärts hüpfen sie Schritt um Schritt:
»Krähen, nehmt ihr das Glück mir mit?«

Und als er so sprach, und als er so sann,
Erik Jarl, sein Freund, tritt an ihn heran,
»König Olaf, der Däne spielt um sein Glück,
Im Öresund hielt's ihn nicht länger zurück,
Aus der Kjöge-Bucht, aus dem Wassersack,
Ist er hinaus ins Skager-Rak,
Hundert Schiffe führt er, zehnhundert an
Bord –
Auf, Olaf, auf, aus Stavanger-Fjord.«

Und der König steigt hinab an das Meer,
Seine Krähen kreischen um ihn her,
Er hört nicht mehr ihr schrill Geschrei,
»Erik Jarl«, so spricht er, »*du* bist mit dabei,
Du folgst. Ich führe den ersten Stoß,
Und wankt der Däne, so brichst du los,
Ihr letztes Schiff, es muß in den Grund,
Nichts darf heim in den Öresund.«

Sprach es. Und als den Feind er sah,
In goldener Rüstung stand er da;
Zu Füßen ihm, des Reiches Stolz,
Lag der Runenbogen aus Eschenholz,
Der stärkste Bogen in Norderland,
Keiner spannt ihn, nur Olafs Hand.

Und in des Feindes gedoppelte Reihn
Olaf Kragebeen fährt jetzt mitten hinein,
Erik Jarl, wohl folgt er – doch nicht zum Stoß,
Zum vernichtenden, löst er von Olaf sich los,
Neben dem Feinde legt er bei:
»*Das* also, Krähen, war euer Geschrei.
Verrat und durch *ihn*! Aber sei's ... Wohlan,
Der Däne galt nichts, *jetzt* erst hebt's an,
Norweg gegen Norweg. Erik Jarl, wirf gut,
Laß sehn, wer die besten Würfe tut.«

Und er nahm den Bogen, als wär es ein Spiel,
Auf seine Rüstung die Sonne fiel,
Er spannte den Bogen mit aller Kraft,
Klirrend zerbrach der Eschenschaft,
Und hüben und drüben klang es zugleich:
»Zerbrochen der Bogen, zerbrochen das Reich.«

Olaf Kragebeen aber, des Schiffes Mast
Hält sein Arm nicht länger umfaßt,
Er schreitet bis zu des Schiffes Bug,
Statt der Krähen umschwirrt ihn ein Möwenzug,
Immer dichter flattert es um ihn her,
»Weiße Wogenkinder, euch sendet das *Meer*,
Es ruft mich, – mein Glück einst, nun mein Grab.«
Und in goldener Rüstung stieg er hinab.

Swend Gabelbart

Swend *Gabelbart*, über Sund und Belt
Er siegreich das Szepter von Dänemark hält,
Seine Schiffe von Insel zu Insel ziehn,
Unterworfen ist Wendland und Julin,
Und nun gen Westen, über das Meer
Jagt er, der Schrecken vor ihm her,
In die Themsemündung fährt er ein,
Ganz London ist ein Feuerschein.
Und nun zu Roß und nun zu Hauf,
Essex und Norfolk zieht er hinauf,
Und mit Zechgenossen und Kumpanei
Reitet er ein in Sankt Edmunds-Abtei.

Da sitzen sie nun die Hall entlang,
Aus der Kirche klingt frommer Mönche Gesang.
»Was soll das Geplärr uns?« Und in die Kapelln
Swend Gabelbart läßt seinen Marstall er stelln,
Er mag sie nicht hören, die Litanein
(Lärm und Gewieher, so soll es sein),
In der Rosse Gestampf erlischt der Chor,
Swend aber lacht: »*Die* tun's euch zuvor,
Schüttet Hafer auf Sankt Edmunds Truh,
Er selber nickt euch den Segen dazu.«

Sankt Edmund, an schwarzgoldener Wand
Hall aufwärts in seiner Nische stand.
Einst war er König. Ein mattes Licht
Umspielt ihn flackernd; Swend aber spricht:
»Sankt Edmund, du schufst hier Kirch und Abtei,
Dein Land, es ging verloren dabei,
Nun stehst du da, trägst mönchisch Gewand,
Hältst wie zum Spott ein Schwert in der Hand,
Ein *zerbrochen* Schwert, wenn recht ich seh,

Und doch, o König, warst König du *je*,
Du tätest jetzt ab deine Todesruh
Und kämst als ein Rächer auf mich zu,
Und ob zerbrochen auch dein Schwert,
Es wäre dir doch des Kampfes wert,
Aus dieser Hall hier, aus diesem Haus,
Mit *stumpfem* Schwerte triebst du mich aus.
Nie warst du König. Trotz Reif und Kron,
Ein Mönchsbild warst du bei Lebzeit schon.«

Swend Gabelbart schwieg. Im Kreise rundum
Ward es so still und ward es so stumm.
In der Nische das Licht immer düsterer brennt,
Da steigt es herab vom Postament,
Und tapp und tapp, in steinernem Schuh
Auf Swend Gabelbart schreitet Sankt Edmund zu,
Vor streckt er sein zerbrochen Schwert,
»Nun, Swend, laß sehn, wer besser bewehrt.«
Aus des Königs Aug ein Entsetzen spricht,
Er schlägt nach dem Schwert, *sein* Schwert
zerbricht,
Das stumpfe Schwert, es traf ihn gut,
Swend Gabelbart liegt in seinem Blut,
Näher klingt der Mönche Gesang, –
Sie tragen den Toten die Hall entlang.

Waldemar Atterdag

Und *Waldemar* (König Christophers Sohn),
Im Dome zu Ringstedt nahm er die Kron,
Nun führt er die Herrschaft mit kluger Hand
Über Dänemark-Meer und Dänemark-Land,
Nie faßt ihn Jähzorn, nie treibt ihn Eil,
»Erst wägen, dann wagen.« »Eile mit Weil.«

Und ob es zur Tat ihn auch drängen mag,
Auf den *andern Tag* schiebt er's: »Atterdag.«

Und er fährt gen Jütland. Auf Schloß Aarhuus
Harrt er auf Huldigung und Gruß,
Auf Gruß des Adels. Der hält sich zurück;
Einer nur sprengt über die Brück:
»Um Gott, König Waldemar, auf und flieh,
In hellen Haufen kommen sie,
Sie zürnen dir schwer, weil du zubestimmst
Dem Bauer all das, was dem Adel du nimmst,
Sehstedt führt sie; von Viborg her
Kommen dreihundert oder mehr,
In den Sattel, König, und flieh und jag
Hin über die Heide.« ... »Atterdag.«

Und ein Jahr und ein Tag, und auf Schloß Helsingör
Im Landsthing sitzt er und gibt Gehör;
Um ihn her seine Räte; da stürmt in den Saal
Erik Swensen, sein Erster Admiral.
»Eile dich, König. Zu dieser Stund
Fahren die Lübischen in den Sund,
Zwischen Insel Amak und Insel Hveen
Sind siebenundzwanzig Segel zu sehn,
An der Spitze die ›Seekuh‹, ihr bestes Schiff,
Greif zu, wie dein Vater einst sie griff.
Sie kommen wie Räuber. Nach Gut und Blut
Dürsten sie. Zertritt ihre Brut,
Vernichte sie mit einem Schlag.«
»Erst wägen, dann wagen ... Atterdag.«

Und wieder ein Jahr und auf Schloß Wordingborg
In Stille sitzt er und doch in Sorg,
In Sorg um Heilwig. Auf seinem Sinn
Lastet die schöne Königin.

Es heißt, sie sei krank, ohne Schlaf ihre Ruh,
Aber ein Kämmerling flüstert ihm zu:
»Der Königin Krankheit ist Lug, ist Schein,
Sten Sture geht lachend aus und ein,
Er ist noch ein Knabe, noch halb ein Kind,
Das lieben die Frauen, wie Frauen sind.
Auf, Waldemar, stör ihre Lust, ihre List,
Zeige, daß du der König bist,
Überrasche Schön-Heilwig, erforsche sie, frag.«
»Es würde sie töten … Atterdag.«

Und die Jahre gehn und in Roskild-Abtei
Todkrank liegt Waldemar, Gott steh ihm bei,
Sein Blick ist erloschen, fahl sein Gesicht,
Erzbischof Ansgar aber spricht:
»Alle Sünde, die dich quält und brennt,
Es löscht sie Beicht und Sakrament,
Und willst du dein Gewissen stilln,
Hier bin ich, sprich deinen Letzten Willn,
Unsre Kirch ist arm, wer sie speist und tränkt,
Des auch die Kirch in Liebe gedenkt,
Dein Spruch war immer: ›Eile mit Weil‹,
Aber jetzt eilt es mit deinem Heil,
Säen ist ernten und Opfer Ertrag;
Säe, König.«
»Attertag.«

Admiral Herluf Trolles Begräbnis

»Herluf Trolle fiel. Der Tod trat ihn an,
An Bord, auf der Höhe von Pommern,
Wir hatten keinen beßren Mann,
Keinen tapferern, keinen frommern.«

Am dritten Tage, die Flagge halbmast,
Bei Nestved, an Seelands Küste,
Landeten sie die geliebte Last, –
Der Tag ging eben zur Rüste.

Landeten ihren Admiral,
Und in ein Bahrtuch geschlagen,
Haben sie, rastend ein einzig Mal,
Ihn bis Herlufsholm getragen.

Einen Boten sandten sie meldend voraus, –
Und als in den Schloßhof sie schritten,
Die Witwe stand vor dem Trauerhaus
In ihrer Frauen Mitten.

Am Eingange stand sie, grüßte den Zug,
Aufrecht und ungebrochen.
Und der Erste (der das Bahrtuch trug)
Trat vor und hat gesprochen:

»Was geschehen, wir sandten die Meldung dir,
Eh den Weg wir selber gingen,
Seine Seel ist frei, seine Hüll ist hier,
Du weißt, wen wir dir bringen.

An der pommerschen Küste, vor Pudagla-Golm,
Um den schwankenden Sieg uns zu retten,
So fiel er. Nun, Herrin von Herlufsholm,
Sage, wohin wir ihn betten.

Betten wir ihn in den Toten-Saal
Von Thorslund oder Olafskirke?
Betten wir ihn in Gjeddesdal
Unter der Trauerbirke?

Betten wir ihn in die Kryptkapelln
In Roskilde, Leire, Ringstede?
Sage, Herrin, wohin wir ihn stelln,
Eine Ruhstätt für ihn hat jede.

Jeder Kirche gab er, um was sie bat,
Altäre, Türme, Glocken,
Und jede, wenn sie hört, ›er naht‹,
Wird in Leide frohlocken.

Eine jede ladet ihn zu sich ein
In ihrer Pfeiler Schatten.«
Da sprach seine Witwe: »*Hier* soll es sein,
Hier wollen wir ihn bestatten.

Wohl hat er hier keine Kirche gebaut
– Die stand schon hundert Jahre –,
Hier aber, als Herluf Trolles Braut
Stand ich mit ihm vorm Altare.

Vor demselben Altar, auf selbem Stein,
Steh er wieder in aller Stille,
Nichts soll dabei gesprochen sein,
Als, Herr, es geschehe dein Wille.

Morgen aber, eh noch der Tag erstand,
In seinen Kirchen allen,
Weit über die See, weit über das Land
Solln alle Glocken erschallen.

Und zittert himmelan die Luft,
Als ob Schlachtendonner rolle,
Dann in die Herlufsholmer Gruft
Senken wir *Herluf Trolle*.«

Anhang

Nachwort

Ein Märker im »Paris des Nordens«

Fontane nennt sich gelegentlich – in ausdrücklicher Abkehr von Italien – einen »Nordlandsmenschen«; und tatsächlich zieht es ihn, der seine aufregenden Kindertage an der Ostsee verlebt hat, zeitlebens an nördliche Küsten. Aus der märkischen Enge sehnt er sich nach der unbegrenzten Weite des Meeres, und die oft betonte Polarität zwischen seinem spießbürgerlichen Geburtsort Neuruppin und dem abenteuerlich-weltoffenen Swinemünde hat für ihn eine psychologisch-politische Dimension: jenseits der brandenburgischen Grenze beginnt für ihn eine freiere Welt. Als sein jüngster Sohn 1885 nach Oldenburg geht, um dort seine Ausbildung als Verlagsbuchhändler abzuschließen, schreibt ihm der Vater: »Du wirst noch weiterhin die Wahrnehmung machen, daß alles, was an dem Küstenstriche von Nord- und Ostsee liegt, viel schöner, reicher, feiner ist als das Binnenland, ganz besonders als die Provinz Brandenburg, die nun mal – so lieb ich sie habe – den alten Popelinski-Charakter noch immer nicht loswerden kann. An der Küste hin schmeckt alles nach England, Skandinavien und Handel, in Brandenburg und Lausitz schmeckt alles nach Kiefer und Kaserne.«

Der geographisch diffuse Begriff des »Nordens«, wie ihn deutsche Romantik und Wissenschaft kultiviert haben, ist bei Fontane von klein auf historisch präzise unterlegt. Für ihn umfaßt er englisch-schottische Geschichte ebenso wie die dänisch-norwegischen Königsdynastien, also Harald und Maria Stuart, Gorm den Alten und Svend Gabelbart und nicht zu vergessen: den Dänenprinzen Hamlet, der sozusagen die verbindende Leitfigur zwischen beiden Bereichen darstellt und Fontane von jungen Jahren an begeistert. Insofern ist es kaum als Zufall zu bezeichnen, daß er schon 1844 (möglicherweise im Kontext seiner ersten Reise nach England) eine durchaus originelle Übersetzung des Shakespeare-Stückes anfertigt.

Seither lassen ihn Dänemark, seine markante Rolle in der europäischen Geschichte des 19. Jahrhunderts und vor allem der Streit um Schleswig-Holstein poetisch und publizistisch nicht wieder los, und mehrfach ist er auch persönlich involviert. Zwei Tage nach der Schlacht bei Idstedt am 24./25. Juli 1850, in der die um ihre Unabhängigkeit von Dänemark kämpfenden Schleswig-Holsteiner unterliegen, reist Fontane nach Altona, um als Feldapotheker und Journalist »dem Kriegsschauplatz möglichst nah zu sein«. Das versuchte Engagement endet freilich mit einer moralischen Niederlage; er werde, schreibt er resigniert an seinen Freund Bernhard von Lepel, »mit dem koddrigen Bewußtsein heimkommen, für die Schleswig-Holsteiner meine tapfre – Feder gezogen zu haben. Man hat vor den gewöhnlichen Lumpenhunden nur das voraus, daß man wie der wittenberg-studierte Hamlet sich über seine Lumpenschaft vollkommen klar ist.« Bemerkenswertes lyrisches Resultat dieses Ausflugs in die praktische Politik ist die um den Jahreswechsel 1850/51 entstandene Ballade »Der Tag von Hemmingstedt«, die den Sieg der freien Dithmarscher Bauern über die sie okkupierenden Dänen behandelt (die »Bauernschlacht« vom 17. Februar 1500).

Bald darauf wird ihm das Thema besonders durch den zunächst brieflichen, später persönlichen Umgang mit Theodor Storm höchst vehement offeriert, der energisch für die Freiheit seiner Heimat eintritt. In der zweiten Hälfte der fünfziger Jahre gerät Fontane stärker in die Nähe dänischer Interessen, als ihm lieb sein kann. Als offiziöser Presseagent der preußischen Regierung in London hat er unter anderem auch deren Position in der »Schleswig-Holstein-Frage« zu vertreten, und er erledigt das durch Artikel, die er dem mit Berliner Geldern willfährig gemachten »Morning Chronicle« zuspielt. Dadurch gerät er in die Optik des deutschen Junghegelianers Edgar Bauer, der seit 1852 im Auftrag des dänischen Geheimdienstes europäische Emigranten in London bespitzelt und in seinen überraschend gut dokumentierten »Konfidentenberichten« 1857/58 auch über Fontanes Aktivitäten informiert. Was der »Informelle Mitarbeiter« in seinen detailreichen Papieren an den Polizeidirektor Cosmus Braestrup, »Conferenzrath« seines Ranges, nach Kopenhagen schreibt, ist wenig schmeichelhaft: Fontanes »Beobachtungsgabe« sei nicht gerade glänzend, die »englischen Verhältnisse« seien ihm ein Rätsel, er wisse »nur höchst Oberflächliches von Holstein« und artikuliere sich überdies in einem »entsetzlichen Englisch«. Fontane hat Bauer oft getroffen; daß der ihn aushorchte, hat er, glücklicherweise, nie erfahren.

1864 kommt Fontane dann zum ersten Mal selbst nach Dänemark; er recherchiert auf zwei Reisen im Mai und September für ein Buch über den deutsch-dänischen Krieg, besichtigt die Schlachtfelder, hält sich auch in Kopenhagen auf, schlendert durch Schlösser und besucht Museen und fährt – selbstverständlich – an den Hamlet-Schauplatz Helsingör. In verschiedenen deutschen Journalen berichtet er über seine Eindrücke und Erlebnisse, läßt auch ein fatales, weil allzu siegestrunkenes Gedicht auf die Erstürmung der Düppeler Schanzen drucken, das er im Jahr darauf, der Opfer gedenkend, immerhin ein wenig relativiert, und veröffentlicht 1866 sein erstaunlich ausgewogenes Werk über den »Schleswig-Holsteinschen Krieg im Jahre 1864«. Schon am 3. Dezember 1864 hat er in der literarischen Gesellschaft »Tunnel über der Spree« das Gedicht über den legendären Staatengründer »Gorm Grymme« vorgelesen, das, aus seinen Studien zur dänischen Geschichte erwachsen, den Tod von König Gorms Sohn behandelt – eine Ballade im besten Fontane-Ton und einer späteren Gruppe ähnlicher Gebilde präludierend.

Augenzeugenberichte aus dem Kriegsjahr 1864

Dieser (vorläufige) chronologische Abriß von Fontanes Beschäftigung mit dänischen Angelegenheiten zeigt, daß Zeitgeschichte und poetische Interessen lange Zeit parallel verlaufen und in dem Besuch Dänemarks 1864 zusammenfallen. Fontane erinnert sich, daß in seinen Jugendträumen »drei Zauberstädte« aufgestiegen seien, und alle drei liegen im »Norden«: Edinburgh, Stockholm, Kopenhagen. Edinburgh lernt er 1858 von London aus kennen, nach Stockholm wird er nie kommen, und nach Kopenhagen führt ihn, den Kriegshistoriker, sozusagen eine Dienstreise. Und wieder, wie in Schottland, bleibt für ihn die Wirklichkeit keineswegs hinter der Traumwelt zurück, und er findet sein »*romantisches* Bedürfnis« vollauf befriedigt.

Mit »Landesgeschichte, dazu auch mit der schwedisch-dänisch-skandinavischen«, ist er bestens vertraut, wie er einmal in einem Brief an Otto von Glasenapp betont; für den Zauber von Sage und Geschichte hat ihn schon der väterliche Unterricht sensibilisiert, und altes Lied- und Balladengut, vor allem aus dem Englisch-Schottischen, hat er seit langem gern übertragen und bearbeitet. Aus dem Werk des altdänischen Geschichtsschreibers Saxo Grammaticus (gestorben 1220), den »Gesta Danorum«, weiß er zum Beispiel von dem sagenhaften König Rolf Krake und seinen Kämpfen mit den Schweden im 6. Jahrhundert und kann gut verstehen, warum das unheimliche dänische Panzerschiff 1864 diesen symbolträchtigen Namen trägt (noch in seinem letzten Roman, dem »Stechlin«, taucht der »Rolf Krake« auf). Die Liebesgeschichte zwischen Dagmar und König Waldemar ist ihm geläufig, und für die traditionellen Zunamen der einst mächtigen frühmittelalterlichen »Seekönige« begeistert er sich schon lange; im Unterschied zu der langweilig-nüchternen Zählung deutscher Monarchen charakterisieren sie deren Popularität: Olaf Kragebeen (der das Verhalten der *Krähen* als Zeichen deutet), Harald Harfager (Harald *Schönhaar*), Waldemar Atterdag (der alles auf den *anderen Tag* verschiebt oder, wohl genauer, alles von anderen, besseren Tagen erwartet), Swend Gabelbart und Erich Plogpenning (der eine Steuer auf jeden *Pflug*) erhob. Es ist Fontanes Überzeugung, wenn der Poet Hansen-Grell in »Vor dem Sturm« (1878) erklärt: »In unserer neueren Geschichte [...] ist jetzt die *Zahl* in Mode gekommen [...]; die Zahl gilt und mit ihr das Nüchternste, das Unpoetischste, das Charakterloseste, das es gibt. Demgegenüber stehen meine alten skandinavischen Königsnamen, nach Klang und Inhalt, ich betone, auch nach Inhalt, auf dem Boden der Poesie, und das ist es, was sie mir so wert macht.« Fontane hat über Königin Margarethe nachgelesen und weiß, wie sie die uralte Verteidigungslinie zwischen Süd und Nord, den Kohgraben, zum Margarethen-Wall ausbauen ließ, und wenn er die kampflose Übergabe der später Danewerk genannten Anlage durch die dänischen Truppen im Jahre 1864 schildert, hat er die gesamte Geschichte des Bauwerks »in dem langen Kampfspiel zwischen Dänemark und Deutschland« gegenwärtig.

Auch bei seinem Dänemark-Besuch hält sich Fontane an die Devise »Man sieht nur, was man weiß« (die er seinem Potsdamer Kollegen Louis Schneider zuschreibt). Als er – sichtlich beeindruckt – durch die prächtigen Kathedralen Jütlands wandert, erinnern sie ihn an die längst vergangenen Zeiten von expansiver Macht und nationaler Größe, und er vergleicht die zauberhafte Gegend am Limfjord mit der Insel Usedom, wo einst das sagenumwobene Vineta untergegangen sein soll, und er notiert: »Hier *war* einst mehr, als da *ist.*«

Fontanes »Ritt ins alte romantische Land« (wie er in Anlehnung an ein Zitat aus Wielands »Oberon« seine Exkursionen in »alte Kulturlande« zu nennen pflegt) gestaltet sich besonders ertragreich bei den Ausflügen zu den dänischen »Zauberschlössern«, wo er sich vom Hauch der Historie umweht fühlt: in Rosenborg (mit den Erinnerungen an Christian IV.) und vor allem und selbstverständlich in Helsingör, das, wie er schreibt, durch die »Weihe der Dichtung« so populär sei: »Was wäre Helsingör ohne ›Hamlet‹?« Sehr ausgiebig geht Fontane in Roskilde seinen romantisch-geschichtlichen Neigungen nach: dort kann er im Nebeneinander von Baugeschichte des Doms und dänischer Historie bis 1864 sein Doppelinteresse gut befriedigen: Herrscherschicksale und Architekturentwicklung. Über das türme- und geschichtenreiche Frederiksborg hat er 1864 kein eigenes Kapitel verfaßt, den eindrucksvollen Bau aber in seinem fotografischen Gedächtnis so sorgfältig bewahrt, daß er ihn ein Vierteljahrhundert später in seinem »Unwiederbringlich«-Roman ebenso präzis wie liebevoll nachzuzeichnen vermag.

Doch Fontane kommt 1864 ja nicht primär aus nostalgischen Motiven nach Dänemark, ihn treibt ein aktuelles Anliegen. Geschult durch seine Reisen in England, Schottland und der heimatlichen Mark Brandenburg, durchstreift er das gegenwärtige Dänemark mit wachem Auge, das er keineswegs mit einer »Vorurteils-Brille« bewaffnet hat. Sicher, das »Phönix«-Hotel in Aalborg könnte eine Renovierung dringend gebrauchen, und dessen Aalsuppe möchte er »nie wieder« auf seinem Teller haben. Um so deutlicher aber stimmt er das Lob der dänischen Wirte an. Sie zeigen ihm, »daß sie der *Gäste* wegen da sind, während man bekanntlich in unseren großen Städten beständig das Gefühl hat, nur der *Wirte* wegen dazusein« – eine Klage, die er bis an sein Lebensende wiederholen wird. Von der Freundlichkeit der Jütländer sehr angetan, gerät Fontane regelrecht ins Schwärmen über das »malerische Jütland« und über die Landschaft an den buchtenreichen Wassern des Limfjord. Bei alledem sucht er sich auch über die ökonomische und soziale Infrastruktur des Landes zu orientieren, über Handel und Verkehr ebenso wie über die Rolle der Geistlichkeit. Seine Reisebriefe aus Jütland und dem Sundewitt sind Land-und-Leute-Schilderungen von der besten Fontane-Machart: nur bedingt an die Stationen des Kriegsverlaufs gebunden, beschreibt er in lockerem Feuilletonstil Land und Landschaft, Geschichte und Menschen, Kunst und Kultur und bleibt, was die Lektüre besonders reizvoll macht, als reisendes Subjekt stets präsent.

Als Erinnerungsstütze und Materialspeicher für seine Reisefeuilletons und das Kriegsbuch hat Fontane übrigens bei beiden dänischen Aufenthalten spezielle Tagebücher geführt, die als private und jeweils spontane Niederschriften oft deutlicher und mit Blick auf die deutsche Heimat polemisch-kritischer ausfallen. Da heißt es beispielsweise in den September-Notaten: »Die dänische Race steht unbedingt höher, das *Nord*germanische, wie es sich in Niedersachsen, Friesen, Angelnland, bei den Jüten und Dänen zeigt, steht allerdings als *Race* auf höherer Stufe als das Lausitzisch-schlesisch-polackische. Auch unsere Märker können durchaus nicht dagegen an. Was wahr ist, muß wahr bleiben.« Der Race-Begriff ist hier selbstverständlich gänzlich unbelastet und zielt mehr auf Völker- und Stammeseigentümlichkeiten, für die sich Fontane gern erwärmte: »Der gute Charakter der Jüten, im Verhältnis zu den Schleswigern. Die Holsteiner viel besser.« Oder an anderer Stelle: »Diese Verspottung der Dänen – wenn zum Teil auch begreiflich – ist doch ein häßlicher Zug. Haß laß ich mir gefallen; aber die Dänen zu verspotten, ich bezweifle, daß die Schleswig-Holsteiner ein Recht dazu haben.«

In beträchtliche Begeisterung gerät Fontane in seiner Kapitelfolge über Kopenhagen, und man hat nicht den Eindruck, daß der Korrespondent aus der Hauptstadt eines gerade militärisch bezwungenen Landes berichtet. In seinen humorvollen Betrachtungen über die Einwohner fallen die Passagen über die Frauen auf. Er habe »imposante Nordlandsgestalten, Fingalstöchter, ossianische Schönheiten« erwartet und sei insofern enttäuscht worden; aber von den jungen Mädchen ist er durchaus entzückt: sie seien »blond, blauäugig und von gutem Teint; die Zähne sind leidlich konserviert (besser als bei uns)« – man fragt sich, woher er diese Detailkenntnisse wohl hat! Ein aufschlußreicher Exkurs über die traditionelle Rolle von Däninnen in der Politik schließt sich an – manchen Aspekt aus »Unwiederbringlich« vorwegnehmend.

Der Hobby-Kunsthistoriker Fontane kommt im Thorvaldsen-Museum (er benutzt generell die deutsche Schreibweise Thorwaldsen) vollständig auf seinen Kosten; die Skulptur-Welt des Dänen reißt ihn regelrecht hin: sein Aufenthalt wird »ein Zwiesprachhalten, ein vertrauliches Sichgrüßen mit der *Schönheit selbst*«. Er bekennt, daß ihm erstmals das Verständnis für den Marmor aufgeht. Ähnlich enthusiastisch reagiert er auf die Schätze im Museum für nordische Altertümer und auf die wissenschaftliche Vorreiterrolle des Instituts überhaupt; dergleichen hat Berlin, zu seinem Bedauern, nicht zu bieten. Auch bei einem verwandten Thema, bei dem er sich nebenberuflich gut auskennt, verweilt er länger: existiert eine originäre »dänische Malerschule«? Nein, sagt er, es gibt keine – trotz oder wegen der Vielfalt der Künstler.

Der Tourist Fontane schließlich, der sich überall für die Formen bürgerlichen Lebens, für »Alltagskultur« interessiert, sucht neben Tiergarten und Eremitage auch Tivoli und Alhambra auf. Dergleichen Vergnügungsorte sind zwar nicht unbedingt seine Welt, aber er verfügt nun mal über »ein gutes Vergleichungsmaterial«, da er dergleichen »Feenpaläste mit Goldleisten und Blechmusik« von Berlin (Kroll), London (Vauxhall) und Paris (Jardin d'Hiver) her kennt; und er gesteht zu, daß die Kopenhagener Lokale die besten unter ihresgleichen seien. Das einzige, was ihn in diesen wahrhaft volkstümlichen Etablissements stört, ist die »krankhafte Pflege des Nationalen«, das allzu forcierte »Gamle Danmark«-Bewußtsein. Im Reisetagebuch heißt es denn auch: »Die fanatischen Dänen wühlen im *Alten* umher. ›Gamle Danmark‹ hinten und vorn. Danebrog und das Raufschrauben jeder Größe, aber man blickt rückwärts und bewundert Rückwärts-Liegendes, denkt aber nicht daran, Bausteine für die Zukunft zu legen.« Er begegnet durchaus Leuten, die aus ihrer dänischen, antipreußischen Gesinnung kein Hehl machen, aber dennoch, sehr zu seiner Anerkennung, ihn, der ja zu den »Siegern« gehört, stets freundlich und höflich behandeln. Jahre später, in einem Brief an Mathilde von Rohr, schreibt Fontane, er habe 1864 ein »gegen uns fanatisiertes Dänemark« vorgefunden; in seinen Berichten aus jenem Jahr ist davon wenig zu finden. Er spricht sich – behutsam abwägend – über die dänische Repressionspolitik gegenüber der schleswig-holsteinschen Bevölkerung nach dem Krieg von 1848/50 aus – so sollten Sieger nicht mit Besiegten verfahren. Er wendet diesen Grundsatz auch auf den Umgang Preußens mit Dänemark im Krieg von 1864 an und läßt den Unterlegenen weithin Gerechtigkeit widerfahren, bekundet seinen Respekt vor den Dänen, ihrer alten Kultur und findet in der Begegnung mit dem »gemeinen Mann« vieles, was vorteilhaft von seinen preußischen Landsleuten absticht. Über die Begegnung mit dem Wirtsehepaar im Fährkrug von Missunde notiert er: »Der nette Mann, die noch nettere Frau, völlig gebildet, mit einer Sprechweise, wie sie unsere Exzellenzen sehr oft nicht haben.«

Fontane entwickelt dabei eine prinzipielle Haltung, die auch seine folgenden Bücher über Bismarcks Kriege gegen Österreich (1866) und gegen Frankreich (1870/71) auszeichnet und von den meist überheblichen Darstellungen seiner Zeitgenossen wohltuend unterscheidet. Natürlich beschreibt er, mit gewissem Stolz, aber ohne jeden Anflug von Hurrapatriotismus die Eroberung der Düppeler Schanzen (mit Ausnahme des schon erwähnten Gedichts »Der Tag von Düppel«) und die begleitende Kanonade von Broacker aus (übrigens mit vernehmbarer Kritik an der preußisch-österreichischen Strategie; *er* wäre anders vorgegangen!). Aber er verschließt nicht den Blick vor den zerschossenen Häusern, dem Leid der Zivilbevölkerung und den militärischen Opfern auf beiden Seiten, die vor allem Düppel gekostet hat, jenes »blutgetränkte Stück Sundewitt«, »das Blutloch« genannt, und er schreibt: »Die Schanzen sind hin, ihr Zauber ist gebrochen. Möge auch zum letzten Male die Erde hier rot gefärbt und jener unheimliche Name auf immer von dieser Stelle genommen sein.«

Spätere Reminiszenzen

In einem seiner Berichte heißt es, daß er sich persönlich frei fühle »von aller so viele Jahr lang im Schwunge gewesenen Schleswig-Holstein-Heulerei«, zumal er ohne besondere Sympathien für jenen »im persönlichen Verkehr und Umgang« recht bedrücklichen »nordalbingischen Volksstamm« sei. Aber als »preußischer Patriot« ist er doch sehr einverstanden, daß die »Schleswig-Holstein-Frage«

nun, wenn auch gewaltsam, so doch endgültig entschieden ist – was allerdings sein Interesse an den geographisch-historischen Dimensionen des Themas nie erlahmen läßt.

In Erinnerung an den zwanzigsten Jahrestag des Gefechts bei Schleswig (23. April 1848) verfaßt er schon 1868 »Schleswigs Ostertag«, ein Gedicht, das den Anfangserfolg der Schleswig-Holsteiner im Krieg von 1848/50 bejubelt. 1873 schreibt er für die nächste Auflage des »Wanderungen«-Bandes »Die Grafschaft Ruppin« das Kapitel über »Regiment Prinz Ferdinand Nr. 24«, in dem er in einem eigenen Abschnitt über dessen Anteil an der Eroberung von Düppel und Alsen im Krieg von 1864 berichtet. Und nicht zuletzt: Seit den Swinemünder Kindertagen fasziniert ihn die Gestalt Klaus Störtebekers, der auf Usedom eine Zufluchtsstätte hatte. Aus den sozialutopischen Träumereien des kleinen Fontane in der »Störtebekers Kul« wird Jahrzehnte später das ehrgeizige Projekt eines historischen Romans über die »Likedeeler« (die »Gleichteiler«), jene von Störtebeker angeführte Seeräuber-Bande, die, sich teilweise aus Jütländern rekrutierend, die mächtige Hanse, das reiche Dänemark eingeschlossen, am Ende des 14. Jahrhunderts in Atem hielt. Fontane ist Anfang der achtziger Jahre (und noch einmal Mitte der neunziger) intensiv mit dem Stoff befaßt, der ihn in seiner »mittelalterlichen Seeromantik« und seiner »sozialdemokratischen Modernität« fasziniert.

1888 beginnt er noch einmal, fast systematisch, sich mit den großen Figuren der dänischen Historie im Mittelalter zu beschäftigen: es entstehen die meisten der nordischen »Bilder und Balladen«, die er 1889 in die dritte Auflage seiner »Gedichte« eingliedert. Die Arbeit an diesen Texten fällt schon in die Zeit, in der sich Fontane (seit 1887) mit dem Roman »Unwiederbringlich« beschäftigt und er sich in die Details älterer und neuerer dänischer Geschichte vertieft. Schleswig-Holstein, Seeland, Kopenhagen und Frederiksborg geben die hauptsächliche Szenerie für den Roman (1892) ab, wobei Erinnerungen an das, was er seinerzeit selbst gesehen hat, eine beachtliche Rolle spielen.

Es sind jene Jahre, in denen die skeptische Aufmerksamkeit des Theaterkritikers Fontane dem norwegischen Dramatiker Henrik Ibsen gilt, in denen er (ebenfalls 1889) bei einer Umfrage nach den »besten Büchern«, die ihn nachhaltig beeinflußt haben, Hans

Christian Andersens »Märchen«, Kiellands Novellen und vor allem Ludvig Holbergs »Dänische Reichshistorie« aus der Mitte des 18. Jahrhunderts nennt (»hochinteressantes Buch«, setzt er dazu. Schon am 24. Januar 1885 heißt es in Fontanes Tagebuch: »Viele Stunden lang in Holbergs dänischer Geschichte gelesen; diese alten Geschichtsschreibungen sind interessanter als die neuen und werden sie überleben.«). Und noch der »Stechlin«-Roman reflektiert, wenn auch beiläufig, »Dänisches«: es gibt Erörterungen über den Maler Melbye und den Komponisten Niels Gade, und den Dr. Wrschowitz stattet er mit einer Skandinavien-Phobie aus, doch der ist freilich ein fragwürdiger Kauz.

Davor aber, 1895/96, erscheint »Effi Briest«, wo im 24. Kapitel Innstetten und seine Frau sozusagen auf den Spuren ihres Schöpfers einen Teil ihres Urlaubs in Dänemark verbringen, vor allem in Kopenhagen, wo es »ja so vergnüglich sein« soll. Ihr Hotel befindet sich auf Kongens Nytorv, der Kunstenthusiast Innstetten schleppt Effi ins Thorvaldsen-Museum und abends ins Tivoli-Theater, und selbstverständlich unternehmen sie einen Ausflug nach Frederiksborg und Helsingör. Jütland und der Limfjord werden wenigstens erwähnt, und die Table d'hôte-Bekanntschaft Thora von Penz »mit den großen blauen Augen und dem flachsblonden Haar« könnte schon im Bericht von 1864 vorkommen. Die zwei Seiten im Roman sind Erinnerung und Kompliment an das »Paris des Nordens« in einem. Und eine ganz persönliche Reminiszenz an seinen Kopenhagen-Aufenthalt läßt ihn 1895 das andeutungsreiche Gedicht »Luren-Konzert« schreiben, das er in die letzte Auflage der »Gedichte« aufnimmt und das in einem Brief an Ludwig Pietsch, aus gutem Grund, »mein besondrer Stolz« genannt wird.

Im Dezember 1894 erhält Fontane ein Belegexemplar von »Grevinde Holk« – so heißt die gerade erschienene dänische Übersetzung von »Unwiederbringlich«, und es ist nach der französischen Ausgabe von »Kriegsgefangen« sein zweites Buch, das er, mit Stolz, »in einer fremden Sprache« vor sich sieht. Der dänische Übersetzer hat ihm freilich mitgeteilt, daß der Kopenhagener Verleger gleich nach dem Erscheinen bankrott gemacht habe, und Fontane kommentiert vieldeutig: »Einen Inseldänen an mir scheitern zu sehn erfüllt mich mit Schmerz.«

Gotthard Erler

Zu dieser Ausgabe

Der vorliegende Band vereinigt die fünf Berichte, die Fontane 1864/65 im Zusammenhang mit seiner Reise nach Schleswig-Holstein und Dänemark veröffentlichte, drei kulturgeschichtliche Kapitel aus seinem Buch »Der Schleswig-Holsteinsche Krieg im Jahre 1864« sowie die Passage über Frederiksborg aus seinem Roman »Unwiederbringlich« (1892); hinzugefügt sind Gedichte, die sich vor allem mit Gestalten der älteren dänischen Geschichte beschäftigen und zu verschiedenen Zeiten geschrieben wurden.

Um einen möglichst authentischen Eindruck zu vermitteln, folgen Reisebriefe und Auszüge aus dem Kriegsbuch jeweils den Erstdrucken:

»Reisebriefe aus Jütland«: Neue Preußische (Kreuz-)Zeitung, 7 Folgen; 25., 28., 30. September, 2., 3., 14. Oktober, 4. November 1864; nicht gezeichnet.

»Aus dem Sundewitt«: Wochenblatt der Johanniter-Ordens-Balley Brandenburg, Band 12, Nr. 77 vom 25. August 1864; gezeichnet mit: Th. Fontane.

»Missunde«: Neue Preußische (Kreuz-)Zeitung, 26. Februar 1865; gezeichnet mit: Te.

»Kopenhagen«: Morgenblatt für gebildete Leser, 8 Folgen; 12., 19., 26. März, 9. und 16. April 1865: am Schluß gezeichnet: Theodor Fontane.

»Roskilde«: Wochenblatt der Johanniter-Ordens-Balley Brandenburg, 9 Folgen; 15., 22., 29. März, 5. und 12. April 1865; am Schluß gezeichnet: Theodor Fontane.

»Der Limfjord« aus: »Der Schleswig-Holsteinsche Krieg im Jahre 1864«, Berlin 1866, S. 352–353.

»Sundewitt. Land und Leute« aus: »Der Schleswig-Holsteinsche Krieg im Jahre 1864«, Berlin 1866, S. 99–104.

»Das Danewerk« aus: »Der Schleswig-Holsteinsche Krieg im Jahre 1864«, Berlin 1866, S. 49–52.

Der *Frederiksborg*-Abschnitt ist dem Kapitel 19 von »Unwiederbringlich« entnommen (Theodor Fontane, Romane und Erzählungen in acht Bänden, Aufbau-Verlag, Berlin 1993, Band 6, S. 141–146). Den *Gedichten* liegt die Gedicht-Abteilung der Großen Brandenburger Ausgabe zugrunde, Aufbau-Verlag, Berlin 1995, Band 1. Entstanden sind sie – mit Ausnahme von »Gorm Grymme« (1864) und »Luren-Konzert« (1895) – in den Jahren 1888/89.

Die Texte wurden den üblichen Gepflogenheiten vor der Rechtschreibreform von 1999 angeglichen. Orts- und Namensschreibungen folgen dem Fontaneschen Gebrauch. Dem Titel der vorliegenden Ausgabe liegt eine Wendung in »Unwiederbringlich« (Kapitel 11) zugrunde.

G. E.

Daten zur deutsch-dänischen Geschichte (vor allem 1815–1867)

1386–1815

In der wechselvollen Geschichte Dänemarks, die jahrhundertelang von Kriegen um die Vorherrschaft im Nord- und Ostseeraum bestimmt ist, spielt seit Ende des 14. Jahrhunderts das Gebilde Schleswig-Holstein eine beträchtliche, teilweise hart umstrittene Rolle. Es existiert seit 1386, als der Rendsburger Zweig des Hauses Schauenburg, das in Holstein ansässig war, das Herzogtum Schleswig als dänisches Lehen an sich brachte. Seit 1460 sind Dänemark und die Herzogtümer in Personalunion verbunden, und diese sollten »up ewig ungedeelt« bleiben. Nach langwierigen Auseinandersetzungen zwischen der dänischen Hauptlinie und dem Gottorper Zweig, die erst 1773 enden, sind die Herzogtümer am Ende des 18. Jahrhunderts zwar fest in die dänische Monarchie eingegliedert, verfügen aber in Verwaltung, Jurisdiktion und Zollbefugnissen über eine gewisse Selbständigkeit.

1815

Der Wiener Kongreß erklärt Holstein, nicht aber Schleswig zum Mitglied des Deutschen Bundes und programmiert damit einen neuen Konflikt. Nationale Gegensätze zwischen Dänen und Deutschen ausnutzend, versuchen die dänischen Könige, Schleswig von Holstein abzukoppeln und enger an die Krone zu binden. Diesem Ziel verschreiben sich auch die sogenannten »Eider-Dänen«, die dänischen Nationalliberalen, die »Dänemark bis zur Eider« fordern.

1848

Die Spannungen zwischen den nach Unabhängigkeit strebenden Herzogtümern und den chauvinistischen dänischen Ansprüchen eskalieren, als der Entwurf einer Gesamtstaatsverfassung veröffentlicht wird, der einen gemeinsamen Landtag für die gesamte dänische Monarchie vorsieht. Am 24. März konstituiert sich in Kiel eine »Provisorische Regierung« für Schleswig-Holstein, die in den deutschen Ländern große Sympathien findet. Der Deutsche Bund entsendet preußische und hannoversche Truppen nach Holstein, und es kommt zum deutsch-dänischen Krieg von 1848–1850. Anfangs erzielen die Aufständischen Erfolge gegen die Dänen (Gefecht bei Schleswig am 23. April), die Schleswig verlassen.

1849

Im Frühjahr kündigt Dänemark den am 26. August 1848 in Malmö geschlossenen Waffenstillstand auf. Die schleswig-holsteinischen Truppen dringen zunächst nach Jütland vor, müssen sich aber nach der Niederlage bei Fridericia (6. Juli) zurückziehen. Am 10. Juli schließen die Konfliktparteien einen neuen Waffenstillstand ab.

1850

Nach dem Berliner Frieden vom 2. Juli, dem zufolge Preußen seine Truppen zurückbeordert, versuchen die schleswig-holsteinischen Verbände, den Krieg allein weiterzuführen; in der Schlacht bei Idstedt (24./25. Juli) erleiden sie jedoch eine empfindliche Niederlage. In dieser Situation reist Fontane nach Altona, um als Feldapotheker tätig zu werden; er kehrt jedoch rasch nach Berlin zurück, da ihm Wilhelm von Merckel eine Anstellung im Literarischen Cabinet beschafft hat.

1852

Am 18. Februar besiegelt das »Londoner Protokoll« unter komplizierten erbrechtlichen Umständen den dänischen Anspruch auf die Herzogtümer; der Vorkriegszustand wird festgeschrieben.

1854

Schleswig und Holstein wird jeweils eine gesonderte Verfassung zugestanden, die jedoch durch die neue Gesamtstaatsverfassung von 1855 praktisch wirkungslos wird.

1858

Der Deutsche Bund protestiert gegen die Gesamtstaatsverfassung, und Dänemark setzt sie für Holstein und Lauenburg außer Kraft.

1859

In der Nacht vom 17. zum 18. Dezember zerstört ein verheerender Brand Schloß Frederiksborg; Fontane nutzt dieses Ereignis in seinem Roman »Unwiederbringlich«.

1863

Ausarbeitung einer für Dänemark und Schleswig-Holstein verbindlichen Staatsverfassung, die König Christian IX. am 18. November bestätigt. Der Deutsche Bund reagiert mit einer »Exekution«: sächsische und und hannoversche Truppen rücken in Holstein ein. Unabhängig von diesem Schritt gewinnt Bismarck zur gleichen Zeit die österreichische Regierung für ein gemeinsames Vorgehen.

1864

Als Dänemark das Ultimatum der Großmächte vom 16. Januar, das neue Grundgesetz wieder aufzuheben, ablehnt, beginnt der deutsch-dänische Krieg von 1864, den Fontane als den »Schleswig-Holsteinschen Krieg von 1864« beschreiben wird. Preußisch-österreichische Truppen, zunächst unter dem Oberbefehl von Wrangel, dann unter Prinz Friedrich Karl von Preußen (in dessen geselligem Kreis im Jagdschloß Dreilinden Fontane 1881/82 mehrfach zu Gast sein wird) marschieren am 1. Februar in Schleswig ein. Am 5./6. Februar geben die Dänen das Danewerk preis und verschanzen sich in der für damalige Verhältnisse gut befestigten Düppel-Stellung und in Alsen. Am 18. April werden die Schanzen gestürmt; Jütland wird besetzt, ein Waffenstillstand vereinbart. Vom 17. bis 29. Mai bereist Fontane den Kriegsschauplatz. Da Dänemark bei den Friedensverhandlungen in London nicht auf die Forderungen der Sieger eingeht, setzen deren Truppen am 29. Juni nach Alsen über und besetzen die Insel. Am 12. Juli wird ein neuer Waffenstillstand ausgehandelt. Dänemark ist zum Nachgeben gezwungen und tritt im Wiener Frieden vom 30. Oktober Schleswig-Holstein und Lauenburg an Preußen und Österreich ab. Vom 9. bis 30. September hält sich Fontane erneut in Schleswig-Holstein und Dänemark auf.

1865

Die Exekutionstruppen des Deutschen Bundes müssen Holstein verlassen, und die preußisch-österreichische Zivilbehörde setzt am 1. Februar eine »Schleswig-Holsteinische Landesregierung« auf Gottorp ein. Indessen führt die gemeinsame Verwaltung der Herzogtümer zu Spannungen, da die preußische Politik auf die völlige Einverleibung in Preußen gerichtet ist. Die Konvention von Gastein (14. August) entschärft vorübergehend den Konflikt (Österreich verwaltet Holstein, Preußen Schleswig).

1866

Bismarck nutzt aber die fortdauernden Streitigkeiten als willkommenen Anlaß zum Krieg gegen Österreich. Mit dem Prager Frieden vom 23. August gehen die Herzogtümer in preußischen Besitz über.

1867

Am 24. Januar wird Schleswig-Holstein offiziell preußische Provinz.

Theodor Fontane
»Mehr als Weisheit aller Weisen galt mir reisen, reisen, reisen.«

Wanderungen durch die Mark Brandenburg
Viele entdecken es neu, das »alte romantische Land« der Mark Brandenburg mit seinen landschaftlichen Reizen und architektonischen Schönheiten, seinen Menschen und ihrer Geschichte. Dabei lohnt es immer, bei Fontane nachzuschlagen. Seine amüsant beschriebenen Touren laden zum Entdecken und Genießen ein.
Hrsg. von Gotthard Erler und Rudolf Mingau. 7 Bände in Kassette. AtV 5290
Die Ausgabe in Leinen enthält als einzige Edition zwei weitere Bände mit unbekannten Fontane-Texten im Umkreis der »Wanderungen« sowie einen Registerband.

Eine Sehnsucht im Herzen
Impressionen aus Italien
»Wer alles zwingen will, wird nur konfus.« Dieser von ihm selbst aufgestellten Maxime folgte Fontane auch auf seinen beiden Italienreisen. Er scheute sich nicht, berühmte Sehenswürdigkeiten links liegenzulassen und scheinbar unantastbaren Kunsturteilen seinen Respekt zu versagen. Doch die Schönheit der südlichen Landschaft und das Treiben in den italienischen Städten bezauberte auch ihn.
Hrsg. von Gotthard Erler. 171 Seiten. AtV 5289

Ein Sommer in London
London, die pulsierende Metropole, hat Fontane ein Leben lang fasziniert. Dabei lagen Überschwang und Enttäuschung dicht beieinander. Während ihn das dynamische Großstadtleben, die grandiosen Bauwerke und die idyllische Schönheit der Londoner Umgebung begeisterten, stieß ihn die unerbittliche Jagd nach dem Geld ab. In seinen Feuilletons verband er den spontanen Eindruck mit dem historischen Rückblick, die Sachinformation mit der subjektiven Berichterstattung.
Mit einem Nachwort von Rudolf Muhs. 210 Seiten. AtV 5276

Im Paris des Nordens
Impressionen aus Dänemark
Fontane erheitert uns mit seinen unkonventionellen Betrachtungen und den nie langweilenden Beschreibungen von Schlössern und Museen oder den berühmten Vergnügungsstätten Tivoli und Alhambra in Kopenhagen. Zu Wort kommt der erfahrene Reisende, der Geschichtskundige und Kunstenthusiast, vor allem aber der Menschenbeobachter, der vergleicht und seine Schlüsse zieht.
Hrsg. von Gotthard Erler. 218 Seiten AtV 5298

Mehr Informationen über die Bücher von Theodor Fontane erhalten Sie unter www.aufbau-verlag.de

AtV